Redaktion: Dorothea Kolland
Layout: Jürgen Holtfreter
Satz: satz-studio irma grininger, berlin
Lithografie: Claus Iller, Köln
Printed in Berlin (West)

1. Auflage, Berlin (West), 1981
ISBN 3-88520-076-7
ELEFANTEN PRESS VERLAG
Zossener Str. 32
1000 Berlin 61

Dieses Buch wurde aus Mitteln der „Stiftung Jugendmarke" gefördert.

CIP-Kurztitelaufnahme der Deutschen Bibliothek

Nix los in der Provinz? Kulturarbeit mit Kindern
u. Jugendlichen auf d. Lande. — 1. Aufl. — Berlin:
Elefanten-Press, 1981.

(EP 76) (Schriftenreihe der Bundesvereinigung
Kulturelle Jugendbildung; Bd. 3)
ISBN 3-88520-076

NE: 1. GT; Bundesvereinigung Kulturelle
Jugendbildung: Schriftenreihe der Bundesvereinigung ...

Bundesvereinigung Kulturelle Jugendbildung (Hrsg.)
Redaktion: Dorothea Kolland

Nix los in der Provinz?

Kulturarbeit mit Kindern und Jugendlichen auf dem Lande

Schriftenreihe der Bundesvereinigung Kulturelle Jugendbildung Band 3

EP 76
ELEFANTEN PRESS

Inhalt

1

Außer Schwoof nix los ...

Kinder- und Jugendkulturarbeit auf dem Land

... auf dem Land: Für den einen klingt es bäuerisch, hinterwäldlerisch, riecht nach Misthaufen, schlecht gemachtem Komödienstadl, Posaunenchor und Nachbarschaftsklatsch, für den anderen ist es eine Alternative zu den Schrecknissen des Großstadtdaseins, der Technikeuphorie, der zerstörenden Wohnsilos, klingt nach gesundem Leben, nach Alternativprojekten.
Beide Positionen stehen der Realität des Landlebens sehr fern, der Realität derer, die dort leben, dort geboren wurden, dort auch weiter leben und arbeiten wollen. Wie eignen sie sich die Umwelt an, wie finden sie ihre Lebensperspektive – und welche Perspektiven haben sie überhaupt?
Diesen Fragen werden wir uns mit diesem Buch nur annähern können; vor allem die Frage nach der Perspektive, die Kinder und Jugendliche auf dem Land für ihr Leben haben, hängt von gesamtgesellschaftlichen, nicht zuletzt ökonomischen Bedingungen ab, bei deren Beantwortung sicher nicht Kulturpädagogen das letzte Wort haben werden.
Die Lebensbedingungen, Lebensperspektiven werden aber auch davon beeinflußt, wie Menschen leben, wie sie miteinander umgehen, wie sie sich die Umwelt aneignen, wie sie ihr Leben gestalten. Kultur als spezifische Aneignung und Gestaltung der Wirklichkeit, als Tätigkeit, Formulierung und Möglichkeit des Eingreifens in die Realität ist in diesem Kontext von besonderer Bedeutung. Die Bedeutung von Kultur kann nicht auf den Freizeitbereich reduziert werden – auch wenn wir uns in diesem Buch schwerpunktmäßig damit befassen –, sie betrifft auch die Bereiche Schule, Arbeit, Wohnverhältnisse, Gestaltung der Umwelt. Ebensowenig ist Kultur zu reduzieren auf den Bereich der Kunst. Der künstlerische Aspekt der Kultur spielt eine wichtige Rolle in diesem spezifischen Prozeß der Aneignung und Gestaltung der Wirklichkeit, im Bereich der Kulturarbeit (oder: soziokulturelle Bildung, oder: soziokulturelle Animation) sind aber gerade die Bereiche der bislang vernachlässigten Alltagskultur, der kulturellen Selbsttätigkeit hervorgehoben. Künstlerische Höchstleistungen und deren Rezeption müssen in einem ausgewogenen Verhältnis zu kultureller Eigenaktivität „an der Basis" stehen, bei der nicht in erster Linie der Maßstab der Qualität der Leistung eine Rolle

spielen darf. Zu einem umfassenden Kulturverständnis zählen beide Bereiche, deren Trennung oder Vereinseitigung zwangsweise zu Amputationen wesentlicher Erkenntnis- und Gestaltungsmöglichkeiten der Menschen führen. Eine künstliche Trennung kann vor allem dann, wenn sie der Formulierung von Bildungszielen zugrunde gelegt wird, zu langfristig schädlichen Beschneidungen von Entwicklungsmöglichkeiten führen.

Kinder und Jugendliche, in der Stadt wie auf dem Land, haben ein Recht auf Kultur. Die Einlösung dieses Rechtes für junge Menschen auf dem Land zeichnet sich kaum als Hoffnungsschimmer am Horizont ab. Die Modellkonzepte, Pilotprojekte, Realisierungsversuche im Bereich kultureller Bildung der letzten Jahre waren ebenso wie die theoretische Diskussion um Gemeinwesenarbeit, Kulturpädagogik und Jugendkultur geprägt durch die Situation in Großstädten – die Menschenballung in den Zentren machte die Probleme früher deutlich, forderte eher Lösungsmöglichkeiten als die über viele Quadratkilometer verstreut lebenden Jugendlichen und Kinder in den Dörfern. Bei der Vernachlässigung der Probleme auf dem Land spielte sicher eine Rolle, daß viele derjenigen, die sich professionell mit Jugendfragen befassen, in den Zentren leben und damit vorrangig andere Probleme haben – oder in den eingangs beschriebenen Klischees verhaftet sind.

Dieses Buch versucht, einen Beitrag zur Verwirklichung des Rechtes auf Kultur für junge Menschen auf dem Land zu leisten. Es ging hervor aus einer Arbeitstagung, die die Bundesvereinigung Kulturelle Jugendbildung im November 1980 auf der Ronneburg im Main-Kinzig-Kreis veranstaltete. Ziel der Bundesvereinigung Kulturelle Jugendbildung (BKJ) ist die Förderung kultureller Bildung für Kinder und Jugendliche. In ihr zusammengeschlossen sind Fachverbände der Bereiche Musik, Theater, Tanz, Rhythmik, Foto, Film, Bildende Kunst, Literatur sowie zentrale Fortbildungsinstitute. Neben der Weiterentwicklung der fachlich fundierten kulturellen Bildung in den einzelnen Medienbereichen, die im wesentlichen von den Mitgliedsverbänden geleistet wird, sieht die BKJ ihre Aufgabe auch in der Förderung bislang vernachlässigter Bereiche und Zielgruppen. Dazu zählt ohne Zweifel der gesamte Bereich ländlicher Kulturarbeit.

Wir wollen uns dieser Thematik nicht von außen, von der Seite der „Sachverständigen", aber nicht Betroffenen nähern; vor allem diejenigen sollen zu Wort kommen, die Kinder- und Jugendkulturarbeit auf dem Land selbst praktizieren. Diese Arbeit kann sehr unterschiedlicher Art sein, Methoden, Zielgruppen, Lernziele differieren in den gesammelten Berichten erheblich. Mit einem solchen breiten Spektrum kann am ehesten gezeigt werden, daß Jugendkulturarbeit auf dem Land durchaus machbar ist und daß auch neue Formen entwickelt werden können. Wir wollen denjenigen Mut machen, die meinen, daß auf dem Dorf nix los und auch nix los zu machen sei . . .

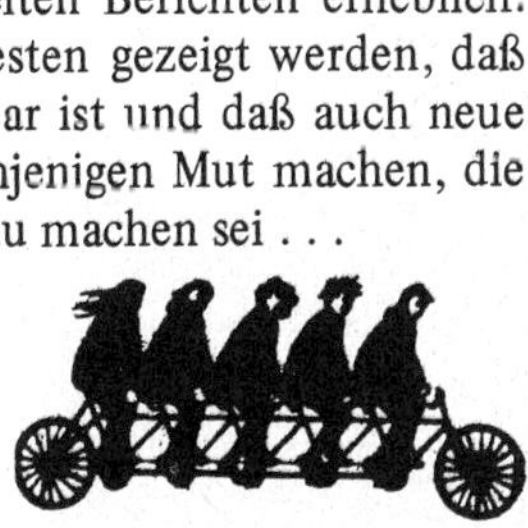

Was heißt heute „Leben auf dem Land"?

In den letzten Jahrzehnten hat sich das Leben auf dem Land grundsätzlicher verändert als in Jahrhunderten zuvor – für Kinder, Jugendliche und Erwachsene, hinsichtlich des Arbeits- wie des Freizeitbereichs, hinsichtlich der Schulsituation, hinsichtlich der Funktionsbestimmung des Lebensraumes „Dorf".
Eine Gruppe 15-jähriger Schüler aus Hessen versuchte, im Rahmen des „Schülerwettbewerbes Deutsche Geschichte" zum Thema „Feierabend und Freizeit im Wandel" diese Veränderungen zu beschreiben:

„... Abwendung vom Bauernberuf – Freizeit der Jugend

Das Dorf war keine abgeschlossene Gesellschaft mehr wie früher, sondern wurde von außerhalb beeinflußt. Das Fernsehen zeigte täglich die „große, weite Welt", von der die jungen Leute auch etwas kennenlernen wollten. Mit ihren Motorrädern war es eine Leichtigkeit, zum nächsten Ort oder in die Stadt zu fahren. So wurde man dauernd mit anderen Lebensgewohnheiten konfrontiert. Die zukünftigen Hoferben kannten das Leben eines Landwirts genau und waren sich bewußt, daß es kaum Freizeit, keine geregelte Arbeitszeit und unsicheren Verdienst bedeutete. So entschlossen sich viele, wenigstens zur Arbeit in die Stadt abzuwandern und dort eine Lehre zu beginnen oder in Mainz auf die höhere Schule zu gehen. Wenn sie einen Beruf hatten und den Hof übernehmen sollten, versuchten manche, den Besitz noch nach der Arbeit zu bewirtschaften. Das bedeutete jedoch eine Überbelastung, die man nicht lange ertragen konnte. Deshalb wurde häufig der Hof ganz aufgegeben. So wurden in Bodenheim die Berufe der Einwohner immer gemischter. Nur die größten Betriebe wurden noch bewirtschaftet, in der Regel die großen Weingüter ...
Eines hatten alle diese Bodenheimer gemeinsam: Überall wurde die Trennung zwischen Arbeit und Freizeit stärker, der Wunsch nach einem Feierabend jeden Tag bestand.

Neue Treffpunkte der Jugendlichen

Dadurch, daß es nun Motorräder und Autos fast in jeder Familie gab, verlagerten sich die Treffpunkte der Jugendlichen vollständig. Während man sich vorher im Laufe der Woche im Zug, in Vereinen oder Lokalen getroffen hatte, fuhren jetzt viele mit ihren Motorrädern oder manchmal auch den Autos ihrer Väter in die Stadt. Dort gab es große Kinos, in denen man sich unterhalten lassen konnte, oder man ging in ein Tanzlokal. Dort konnte man jeden Abend tanzen, was den Jugendlichen natürlich sehr viel Spaß machte. Während man früher nur selten in diesen Genuß kam, bot sich nun die Möglichkeit, mehrmals in der Woche ein solches Lokal zu besuchen. So war es ganz selbstverständlich, daß die Tanzabende in den Gastwirtschaften in Bodenheim, die jetzt auch öfter als früher stattfanden, für die jungen Leute von geringerem Interesse waren als die in Mainz. Denn in Bodenheim spielten nie festangestellte Bands, sondern nur Musikgruppen. Diese gaben sich Namen, die denen aus der Stadt nachgeahmt waren, ihre Musik war oft dementsprechend ...

Stadtflucht und Dorfromantik

Von 1848 bis 1980 hat sich vieles grundlegend verändert, Bodenheim hat eine völlig andere Bevölkerungsstruktur. Im alten Dorfkern leben die Winzer und Bauern. Sie konnten ihre Landwirtschaft trotz aller Schwierigkeiten erhalten und sogar weiter ausbauen. ... „Feierabendwinzer" – nebenberufliche Winzer – gibt es kaum mehr. ... Selbständige gibt es in Bodenheim nur wenige, viel mehr sind in den Fabriken, Betrieben und Behörden in und um Mainz beschäftigt. Sie haben ihren Hof aufgegeben, in der Scheune lagert nicht mehr das Stroh, sondern parkt das Auto. Auf den gepflasterten Hof hat man Blumenkübel gestellt, im Sommer sitzt man abends noch auf den Liegestühlen vor dem ehemaligen Kelterhaus. Freizeit ist für diese Generation zu einer Selbstverständlichkeit geworden, sie haben einen geregelten Feierabend.

Doch nicht nur die Fahrt in die Stadt ist zur Gewohnheit geworden, in der letzten Zeit zeigte sich sogar die Entwicklung einer „Stadtflucht". Während man in den 50er und 60er Jahren das Dorf als etwas Altmodisches betrachtete, verbreitet sich nun eine „Nostalgiewelle". Auf dem Land in gesunder Luft zu leben, ist der Traum vieler Städter geworden, wobei sie natürlich nicht auf ihre Bequemlichkeit verzichten wollen. So kann man jeden Samstag Anzeigen in der „Mainzer Allgemeinen Zeitung" lesen wie diese: „Schicke Doppelhaushälfte in Bodenheim, nur 13 km von Mainz entfernt, ruhige Lage etc." So wird mit jedem Neubau mehr ein Stück Stadt auf das Land geholt. Für die neuen Bewohner heißt das natürlich nicht, daß sie das Dorf als ihr ausschließliches neues Domizil betrachten. Sie haben gar kein Interesse daran, sich im Dorfleben aktiv zu beteiligen. Die meisten betrachten Bodenheim als ihren Wohnort, Mainz aber als den Hauptbezugspunkt. So werden auch schon einmal Klagen laut, wenn es nach Mist riecht oder der Mähdrescher nach 21 Uhr am Haus vorbeifährt. ... Dorfromantik – ja, aber bitte nicht mit der Landwirtschaft in Berührung kommen!
So ist Bodenheim kein in sich geschlossener Ort mehr, es gibt viele verschiedene Gruppen mit unterschiedlichen Interessen. So kann man auch nicht mehr wie früher von den „Bodenheimern" reden.

Aktivierung des Dorflebens braucht keine Nostalgie zu sein

Obwohl die Bodenheimer die Chance hätten, ihre Freizeit im Wochenverlauf in höherem Maße abwechslungsreich zu gestalten, beschränken sich die meisten auf das abendliche Fernsehen. Dadurch werden die Beziehungen unter den Dorfbewohnern schwächer und das Dorfleben verflacht. Eines ist aber trotz der Nachteile der modernen Freizeitgestaltung klar: Für die Bodenheimer hat sich in Bezug auf Freizeit und Feierabend vieles verbessert. Die Überwachung der Freizeit wie früher besteht nicht mehr, jeder kann das tun

wozu er Lust hat. Das alte Dorf, wie es früher war, würde in der heutigen Zeit ein Verhängnis für seine Bewohner bedeuten. ‚Ein Dorfproletariat, das sich gemütvoll anheimelnd um die Dorflinde schart und Folklore pflegt, in Fachwerkhäusern ohne moderne sanitäre Einrichtungen lebt, in der einklassigen Schule eine unzureichende Minimalbildung erfährt und hilflos der mobilen Industriegesellschaft gegenübersteht, aber durch die Massenmedien das Bild der Gegenwart ständig gegenwärtig hat, wäre ein schreckliches Zeitbild.'
Das Leben eines Menschen sollte von der Wechselbeziehung Arbeit und Freizeit getragen werden, wobei die Arbeit keine unangenehme Pflicht, sondern Befriedigung durch die Entwicklung seiner Fähigkeiten sein soll. Die Freizeit müßte die gleichen Ziele erreichen, nur daß hierbei mehr Wert auf Erholung gelegt wird. Gerade in einem Ort wie Bodenheim wäre es deshalb wichtig, daß das Dorfleben aktiviert wird und ein neuer Zusammenhalt entsteht. Freizeit auf einem Dorf kann vielfältig sein, vielleicht sogar abwechslungsreicher als in der Stadt. Diese Vielfältigkeit ist immer dann gefährdet, wenn der Ort zu einer reinen Wohnsiedlung wird, in der die Bewohner keinen Wert auf gegenseitige Beziehungen legen. Die vielen Neubaugebiete sind vielleicht der erste Schritt dazu. Es bleibt zu hoffen, daß trotzdem immer mehr Bodenheimer Initiativen entwickeln und die Freizeit durch neue Angebote noch abwechslungsreicher und interessanter machen. Nur durch ein reges Dorfleben kann ein Ort wie Bodenheim seine Eigenständigkeit und typischen Merkmale wahren und dem Schicksal einer reinen Wohnsiedlung als Vorort von Mainz entgehen."

(Aus: Feierabend und Freizeit im Wandel. Hrsg. Galinski / Lachauer, Westermann 1981, S. 225ff)

Einige der wichtigsten Ursachen für diese Veränderungen seien hier benannt. Vorweg allerdings sollte davor gewarnt sein, pauschal von dem „Leben auf dem Land" zu sprechen. Schon in dem räumlich relativ kleinen Land Bundesrepublik Deutschland birgt dieses Thema eine große Vielfalt, die stets zu berücksichtigen ist.

Zum einen ist die jeweilige geografische und wirtschaftliche Situation der Region, über die es zu sprechen gilt, zu bestimmen. Die Situation einer relativ prosperierenden Agrarregion wie des Münsterlandes oder in Teilen Niederbayerns ist grundsätzlich anders als in Regionen, in denen Landwirtschaft überwiegend auf Nebenerwerbstätigkeit eingeschränkt werden mußte, wie z.B. in vielen Teilen Hessens oder in Oberfranken. In jüngerer Zeit ergeben sich auch in Regionen, die im Einzugsbereich von Großstädten liegen, andere, neue Bevölkerungsstrukturen als in traditionell ländlichen oder abgelegenen Gebieten. Diese Gebiete, die einen sehr weiten Radius haben können – wie das Dorf, das die hessischen Schüler untersucht haben –, werden bezeichnenderweise als „suburbaner Raum" eingeordnet. „Urbs", die Stadt, ist also bereits das Bestimmende.

Gebietsreformen, regionale Wertausgleichs- und Zukunftsinvestitionsprogramme haben an der grundsätzlichen wirtschaftlichen Schlechterstellung des Landes nichts ändern können, vor allem in den bereits längere Zeit benachteiligten Regionen oder dort, wo die „natürlichen" oder geografischen Bedingungen schlecht sind.

Bei aller zu bedenkenden Unterschiedlichkeit haben sich aber überall die Lebensbedingungen in den Dörfern in den letzten Jahren erheblich verändert. Die strukturellen Veränderungen der Landwirtschaft haben zu einem allgemeinen Abbau von Arbeitsplätzen auf dem Land geführt. Dies hat verschiedenste Konsequenzen: Zum einen führt diese Strukturveränderung dazu, daß das Dorf Wohn- und Freizeitort, aber nicht mehr Arbeitsstätte für die große Mehrzahl der Bewohner ist. Die oft nostalgisch beschworene Einheit von Leben, Wohnen und Arbeiten ist nicht mehr gegeben. Wegen oft langer Anfahrtswege für die Pendler und Nebenerwerbslandwirtschaft ist die Freizeit nicht gerade größer geworden. Für Kinder bedeutet dies, daß sie ihre Eltern nicht häufiger zu Gesicht bekommen als Großstadtkinder, deren Eltern in die Fabrik gehen – das „natürliche Hineinwachsen" in das Leben der Eltern, in den zukünftigen Beruf, ist damit leerer Wunschtraum. Die Vollmechanisierung der Landwirtschaft tut hier ihr Übriges – auf einem modernst eingerichteten Hof steht die Kuh im hygienisch sterilen Stall, der Misthaufen ist verschwunden, das „Heuhupfen" ist von einem Futtersilo überflüssig gemacht worden.

Gravierender sind die Probleme für Jugendliche, die auf dem Dorf kaum mehr qualifizierte Ausbildungs- oder Arbeitsplätze finden. Sie sind dazu gezwungen, zumindest ihre berufliche Zukunft fernab von ihrem Wohnort zu suchen. Viele von ihnen sind von Arbeitslosigkeit betroffen.

Eine sehr grundsätzliche Veränderung für Kinder und Jugendliche vom Dorf hat die Schulreform mit sich gebracht. Die Einrichtung von Mittelpunktschulen, Klassenzusammenlegungen, die Auflösung der kleinen, oft unqualifizierten Dorfschulen hat diesen Kindern und Jugendlichen die wichtige Chance gegeben, nicht unmittelbar unter einem Bildungsdefizit Stadtkindern gegenüber zu leiden; die Möglichkeiten des Besuchs weiterführender Schulen sind erheblich gestiegen.

Der regionale Konzentrationsprozeß des Bildungsangebots hat aber auch zu Konsequenzen geführt, die ein – notwendiger – Reformoptimismus zunächst hat übersehen lassen. Die Dorfschule, Treffpunkt aller Dorfkinder, ist aufgelöst. Die Kinder – manchmal schon die Kindergartenkinder – werden durch Busse in andere Orte transportiert, zum Teil jede Altersklasse in einen anderen Ort. Dies hat zu erheblichen Veränderungen des sozialen Lebensraumes der Kinder geführt; selbst in kleinen Orten kennen sie sich untereinander kaum mehr. Denn über welche Aktivitäten haben sie miteinander zu tun? Zudem kostet der Transport im Schulbus viel Zeit; 6-jährige Kinder werden ebenso wie die Älteren um 7.00 Uhr abgeholt und gemeinsam mit den Ältesten um 14.00 Uhr nach Hause gebracht, die Zeit bis zur Abfahrt des Busses müssen sie als „Stillzeit" verbringen, da kaum eine dieser Mittelpunktschulen z.B. Sozialpädagogen oder freigestellte Lehrer hat, die sich mit den Kindern beschäftigen könnten.

Beide genannten Aspekte – die Verlagerung des Arbeitsplatzes außerhalb des Dorfes und die veränderte Schulsituation – haben zu einer grundsätzlichen Veränderung des dörflichen Sozialgefüges geführt bzw. werden längerfristig dazu führen. Zwar sind in den meisten dörflichen Gemeinschaften noch Reste sozialer Zusammengehörigkeit vorhanden, die einen wichtigen Teil dörflicher Lebensqualität ausmachen, doch ist damit nicht selten auch eine massive soziale Kontrolle verbunden, unter der diejenigen am meisten zu leiden haben, deren Verhalten von der vorgegebenen Norm abweicht (z.B. unverheiratete Mütter, Geschiedene, Homosexuelle) oder deren Lebensauffassung die dörfliche Norm mißachtet. Dies macht es gerade Jugendlichen schwer, die ihnen richtig erscheinenden Lebensformen zu praktizieren, z.B. das Leben in Wohngemeinschaften.

Die „Aufmischung" der Dorfbevölkerung durch Leute aus der Stadt bringt in diesem Punkt gerade für Jugendliche manche Vorteile mit sich.

Zwar hat die wirtschaftliche Situation und deren offenkundige düstere Zukunft bei vielen Jugendlichen Perspektivlosigkeit zur Folge, zwar löst die nicht mehr vorhandene Verankerung im dörflichen Sozialgefüge, die früher manche Schwierigkeit auffing, vielfach Orientierungslosigkeit aus, doch gibt es immer zahlreicher werdende Beispiele dafür, wie Jugendliche selbst einzugreifen beginnen. Das Bedürfnis ist in ihnen laut geworden, die eigene Identität, die sie nicht mehr von den Eltern übernehmen können, neu zu bestimmen, sich selbst einen „Lebensraum" zu erarbeiten. Dies Interesse von Jugendlichen beweisen Projekte der Jugendkulturarbeit, die unter dem Stichwort „Spurensicherung" zusammenzufassen sind (vgl. in diesem Buch: „Jugendclub Eichenberg").

Kulturelle Bildung als Anregungspotential

Für Kinder und Jugendliche, die auf dem Land aufwachsen, ist in der Regel trotz Bildungsreform das im Grundgesetz verankerte Recht auf Chancengleichheit nicht verwirklicht – dazu gehört mehr als die Gewährleistung einer qualifizierten Schulbildung. Eine umfassende Entwicklung der Persönlichkeit setzt ein entsprechend umfassendes und vielfältiges Anregungspotential voraus. Diese zu gewährleisten erfordert aber zunächst, auch die Bedingungen dazu zu schaffen. Das Fehlen eines solchen Anregungspotentials auf dem Land ist im Bereich der kulturellen Bildung besonders ausgeprägt.
Worin liegen nun die besonderen Möglichkeiten kultureller Bildung, die Möglichkeiten von Kinder- und Jugendkulturarbeit?
Kulturelle Jugendbildung

- fördert und erweitert die menschlichen Wahrnehmungs- und Ausdrucksmöglichkeiten;
- leistet Unersetzliches bei der Persönlichkeitsentwicklung von Kindern und Jugendlichen, indem sie den emotional-affektiven Bereich ebenso anspricht und fördert wie den rational-intellektuellen;
- trägt zum Erlernen sozialen Verhaltens durch gemeinsame Tätigkeiten bei und regt soziale Lernprozesse an (gemeinsames Erarbeiten und Spielen eines Theaterstücks, Herstellen einer eigenen Zeitung etc.);
- hilft bei der Artikulation und Formulierung von Bedürfnissen und Interessen auch durch nicht-verbale Ausdrucksformen;
- entwickelt Phantasie und Kreativität;
- fördert in Teilbereichen kultureller Jugendbildung Leistungsmotivationen durch das Vertrautmachen mit künstlerischen Medien, die zu künstlerischen Qualifizierungsprozessen führen können;
- ermöglicht durch vielfältige Formen von Projektarbeit eigenverantwortliches, eingreifendes Handeln.

Es ist gerade für die Arbeit mit Kindern und Jugendlichen von zentraler Bedeutung, kulturelle Bildung nicht einseitig unter leistungsbezogenen oder rein rezeptiven Vorzeichen zu sehen, sondern die Betonung auf die Förderung von eigenem, eigenverantwortlichen kulturellen Handeln zu legen. Jugendkulturarbeit in diesem Sinne versteht sich auch als Teil gemeinwesenorientierter Kulturarbeit. Sie versteht ihre Aufgabe weniger im Anbieten von Kultur, sondern vielmehr im Unterstützen kultureller Eigenaktivitäten. Es geht um die Förderung von Lernprozessen, um die Vermittlung von Fähigkeiten, sich und anderen soziale Bezüge deutlich machen zu können, die soziale Sprachlosigkeit zu überwinden, gemeinsame Perspektiven zu entwickeln.
In gemeinsamen kulturellen Aktivitäten, in „kulturellen Kommunikationsprozessen" soll und kann neues Selbstbewußtsein gelernt werden, kann verschüttete soziale Identität wieder bewußt werden, soll die Entwicklung eines neuen sozialen Bezugsfeldes unterstützt werden. Dieses Erobern von Identität spielt gerade für Kinder und Jugendliche auf dem Land, deren Bezugs-

feld unabsehbaren Veränderungen ausgesetzt ist, eine zentrale Rolle.
Ein solcher Prozeß ist aber wiederum für Kinder und Jugendliche auf dem Land besonders schwer, da hier Tradition, Althergebrachtes, Rituale, Normen eine viel größere Rolle spielen als in einer Stadt mit ständiger Bevölkerungsfluktuation. Die Stadt muß zwangsläufig Neuem gegenüber anders reagieren als eine Kommune im ländlichen Bereich, die sich als Wahrer der Tradition versteht. Daraus resultieren unterschiedliche Standpunkte im kulturellen Selbstverständnis. Diese unterschiedlichen Positionen drücken sich in vergleichbaren Erklärungen des Deutschen Städtetages und des Deutschen Landkreistages zur Kulturpolitik sehr deutlich aus.
So heißt es in der Erklärung des Deutschen Städtetages von 1973 zum Thema „Bildung und Kultur als Elemente der Stadtentwicklung":
„Kultur in der Stadt bedeutet
– die Kommunikation zu fördern und damit der Vereinzelung entgegenzuwirken;
– Spielräume zu schaffen und damit ein Gegengewicht gegen die Zwänge des heutigen Lebens zu setzen;
– die Reflexion herauszufordern und damit bloße Anpassung und oberflächliche Ablenkung zu überwinden."

Wird gerade der soziokulturellen Bildung ein wichtiger Raum in kommunaler Kulturpolitik eingeräumt, so heißt es in dem Dokument „Kulturarbeit in den Landkreisen ausbauen" des Deutschen Landkreistages von 1980:
„Die kulturellen Bemühungen der Landkreise und ihrer Gemeinden haben Schwerpunkte wie z.B. die Bewahrung des kulturellen Erbes, die Pflege des Volks- und Brauchtums und die Erhaltung historischer Bausubstanz im Sinne der wohlverstandenen Denkmalspflege. Zu den weiteren kulturellen Aufgaben gehört z.B. der Unterhalt von Musikschulen, Büchereien, Bildstellen, Museen und Volkshochschulen. Für das Gesamtbild einer kulturellen Infrastruktur in den Kreisen ist die Tätigkeit der übrigen kommunalen und freien Träger kultureller Einrichtungen und Veranstaltungen zu würdigen. Bei einer verstärkten Kulturarbeit geht es letztlich auch darum, die nachwachsende Generation in diese Aufgabe einzubinden."
Selbstverständlich ist die Förderung der genannten Einrichtungen zu begrüßen, wie die Verabschiedung eines solchen kulturpolitischen Programmes von großer Bedeutung für die kulturelle Entwicklung auf dem Lande ist. Und doch greift gerade der letzte Satz, der als einziger in diesem Papier Jugendkulturarbeit berührt, zu kurz: Im Interesse der Jugendlichen kann und darf es nicht nur darum gehen, sie in vorgegebene Aufgaben, Programme, Normen „einzubinden". Die Veränderungsprozesse, die das Leben auf dem Lande betreffen, machen es erforderlich, daß Kinder- und Jugendkulturarbeit auf dem Land weniger dem Prinzip der *Identifikation* mit Vorgegebenem und Althergebrachtem dient, sondern daß die *Identitätsfindung* als aktiver Prozeß der Aneignung von Tradition und neuer Realität und damit Bestimmung der *eigenen Lebensperspektive* gefördert wird. Dazu kann gerade

die Beschäftigung mit der regionalen Kulturtradition, mit der Geschichte des eigenen Ortes einen wesentlichen Beitrag liefern. Dies aber setzt Förderung der kulturellen Eigenaktivität voraus, die sich sicher nicht nur in den traditionellen dörflichen Vereinen abspielen wird.
Für eine Kinder- und Jugendkulturarbeit, die an den Interessen und Bedürfnissen der „Betroffenen" nicht nur nicht vorbeigehen will, sondern die bei ihrer Artikulation helfen will, die nicht nur verwalten, sondern mitverantwortliches Handeln fördern will, die als ihr Prinzip die Einbeziehung möglichst vieler Interessen sieht und die eine umfassende Entwicklung menschlicher Persönlichkeit zum Ziel hat, sind Bedingungen zu schaffen. Zu diesen Bedingungen zählen in der Stadt wie auf dem Land:

- Mitverantwortlichkeit der Beteiligten;
- Berücksichtigung der Bedürfnisse und Probleme von Kindern und Jugendlichen;
- Einbeziehung aller am Ort aktiven Kräfte;
- Mut zum Experiment;
- Berücksichtigung der gewachsenen Realitäten und Traditionen;
- Verbesserung der fachlich/künstlerischen Arbeit;
- Verbesserung, Erweiterung und breitere Streuung des Angebots;
- Berücksichtigung und Förderung besonders Benachteiligter;
- Schaffung von Möglichkeiten langfristiger Arbeit;
- Bereitstellung angemessener Mittel und Schaffung von Stellen für qualifizierte Mitarbeiter der Jugendkulturarbeit.

Aus vielfältigen Erfahrungen im Bereich kultureller Bildung, die als Leitgedanken die Förderung von – nicht nur kultureller – Eigenverantwortlichkeit junger Menschen hat, haben sich folgende Prinzipien herausentwickelt und präzisiert:

1. Kulturelle Jugendbildung muß für, mit und von Kindern und Jugendlichen geleistet werden; d.h. sie darf sich nicht nur an Kinder und Jugendliche als Rezipienten richten, sondern muß sie zu eigenem, eigenverantwortlichem kreativen Handeln befähigen.

2. Kulturelle Jugendbildung darf sich nicht reduzieren auf die Bereitstellung von beliebigen Spiel- und Beschäftigungsmöglichkeiten, sondern sie muß Kinder und Jugendliche anregen, sich aktiv mit der sie umgebenden sozialen Umwelt auseinanderzusetzen, und sie muß das utopisch-realistische Hinausdenken über sie fördern.

3. Kulturelle Jugendbildung muß als Zielvorstellung die umfassend entwickelte menschliche Persönlichkeit haben. Sie darf nicht einseitig auf Leistungsförderung festgelegt werden, sondern sie muß Kompetenz und Spiel verbinden.

4. Kulturelle Jugendbildung hat zum Ziel, Kindern und Jugendlichen, entsprechend ihren Fähigkeiten, Zugangsmöglichkeiten zu den künstlerischen Leistungen und Aussagen anderer Menschen zu schaffen.

5. Kinder und Jugendliche sollen nicht nur das Objekt einer von Erwachsenen für richtig befundenen kulturellen Bildung sein; in ihre Konzeption muß die Berücksichtigung der spezifischen Bedürfnisse von Kindern und Jugendlichen ebenso eingehen wie eine aktive Mitarbeit und Mitverantwortung der „Betroffenen".
6. Kulturelle Jugendbildung bedarf zwar notwendig eines erheblichen Freiraumes für Spontaneität und muß in ihren Konzeptionen rasch auf Entwicklungen und Bedürfnisse reagieren können, sie bedarf aber auf der anderen Seite einer Absicherung, die ihre Langfristigkeit garantiert. Dies heißt konkret: gesetzliche Absicherung, qualifizierte kulturpädagogische Mitarbeiter, Festschreibung in Entwicklungsplanungen, institutionelle Absicherung.
7. Die in der kulturellen Jugendbildung besonders wichtigen Lern- und Arbeitsformen, die ihr eine gegenüber der Schule spezifische Bedeutung einräumen, sind Multimedialität und Projektlernen. Beides ist nur in einem entsprechenden, mit Fachleuten und Arbeitsmaterialien ausgestatteten Rahmen möglich.

Zur Spezifik ländlicher Kinder- und Jugendkulturarbeit

Muß Kinder- und Jugendkulturarbeit auf dem Land anders aussehen als in der Stadt? Haben Kinder und Jugendliche auf dem Land nicht das gleiche Recht auf das notwendige Anregungspotential wie junge Menschen in den Städten?
Ohne Zweifel haben sie das gleiche Recht. Aber – die Lebensbedingungen auf dem Land sind andere als in der Stadt, sind durch Geschichte und Gegenwart anders geprägt, und – dies ist vielleicht das Wichtigste – hier gibt es besonders viel nachzuholen. Deshalb darf Kulturarbeit auf dem Land keine einfache Übertragung von städtischer Kulturarbeit sein. Der Metropolenzentrismus hat sich nicht erst seit dem Raumordnungsgesetz von 1965 entwickelt. Durch dieses Gesetz aber und seine Ausführungsbestimmungen, durch die Festlegung von regionalen Unter-, Mittel- und Oberzentren mit erheblichen Konsequenzen für die Ansiedlung von kulturellen Einrichtungen wird die Gefahr der Nivellierung regionaler Spezifika und ein „Kulturpyramidengedanke" erheblich verstärkt; es führt zur Einebnung kultureller Besonderheiten, zur Festlegung kultureller Bedürfnisse entsprechend der jeweiligen Einwohnerzahl.
Der Metropolenzentrismus spiegelt zudem eine inhaltliche Orientierung allein an den künstlerischen Höchstleistungen wieder, an der „großen Kultur", die regionaler Kultur nicht gerecht wird. Die Regionalismusdebatte, die sich in den letzten Jahren entwickelt hat, zeigt erste Gegentendenzen auf, die sich aber in der ländlichen Kulturpolitik noch kaum niedergeschlagen haben. Teil dieser Gegenbewegung, die sich gegen die Dominanz der Metropolen wehrt, sollte es sein, das kulturelle Selbstbewußtsein der Landbevölkerung zu stärken, den Identitätsfindungsprozeß voranzutreiben. Dies bedeutet insbesondere eine Auseinandersetzung und Weiterentwicklung spezifisch dörflicher Kulturformen wie z.B. der Vereinskultur, aber auch eine offensive und produktive Auseinandersetzung und Aneignung der Kulturtraditionen, insbesondere der Volkskunsttraditionen. Dies ist eine Aufgabe, die von städtischer, vor allem großstädtischer Kulturarbeit nicht geleistet werden kann. Hier fällt ländlicher Kulturarbeit eine Verantwortung zu, die für die Entwicklung unserer gesamten Kultur von erheblicher Bedeutung ist. Nach Jahrzehnten der ausschließlichen Pflege von „hoher Kunst" in den Kulturtempeln hat man inzwischen die Industrie- und Arbeiterkultur zu entdecken begonnen. Der Volkskunst wird – abgesehen von einigen großen Volkskundemuseen in den Großstädten – bislang kaum eine bescheidene Nische eingeräumt. Das neue Interesse an Mundart und Volksmusik z.B. gerade bei jungen Menschen bedarf der Fundamentierung dort, wo sie noch lebendig ist – sonst verendet es wie so manche abgehobene Nostalgie-Welle.

Natürlich darf es andererseits keinesfalls darum gehen, die Dorfbevölkerung, die Menschen, die in ländlichen Regionen leben, von den Spitzenleistungen der Kultur fernzuhalten. Meist können sie sich nur in Metropolen entwickeln, schon aus finanziellen Gründen. Eine Oper, ein großes Theaterstück ist eben an einen so erheblichen technischen und personellen Aufwand gebunden, daß

ein Transport nicht möglich ist und eine Mini-Ausgabe zur Verfälschung und Minderung der künstlerischen Aussage führen würde. Die Zugangsmöglichkeiten zu diesen Leistungen, die ebenso unersetzlicher Teil deutscher Kultur sind, muß auf jeden Fall gewährleistet sein – angefangen von der Eintrittskartenversorgung bis hin zur Sicherstellung von Anfahrtsmöglichkeiten. Doch erst das kulturelle Selbstbewußtsein der Menschen in der Provinz schafft die Voraussetzungen für einen produktiven Umgang mit diesen Kulturereignissen, der Weg kann nicht umgekehrt sein. Große Kulturereignisse versperren nicht selten den Blick auf die kleineren Ereignisse nebenan, die von ihrer Bedeutung her durchaus nicht geringer sein müssen als die große Theaterpremiere.
Die Gewährleistung des Zugangs zu den „großen Ereignissen" gehört zu dem notwendigen Anregungspotential, das Kinder und Jugendliche auf dem Land brauchen. Ebenso gehört dazu, daß Kinder und Jugendliche auf dem Land die gleichen Möglichkeiten haben müssen, künstlerische Qualifikationen zu erwerben wie junge Menschen in Städten. Hier besteht auf dem Land ein großer Nachholbedarf, viele Begabungen blieben bislang unentwickelt. Gezielte Einzelförderung ist hier genauso notwendig wie die Einrichtungen von Kreismusikschulen (um einen Medienbereich herauszugreifen), die mit ihren Angeboten auch bis in kleine Dörfer gehen.

Zu dem notwendigen Anregungspotential zählt auch die Beschäftigung mit den neuen Medien, mit Film und Fernsehen. Der Fernsehapparat ist zwar inzwischen auch auf einem Einödbauernhof verfügbar, das Medienangebot ist aber in überwältigendem Maße an großstädtischer Kultur orientiert. Die Lebensrealität der Landbevölkerung findet sich in den Medienangeboten kaum wieder. Die spezifischen Interessen von Kindern und Jugendlichen auf dem Land treten erst recht nicht in Erscheinung. Sendungen wie „Die Kinder aus Uhlenbusch" zählen zu den großen Ausnahmen. Dies führt dazu, daß Kinder und Jugendliche auf dem Land noch hilfloser als Stadtbewohner dem Medienangebot ausgesetzt sind und zur passiven Rezeption verurteilt werden, da sie aus ihrer eigenen Erfahrung heraus das Gesehene, Gehörte nicht relativieren können.
Das große Kino-Sterben hat natürlich auch das Land erfaßt. Konnte man früher wenigstens in das Nachbardorf zum Kino pilgern, so muß man heute schon in die nächstgrößere Stadt – und bekommt dort auch meist nur die üblichen Western-, Porno- und Superman-Produktionen zu sehen. Kino auf dem Land ist sicher nur in seltenen Fällen ohne ökonomische Verluste zu realisieren. Da sich aber gerade der neue Kinder- und Jugendfilm als sehr wichtiges Anregungspotential erwiesen hat, sollte hier die öffentliche Hand unterstützen. Die Beispiele von Kinderkino, die in diesem Buch vorgestellt werden, sind ohne allzu großen Aufwand in die Tat umzusetzen.
Es sind gerade diese neueren Möglichkeiten kultureller Bildung, deren Verwirklichung auf dem Land aussteht. Die Ansätze soziokultureller Bildung, die sich im letzten Jahrzehnt entwickelt haben, sind bisher nicht ausreichend für ihre Umsetzung auf dem Land überprüft worden. Daß ihre Realisierung möglich ist, sollen verschiedene Beispiele ländlicher Kulturarbeit in diesem Buch

HOFMALER

zeigen. Sicherlich ist behutsames Vorgehen notwendig, denn es kann nicht darum gehen, die bisherigen, eher traditionellen Formen abzuschreiben. Das Konzept von gemeinwesenorientierter Kulturarbeit geht ja gerade davon aus, z.B. die örtliche Vereinsstruktur aktiv mit einzubeziehen – sie vor neue Aufgaben zu stellen, sie nicht links liegen zu lassen. Dies setzt aber auch voraus, daß bei diesen Vereinen, beim Bürgermeister, beim Pfarrer, beim Lehrer eine Diskussionsbereitschaft, Bereitschaft auch dazu, sich von übernommenen Formen zu verabschieden, geschaffen werden muß. Erfahrungen während ländlicher Kinder-Kultur-Wochen oder bei „Spurensicherungs"-Projekten haben bewiesen, daß dies möglich ist, wenn auch nicht ganz einfach zu realisieren.

Für eine Weiterentwicklung ländlicher Kulturarbeit ist es unabdingbar, neue Modelle zu erproben, Experimente zuzulassen, Impulse aufzugreifen, die in anderen Ländern entwickelt worden sind. Hier sind vor allem die Niederlande, Schweden und Norwegen und ihre kulturpädagogischen Modelle für ländliche Regionen vorbildlich. Doch auch Modellprojekte, die in unserem Land entwickelt worden sind, sollten auf ihre Funktionsfähigkeit im ländlichen Bereich hin überprüft werden. Dazu zählen Erfahrungen des Modellversuchs „Künstler und Schüler" ebenso wie Erfahrungen des Modellversuchs „Jugendkunstschulen". Das in dieses Buch aufgenommene Beispiel der Jugendkunstschule Bleiwäsche (800 Einwohner) zeigt, daß kulturpädagogische Einrichtungen, die mehrere Medienbereiche umfassen, den dörflichen Bedürfnissen möglicherweise eher entgegenkommen als die Beschränkung auf eine künstlerische Ausdrucksform, z.B. Musik.

Bei einem sehr kleinen Einzugsbereich sind aber der Qualität der Arbeit zwangsläufig enge Grenzen gesetzt; eine kleine Gemeinde kann kulturpädagogische Fachleute nicht finanzieren. Sinnvoll erscheint es, das im Ergänzungsplan Musisch-kulturelle-Bildung zum Bildungsgesamtplan vorgeschlagene Modell der „Kulturpädagogischen Dienste" für das Land zu übersetzen und Realisierungsformen zu finden. Vorstellbar ist hier z.B. ein „Kulturpädagogisches Zentrum", von dem aus Kulturpädagogen und Künstler eine kleine Region betreuen. Interessierte aus dem Einzugsgebiet können in dieses Zentrum kommen, um längerfristige, künstlerisch-pädagogisch qualifizierte Angebote wahrzunehmen. Von großer Bedeutung ist, daß das Einzugsgebiet überschaubar bleibt und das Zentrum verkehrsmäßig leicht zu erreichen ist; möglicherweise ist eine örtliche Anbindung an eine Mittelpunktschule sinnvoll. Auf keinen Fall sollten diese kulturpädagogischen Zentren zwangsläufig in den Orten liegen, die durch Raumordnungsgesetze zu oft künstlichen Mittel- und Unterzentren bestimmt wurden. Eine sorgfältige Bestimmung räumlicher Gegebenheiten und traditioneller Mittelpunkte (z.B. Marktoder Kirchdörfer) sowie die Berücksichtigung der Wünsche der dort Lebenden sind Voraussetzung für erfolgreiche Arbeit.

In der Diskussion um Kulturarbeit auf dem Land spielt der Aspekt der „Flächendeckung" eine Schlüsselrolle. Wenn er als rein quantitativ bestimmtes geografisches Gießkannenprinzip mißverstanden wird, so kann er eine

intendierte Chancengleichheit sicher nicht garantieren. Für die Menschen spielen andere räumliche Bereiche in Hinblick auf Orientierung und Identitätsfindung eine Rolle als Verwaltungseinheiten, z.B. Landkreise und Kreisstädte. Dies ist nach der Gebietsreform sehr deutlich geworden. Der Bayrische Jugendring versuchte vor wenigen Jahren, einen Jugendzentrumsentwicklungsplan vorzulegen, in dem bei der Bestimmung der jeweiligen lokalen Ansiedlung von quantitativen Flächendeckungsprinzipien ausgegangen wurde, wie sie das Raumordnungsgesetz vorsieht. Der Bayrische Jugendring mußte feststellen, daß in vielen Fällen die örtliche Festlegung nicht mit den Orten zusammenfiel, die die Jugendlichen zu ihren Zentren erkoren hatten; die Jugendzentren wurden nicht akzeptiert.
In der Organisation von Kulturförderung sollte weniger von dem formalen Prinzip der Flächendeckung ausgegangen werden. Unter Berücksichtigung gewachsener Realitäten sollte eine kleinräumige Organisationsstruktur kultureller Gemeinwesenarbeit entwickelt werden. Dabei wird man eventuell auch über Kreisgrenzen hinausgehen bzw. innerhalb der Kreisgrenzen verschiedene Schwerpunkte setzen müssen.

Es ist sicher wichtig, bestimmte kulturelle Angebote so nahe wie möglich an die auf dem Dorfe lebenden Menschen heranzubringen, gerade Kinder können größere Entfernungen nicht selbständig bewältigen. So haben Bibliotheksbusse, Spielmobile und Kinomobile schon längst ihre Existenzberechtigung erwiesen. Doch mobile Angebote, die stets nur punktuell präsent sein können, müssen nach verschiedenen Seiten hin ergänzt werden. So scheint es im Falle des Spielmobils wichtig, das punktuelle Anregungspotential, das wichtige Auslöserfunktion hat, zu ergänzen durch ein kontinuierliches Angebot, bei dem man schwerpunktmäßig auf die ehrenamtliche Mitarbeit von Jugendgruppen, Vereinen, Elterninitiativen, Pfarrer, Lehrer angewiesen sein wird. Dies wäre aber auch ein erster Schritt zu einer Einbeziehung in die Mitverantwortlichkeit, zur Realisierung gemeinwesenorientierter Kulturarbeit.
Doch mobile Angebote, auch wenn sie in einer solchen Form ergänzt werden, können stets nur beschränkt sein, sowohl was das zeitliche wie auch das inhaltliche, das qualitative und das quantitative Angebot anbelangt. Sie sind zu flankieren durch umfassendere, komplexere, längerfristige Angebote in überschaubarer und erreichbarer Nähe – und damit wären wir wiederum bei dem „Kulturpädagogischen Zentrum“.
Die Realisierung dieses Konzepts setzt Experimentier-, Kooperations- und Investitionsbereitschaft voraus. Bislang orientiert sich Investitionsbereitschaft eher an Althergebrachtem und an Konkurrenz mit dem Nachbardorf: „Der hat ein Schwimmbad – wir also auch; der baut eine Mehrzweckhalle – wir also auch; der baut eine Tennisanlage – wir also auch.“ So stehen in manchen Dörfern geldintensive Bauwerke, die von der Bevölkerung kaum angenommen und genutzt werden, weil ja etwas kaputt gehen könnte. Gemeinsame, benutzbare Vorhaben benachbarter Dörfer wären langfristig billiger und könnten breitere Interessen befriedigen als leere Mehrzweck-

hallen.
Um die Situation von Kinder- und Jugendkulturarbeit zu verbessern, um den jungen Menschen auf dem Land ein breiteres Anregungspotential zu garantieren, sind spezifische Förderungsbedingungen notwendig, in denen auch Experimente entwickelt und durchgeführt werden. Es wäre anzuregen, ein übergreifendes Modellversuchsprojekt zu entwickeln, in dem z.B. die Arbeit von kleinräumigen „Kulturpädagogischen Zentren" entfaltet werden kann. Ein gewisser Innovationsfonds von seiten der Länder und des Bundes als Starthilfe wäre dringend erforderlich. Denn nur durch Experimentieren und Ausprobieren können sinnvolle Prinzipien ländlicher Kulturarbeit entwickelt werden.
Bei der ständig fortschreitenden Verschlechterung der Lebensbedingungen von Kindern und Jugendlichen auf dem Land, bei der notwendigen Suche nach einer neuen Perspektive für das Leben auf dem Dorf ist eine derartige Investition kein Luxus, sondern zwingende Notwendigkeit.

Dorothea Kolland

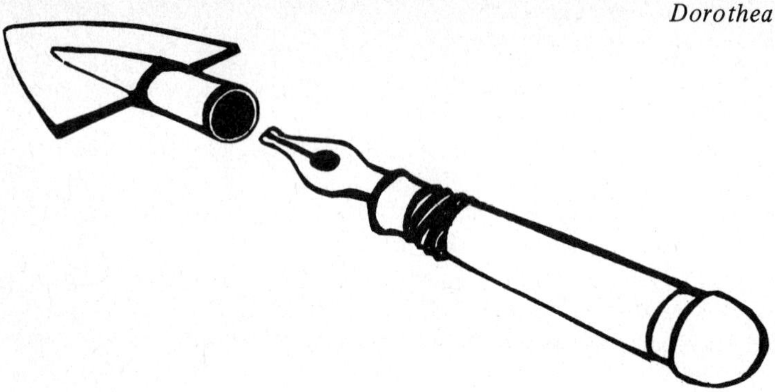

Notizen zur Jugendarbeit in der Provinz

Das Reden von den Bedingungen im ländlichen Raum

Bei den beiden vorgestellten Begriffen, Jugendarbeit und Provinz, handelt es sich meines Erachtens nicht um wissenschaftlich präzisierte Begriffe, sondern schon eher um mit Assoziationen umwobene Wortschöpfungen aus der Umgangssprache.

Zuerst möchte ich mich der Rede von der Provinz oder dem Land zuwenden, bevor ich eine etwas detaillierte Darstellung zur Situation Jugendlicher auf dem Land gebe und mögliche Perspektiven von Jugendarbeit in der Provinz aufzuzeigen versuche.

Waren die Kategorien Anfang der 60er Jahre für Provinz auf der einen und Zentrum (Metropole) auf der anderen Seite noch relativ unhinterfragt, so assoziierte man beim Wort Metropole u.a. gesellschaftliches Leben, Vergnügen, Unterhaltung, Luxus und Kultur, bei Provinz hingegen Langeweile, gesellschaftliche Isolation, Gedanken, Lebensformen und Moden von vorgestern. Mitte der 70er Jahre kann man angesichts der Renaissance von Agrar- und Kleinstadtromantiken davon ausgehen, daß Provinz einen nicht nur negativen Stellenwert und Aufmerksamkeitsgrad in unserer Gesellschaft bekommen hat.

Die Liebe zum Land, wenn diese auch nicht gleichbedeutend mit der Liebe zu Ackerbau und Viehzucht begriffen werden soll, scheint in vielen Teilen unserer Bevölkerung wieder zum Tragen zu kommen.

Sentimentale Stadtfeindlichkeit, der Traum von wiesenumgrenzten Dörfern, Natur, die als unberührt verkauft wird, heimelige Fachwerkhäuser, kuhtreibende Landleute, ländliche Trachtenidylle. Diese romantisierende Betrachtungsweise vernebelt jedoch den Blick für den immer weiter ins Provinzinnere vordringenden städtischen Vandalismus. Der oft besungene und beschriebene Landfriede ist ein trügerischer, er soll von den ungeheuren Wandlungsprozessen ablenken, die sich im ländlichen Raum in den beiden letzten Jahrzehnten fast unbemerkt vollzogen haben.

Vermassung, Verfall der bäuerlichen Großfamilie, Ausbeutung natürlicher Ressourcen wie Luft, Erde und Wasser durch Industrieansiedlungen, Zersiedlung ganzer Landstriche, soziale Verelendung der in der Landwirtschaft beschäftigten Personen, das sind bereits nicht mehr wegzudiskutierende Tatbestände, die das romantische Bild zerstören und die Bedrohung dieses Lebensraumes deutlich kennzeichnen.
Die traditionelle bäuerliche Lebensgemeinschaft ist zerschlagen worden. Wohnten zu Beginn der Jahrhundertwende noch drei Generationen unter einem Dach, eingeschlossen die frühverwitwete Tante, so sieht das Bild, etwas karikiert, von heute etwa so aus:
Die Tante im Altersheim, die Großeltern wohnen noch auf dem alten Hof, die Eltern in der Neubausiedlung, die Kinder studieren in der Stadt und wohnen dort in einer Wohngemeinschaft.
Hatte 1946 z.B. Konrad Adenauer noch die Vorstellung, daß aus den Fehlern der Industrialisierung gelernt werden soll und dem Prozeß der Vermassung vorgebeugt werden muß, weil er darin eine der Hauptursachen für soziale Entwurzelung und innere Orientierungslosigkeit sah, so kann man heute angesichts der Boden- und Siedlungspolitik, der Zentralisierung, Bürokratisierung und Mechanisierung im ländlichen Raum davon ausgehen, daß sich die Prognose von Karl Marx bewahrheitet hat, daß nämlich das industriell entwickelte Land dem minderentwickelten Land nur das Bild der eigenen Zukunft aufzeigt.
Der Prozeß der ökonomischen Konzentration, der Mechanismus der Durchkapitalisierung schreitet weiterhin voran, was die wirtschaftliche Vernichtung von Millionen landwirtschaftlicher und kleingewerblicher Betriebe zur Folge hat. So nahm die Zahl der landwirtschaftlichen Vollerwerbsbetriebe in der BRD von 1965 bis 1976 um etwa 1.000.000 Betriebe ab, also etwa um 20 %.
Raumordnungs- und Entwicklungsplanung führte in den vergangenen Jahren zur Verstädterung ganzer Dörfer, machte aus Produktions- und Lebensorten reine Wohn- und Schlafsiedlungen, Naherholungszentren oder spezifische Tourismusreservate.
Gemeinde-, Gebiets- und Verwaltungsreformen zwangen die Bewohner zur höheren Mobilität, führten zu sozialer Unsicherheit und zur Entmündigung der Dörfer.
Diese Rahmenbedingungen sollen nur im Groben umrissen werden, sie beschreiben aber, in welchem Bedingungsfeld sich Jugendarbeit in der Provinz abspielt. Viel wichtiger erscheint mir, der Frage nachzugehen, wie sich diese vielfältigen Prozesse im Alltagsleben der Jugend auf dem Land auswirken.

Die Erbschaft dieser Zeit zeigt Wirkung bei der Landjugend

Worin unterscheidet sich die Situation Jugendlicher auf dem Land von der Jugendlicher im städtischen Bereich?
In seinem 1935 veröffentlichten Werk „Erbschaft der Zeit“ zeigt Ernst Bloch

das Phänomen der Ungleichzeitigkeit auf. Bezogen auf die Situation Jugendlicher bedeutet dieses Erklärungsmodell, daß fortbestehende, ältere Bewußtseins- und Lebensformen im Widerspruch zu heutigen „moderneren“ Bewußtseins- und Lebenssystemen stehen.
Im Alltagsleben Jugendlicher möchte ich diese Widersprüche wie folgt beschreiben:

1. Der Widerspruch zwischen erhöhter sozialer Kontrolle durch das Dorf und die Ortsöffentlichkeit und die Zugehörigkeit zu einer auf Anonymität angelegten, mobilen Gesellschaft.
   Wohnung, Arbeitsplatz und Berufsschule liegen oft an verschiedenen Orten, die darüber hinaus oft verschiedene Welten mit verschiedenen Wert- und Normmustern sind. Neben den Tatbeständen des Arbeitsplatz- und des Schulpendelns kommt noch ein dritter hinzu, das Freizeitpendeln, da die Jugendlichen am Ort nichts anzufangen wissen, rein subjektiv.
2. Der Widerspruch zwischen Bildungsbedürfnis und Bildungschance.
   Für Jugendliche auf dem Land sind qualifizierte Ausbildungsplätze nicht nur schwer zu erreichen, was eine erhebliche Einschränkung ihres Freizeitbudgets bedeutet, sondern sie sind eine sehr zwiespältige Angelegenheit. Den qualifizierten Ausbildungsplätzen steht keine entsprechende Anzahl von Arbeitsplätzen gegenüber. Je qualifizierter die Ausbildung, desto weiter die Wege, desto geringer wird der Bezug zum Lebensort Dorf.
   Kleinbetriebe setzen die Jugendlichen nach Abschluß der Lehre auf die Straße, was in vielen Fällen eine vierte Pendelbewegung bedeutet, nämlich das Arbeitspendeln, oder ein Wohn- und Lebensortwechsel muß in Kauf genommen werden zwecks besserer Vermittelbarkeit.
3. Der Widerspruch zwischen der Aufforderung zur Bodenständigkeit und dem gesellschaftlichen Zwang zur Flexibilität und Mobilität.
   Bewahr der Väter Erde, ist da oft noch eine massiv ausgesprochene Erwartungshaltung, wo z.B. Grundbesitz zur Familiengründung vor Ort auffordert, andererseits sind viele Handwerker oder Kleinbetriebe gezwungen, ihre Produktionsweise den „Marktgesetzen“ anzupassen. Aus dem Hufschmied wird ein Kunstschmied. Der Müllerssohn verdient seinen Lohn bei einem Autohersteller in der Großstadt, Frau F. putzt Büroräume, um den unrentabel gewordenen Hof erhalten zu können.
4. Der Widerspruch zwischen Autoritäten im Dorf (wie z.B. Pfarrer und Vereinsvorstände) und dem Bestreben und dem Bedürfnis selbstbestimmter, mitverantwortlicher Tätigkeit.
   Deutlich wird dieser Konflikt u.a. dann, wenn z.B. die Mitglieder des Jugendclubs demokratisch darüber abgestimmt haben, sich am Kirmeszug nicht zu beteiligen und, anstatt am Jugendgottesdienst teilzunehmen, lieber das Fußballturnier in der Kreisstadt besuchen wollen. Ein solcher Fall ruft oft eine deutliche Intervention der ortsansässigen Autoritäten auf den Plan, die Drohung mit dem Entzug von finanzieller Unterstützung ist bei so einem „Ausscherversuch“ die Regel.
5. Der Widerspruch zwischen traditionellen Lebensprogrammen und dem

Wunsch bzw. Verlangen nach individueller Lebensgestaltung.
Nicht selten herrscht in einem Dorf noch die Meinung vor, daß ein anständiges Mädchen mit 18 Jahren unter der Haube zu sein hat, oder daß eine Heirat vor allem wirtschaftliche Vorteile bringen müßte.
Ein Landwirt drückte das einmal so aus: „Drum prüfe, wer sich ewig bindet, wie sich die Wies' zum Acker findet."
Dagegen steht die Aussage einer 18-jährigen Landwirtschaftstochter auf einem Wochenendseminar zum Thema „Neue Lebensformen": „Ich würde gern mit meinem Freund in einer Wohngemeinschaft zusammenleben. Aber nicht hier im Dorf. Hier wirst Du von allen doof angemacht und kommst Dir vor wie eine exotische Erscheinung. In der Stadt kann ich mir das gut vorstellen, da leben viele so, da fällt man nicht auf."

6. Der Widerspruch zwischen dem Bedürfnis nach Solidarität und Orientierung und der Auflösung des Lebenszusammenhangs, unsicher gewordenen Berufsperspektiven und Zukunftsvorstellungen.
   Der Hang zur Privatisierung, der Rückzug in die eigenen vier Wände, nicht mehr miteinander reden zu können, erschweren auf dem Land zunehmend gemeinwesenorientierte Projekte. Andererseits erfährt man in Einzelgesprächen immer wieder, wie schön es doch früher gewesen sei, als man sich zum Dämmerschoppen an der Dorflinde traf oder beim traditionellen Osterspaziergang Geschichten vom Dorf und übers Dorf austauschte.

Welche Perspektiven für die Jugendarbeit in der Provinz lassen sich angesichts der beschriebenen Bedingungen und der aufgezeigten Situation von Jugendlichen entwickeln?

Die Provinz macht mobil

Nicht erst seit der Schlacht um Wyhl und Gorleben merken wir an unserem eigenen Lernprozeß, daß uns Bildungsarbeitern oft gravierende Fehler bei der Einschätzung dessen, was auf dem Land an Arbeitsansätzen möglich ist, unterlaufen sind und sich somit unsere Perspektiven und Zieldiskussionen oft nur im resignativen Kopfschütteln über die mutlose, narzistisch veranlagte Jugend von heute erschöpfen. Drei dieser Fehlerquellen möchte ich hier nennen:

1. Jugendarbeit in der Provinz muß mehr sein als nur die Arbeit mit Jugendlichen. Sie muß als analytische, gesellschaftspolitische, am Alltag des Betroffenen orientierte Widerstandsarbeit in kleinen Schritten verstanden werden.
2. In den gegebenen traditionellen Arbeits- und Organisationsformen ländlicher Jugendarbeit lassen sich die Bedürfnisse und Anforderungen der Jugendlichen immer weniger erfassen und erarbeiten.
   Das gegebene „Vereinsangebot" schließt gerade die Jugendlichen aus, die aufgrund ihrer Alltagserfahrungen vor festen Kontakten und Gruppenbildungen zurückschrecken.

3. Das Lernen des Jugendarbeiters muß mit dem des Jugendlichen zusammen erfolgen, es müssen gemeinsam Interessenfelder entdeckt und genutzt werden. Eine einseitige Bedürfnisakrobatik nehmen uns die Jugendlichen nicht mehr ab. Wir müssen unsere Vorstellungen und Interessen präzise definieren.

Sprich: Alltagssituationen miteinander heranbilden, die Raum für neue Gestaltungs-, Aktions- und Verarbeitungsformen zulassen.
Ansatzpunkte können sein: Träume, Neugier, Hoffnung und Mutigkeiten, die im abstrakt aufgegriffenen und oft aufgesetzten Problembrei zu ersticken drohen.

Die Situation der Mitarbeiter in der Provinz

Die Situation der Mitarbeiter in der Provinz ist deshalb eine schwierige, weil es nicht nur um die Aufarbeitung und Bearbeitung der genannten „Ungleichzeitigkeiten" geht, sondern darüber hinaus noch lokale Behinderungen und Einschränkungen hinzukommen. Zu diesen Behinderungsgründen sind allzu oft die nicht genügend zur Verfügung stehenden finanziellen Mittel zu zählen, lange Verhandlungswege sind zu beschreiten, um an die nötige Grundausstattung von Jugendräumen, Werkräumen o.ä. zu gelangen. Auch bei der Verteilung der Finanzen ist ein Stadt-Land-Gefälle zu beobachten. Während in den Metropolen Nordhessens auf drei Kirchengemeinden im Durchschnitt ein Jugendarbeiter ‚abfällt', ist dieses Verhältnis in der Provinz etwa 12 : 1.
Im kommunalen Bereich verschärft sich dieses Mißverhältnis noch. Wer hat, dem wird gegeben, wer nicht hat, zieht den Kürzeren. Oft sind die Trägererwartungen die, doch möglichst „flächendeckend" zu arbeiten, während dem Jugendarbeiter in der Provinz natürlich daran gelegen sein muß, nicht nach dem Gießkannenprinzip zu verfahren.
Die Situation des Mitarbeiters ist oft gekennzeichnet durch eine unmittelbare Isolation von anderen Kollegen. Teamarbeit ist bei uns auf dem Lande aufgrund der weiten Entfernung oft bloß eine Wunschvorstellung. So sieht sich der Mitarbeiter oft in der Rolle eines ‚Allround-Arbeiters', der ständig verfügbar ist und dem die Trennung von Arbeitsfeld und Freizeit nur dann glückt, wenn er aus dem Dorf „flüchtet". Mobilität ist in der Provinz Trumpf. Dem ‚Szene-gewohnten' Studenten aus der Stadt erscheinen Arbeitsplätze in der Provinz unattraktiv, deshalb stehen wir in der Evangelischen Kirche Kurhessen-Waldeck im Moment vor der Situation, daß in unserem Bereich mehr offene Stellen zur Verfügung stehen als Mitarbeiter.

Harald Samendinger

2

Treff-Mobil: Mobile Jugendarbeit im Hunsrück

Wie lebt man im Hunsrück?

Zunächst ein Rückblick:
Noch vor etwa 20 Jahren sah es in den Dörfern des Hunsrück mit durchschnittlich etwa 300 Einwohnern ganz anders aus. Die Haupternährungsquelle war für fast alle Familien die Landwirtschaft. Ausnahmen bildeten z.B. der Lehrer und der Pfarrer. Handwerkliche Berufe wie Schuhmacher (Schuster genannt), Schmied, Schreiner sowie die Poststelle, das Lebensmittelgeschäft wurden zusätzlich betrieben. Durch die Großfamilie mit Großeltern und oft noch Tante oder Onkel ließ sich dies durchführen.
Im Dorf wurde also gelernt, gearbeitet, miteinander gelebt. Es soll damit keiner verlorengegangenen „heilen Welt" nachgetrauert werden, aber viele positive Elemente im Dorfleben sind verlorengegangen.
Heute ist es etwa so:
Die Schulen stehen leer, die Kinder werden mit Bussen abgeholt und in ein Zentrum gebracht. Die landwirtschaftlichen Betriebe sind um die Hälfte weniger geworden. Kommunikationsstätten wie das Backhaus, im Hunsrück „Backes" genannt, die Poststelle, das Lebensmittelgeschäft gibt es entweder nicht mehr oder nur noch selten. In vielen Ortschaften fehlt sogar die Dorfkneipe. Die Dörfer werden mehr und mehr zu Wohn- und Schlafdörfern. Tagsüber spielt sich das Leben für die meisten Bewohner in Zentren ab.
Hinzu kommt noch eine andere Situation, durch die einige Hunsrückdörfer in ihrer Struktur stark verändert wurden. Sie ist bedingt durch die amerikanischen Stützpunkte im Großraum Flugplatz Hahn. Ein krasses Beispiel ist der Ort Lautzenhausen. Hier wurde unmittelbar am Dorf ein „Housing" für die Amerikaner errichtet. In der etwa 300 Einwohner zählenden Gemeinde gibt es ca. 4–5 Nachtbars, für die z.T. alte Scheunen ausgebaut wurden.

Nun zu den Freizeitmöglichkeiten auf dem Lande. Die Jugendlichen sind zwar zum großen Teil in Vereinen untergebracht, doch wird der gesamte Freizeitbereich dadurch nicht abgedeckt. Jugendzentren oder Jugendhäuser werden nur in Städten eingerichtet und gefördert.
Für die Jugendlichen auf dem Land, die noch kein Auto fahren dürfen oder das Geld dazu nicht haben, sind diese Jugendhäuser oder Häuser der offenen Tür durch die sehr schlechten Bus- und Zugverbindungen uninteressant.

Mobile Treffs – dort, wo Jugendliche leben

Treff-Mobil entstand aus verschiedenen Bemühungen der Ev. Bildungsstätte Kastellaun, jugendliche Arbeitslose nicht allein zu lassen. Die Erfahrungen von 1974 konzipierten Kursen für arbeitslose Mädchen (Grenzen der Kurzzeitpädagogik) legten der Bildungsstätte nahe, einen Treffpunkt für arbeitslose Jugendliche zu schaffen, in dem es möglich sein sollte, eine Gruppe von arbeitslosen Jugendlichen kontinuierlich zu begleiten.
War der Treffpunkt für die Jugendlichen aus den umliegenden Dörfern zunächst ein Angebot, um vorhandene Wartezeiten an der Bushaltestelle oder im Bahnhof zu überbrücken, so konnte sich eine längerfristige Arbeit nur auf den Einzugsbereich Simmern beschränken. Die Jugendlichen in den Dörfern erreichte der „Treff" somit nicht. Für die Mitarbeiter ergab sich die Konsequenz, ihre Arbeit auf die verstreuten Dörfer auszudehnen. Die anzusprechende Zielgruppe „Arbeitslose" im Dorf ist aber keine Gruppe, sondern umfaßt einzelne Jugendliche, die in den meisten Fällen durchaus innerhalb der Dorfjugend integriert sind. Sie landen nur dann im Abseits der Dorfjugend, wenn sie längere Zeit arbeitslos sind. Arbeitslose und von Arbeitslosigkeit bedrohte Jugendliche können nur vor Ort im Dorf erreicht werden. Allerdings nicht mit dem Ziel, sie „herauszuholen", sie herauszuintegrieren, sondern sie in ihrem Zusammenhang der Dorfgruppe anzusprechen. Das heißt, daß Arbeitslosigkeit nicht als Problem des Einzelnen eingebracht werden darf, sondern als Aufgabe für die Gruppe.

Die Fragwürdigkeit der Schaffung von zentralen Angeboten für spezielle Zielgruppen, die noch dazu weit voneinander entfernt wohnen, wurde deutlich. So entstand bereits 1978 die Idee eines mobilen Treffs: „Treff-Mobil".
Grundgedanken bei der Konzipierung dieses Treff-Mobils waren:
- Zusammenarbeit mit bestehenden „Gruppen", d.h. eine lebensweltbezogene Konzeption, die dort ansetzen sollte, wo die dörfliche Gemeinschaft intakt ist;
- Einbezug des „ganzen Menschen" – d.h. Abkehr von speziellen Beratungsangeboten;
- Mobilität des Beraters und nicht des Betroffenen;
- Stärkung von arbeitslosen Jugendlichen innerhalb ihrer Gruppen;
- Auflehnung gegen Vorurteile gegenüber Arbeitslosen.

Mit der Arbeit im Dorf wurde dort angesetzt, wo die Jugendlichen bereits eigene Formen von Kommunikation und Zusammenarbeit gefunden haben, z.B. am Dorfplatz, am Mäuerchen, bei der Dorflinde, am Dorfbrunnen oder in der Kneipe.

„Backesclubs" – nicht zum Brotbacken

Seit etwa 10 Jahren ist eine neue „Bewegung" in den Hunsrückdörfern zu beobachten. Da die genannten Versammlungs- oder Treffplätze (ausgenommen die Kneipe) im Winter nicht mehr aufgesucht wurden, haben Jugendliche begonnen, den alten leerstehenden und nicht mehr benutzten Backes als Jugendraum auszubauen. Der Name „Backesgruppe" oder „Backesclub" wird auch für Jugendräume z.B. im alten Stierstall oder innerhalb des Gemeindehauses gebraucht. Mittlerweile dürfte es im Hunsrück ca. 50 Jugendclubs bzw. -initiativen geben. Ursachen für die Entstehung solcher Jugendclubs sind zu suchen in:

- der miserablen Freizeitsituation vor Ort;
- der ständigen sozialen Kontrolle, die als wesentliches Merkmal für Provinz gilt;
- der in ihr angelegten Möglichkeit, politische Ziele mit sozialer Argumentation zu begründen;
- der Tatsache, daß der wichtigste Wert in der Provinz, die „Arbeit", nicht nur akzeptiert, sondern sogar auf die eigene Fahne geschrieben wird (Möglichkeit der Mobilisierung von Teilen der Erwachsenenbevölkerung);
- der Möglichkeit, sich relativ anonym und im Schutze einer Gruppe zu engagieren.

Eine wichtige Unterstützung erfuhren viele Jugendclubs durch verschiedene Fernsehjugendsendungen, z.B. dem Jugendmagazin „jour fix" vom Süddeutschen Rundfunk, das besonders auf die Situation der Jugend auf dem Lande einging. Weiterhin aufgewertet wurden die Clubs durch zahlreiche Publikationen in Fachzeitschriften.
Im Gegensatz zur Situation in Kleinstädten sind die Initiatoren von Jugendclubs in den Dörfern eher Jungarbeiter und Lehrlinge. Gymnasiasten finden für sich bald andere Orientierungen und fallen aus den Dorfgruppen heraus. Seltener bestehen – im Gegensatz zu den Jugendzentrumsinitiativen in den Kleinstädten – politische Motivationen oder gar die ausdrückliche Unzufriedenheit mit gesellschaftlichen Verhältnissen.
Der altersmäßige Schwerpunkt der Initiatoren liegt zwischen 15 und 18 Jahren, genau dort, wo Jugendliche mobil werden und damit weniger Interesse an den Angeboten der Verbände und Vereine zeigen. Ihr Hauptinteresse liegt bei der Schaffung eines Treffpunktes für weitergehende Aktivitäten, in der Schaffung einer „Dorfbank", die auch im Winter benutzt werden kann.
Im Gegensatz zur Jugendzentrumsbewegung – seit 1975 sprechen viele Autoren von einer Krise der Jugendzentrumsbewegung – rollt die Welle der

Jugendclubgründungen weiterhin. Wir erklären dies daraus, daß es zum einen für Jugendliche in den Dörfern keine Alternativen zum Jugendraum gibt, und zum anderen damit, daß die Initiatoren der Bewegung – Arbeiterjugendliche – nur wenig für Modeerscheinungen empfänglich sind.
Angewidert von dem Politikverständnis der Erwachsenen, erklären Jugendclubs offensiv, sie seien unpolitisch. Pädagogische Implikationen soll der Ju-

gendclub ebenfalls ausdrücklich nicht haben. Lediglich Freizeitbedürfnisse sollen im Jugendclub befriedigt werden dürfen.
Die Gruppen, die sich ihren Jugendraum schaffen, sind keine Gruppen im soziologischen Sinn. Sie sind eher eine Ansammlung von verschiedenen Cliquen. Die Freiwilligkeit der Teilnahme ist nur formal. Es bestehen zumeist autoritäre Strukturen und Rollenfixierungen. Eine Demokratisierung dieser Strukturen würden alle Jugendlichen ablehnen.
In den Räumen entwickelt sich eine spezielle Jugendkultur, in der sich Elemente von Diskotheken, Dorfkneipe und Jugendraum mischen. Daß die gesamte Ausgestaltung in Eigenarbeit geschehen ist, ist nicht zu übersehen: alte Matratzen, neu überzogen; stabile Tische und Stühle aus massiven ungehobelten Brettern und Kanthölzern; Abfallbretter als Tapeten. In dieser Atmosphäre fühlt man sich wohl und ist (fast) sicher vor ungebetenen Gästen: Bürgermeister und andere Erwachsene meiden den Raum, entwickeln hohe Schwellenängste.
Im Club ist man also „unter sich", gewinnt ein eigenes Selbstverständnis, das stark geprägt ist vom Stolz, seinen eigenen Raum zunächst erkämpft und dann aufgebaut zu haben.
Sicher gibt es Konflikte unter den Jugendlichen – die werden häufig lange verdrängt, brechen dann kräftig aus, vergehen aber wieder.
Ernster zu nehmen sind die Vorurteile der Erwachsenen, das Biertischgerede. In ihren Augen wird das Sofa zur Knutschecke, der Kasten Bier zur Sauforgie; im Backes der Erwachsenen, der Dorfkneipe, gilt Trinken als männlich, wird über Knutschen tolerant hinweggesehen.
Noch von einer anderen Seite her bestehen Unklarheiten: Wer ist „Träger", wie ist was versichert, wer ist die verantwortliche Aufsicht, wird das Jugendschutzgesetz eingehalten, sind die Jugendlichen ein Verein, eine BGB-Gesellschaft?
Fragen, um die sich – da es die Jugendlichen nicht tun – die Erwachsenen kümmern: Es werden Nutzungsverträge abgeschlossen oder Aufsichtspersonen eingesetzt. Offenbar können nur wenige Erwachsene die Interessen der Jugendlichen nachvollziehen. Die wollen weder die ständige Kontrolle, noch das Abschieben in einen Hinterraum. Einen Weg dazwischen zu finden, ist schwer.
Mit Treff-Mobil zusammen wurde verschiedentlich versucht, Elternkreise zu gründen, die sich gemeinsam mit den Jugendlichen mit Fragen des Jugendraumes beschäftigen. Nebenerwerbliche Landwirtschaft, Engagement in Vereinen und ein Verständnis des Elternkreises, das diesem mehr eine formale Funktion der Absicherung zuweist, lassen inhaltliche Diskussionen nur schwer zu.

Wie arbeitet „Treff-Mobil"?

Treff-Mobil hat zu 16 Backesclubs regelmäßigen Kontakt und daneben zu vielen anderen Clubs lose Verbindungen. Zur Erfüllung seiner Ziele wurde Treff-Mobil mit zwei Neunsitzerbussen und einem Wohnwagen ausgerüstet.

Vier Mitarbeiter reisen damit über die Dörfer und schaffen – mit Hilfe der technischen Ausstattung wie Stereo- und Videoanlage, Filmprojektoren, Zugang zu Druckmöglichkeiten – neue Treffpunkte und/oder bringen frischen Wind in die alten.

Konkrete Angebote von Treff-Mobil sind:

1. Kontinuierliche Hilfe bei Arbeitslosigkeit und Integrationsverstärkung innerhalb der Dorfjugend.
2. Beruflich orientierte Beratung und Begleitung, Vermittlung bei Ämtern und Betrieben.
3. Angebote von Betriebsbesichtigungen.
4. Inhaltliche Mitgestaltung des Programmes, z.B.:
   - Vorführung von Spiel- und Sachfilmen
   - Diskussionsveranstaltungen mit und ohne Referenten
   - Beratung bei den Dreharbeiten von selbst erstellten Videofilmen (die zumeist dazu dienten, die Erwachsenen über die eigene Situation zu informieren)
   - Unterstützung bei der Organisation und inhaltlichen Gestaltung von Festen, z.B. „Tour de Hunsrück", „Backesolympiade", „Schubkarrenralley"
   - Teilnahme an Vollversammlungen
5. Initiierung von Gruppenarbeit mittels
   - Planung von Videofilmen
   - Herstellen von Backes-Zeitungen auf örtlicher und überörtlicher Ebene
6. Anregung und Unterstützung von Aktionen, z.B.:
   - Mitarbeit der Jugendlichen bei Veranstaltungen von Vereinen
   - Aktionen zugunsten Behinderter, Kinder in Heimen usw. (bei den Aktionen allein blieb es nicht, die Jugendlichen nahmen mehrmals Kontakt zu den Einrichtungen auf, veranstalteten Diskussionsabende zum Thema, informierten Erwachsene in ihrem Dorf)
7. Unterstützung von Backesinitiativen
   - Teilnahme an Gemeinderatssitzungen
   - Mithilfe bei der Vorbereitung von Bürgerversammlungen, Elternversammlungen, Gesprächen mit Gemeinderäten
8. Seminar- und Freizeitangebote für einzelne oder mehrere Clubs (obwohl sich deutlich gezeigt hat, daß bei Maßnahmen, zu denen mehrere Clubs eingeladen werden, der Anteil von Jugendlichen unter 17 sowie der Anteil von Mädchen sinkt und gleichzeitig der Anteil von Schülern an Gymnasien steigt, halten wir solche Seminare nach wie vor für wichtig, da sich auch gezeigt hat, daß sie eine wichtige Impulsfunktion für die einzelnen Orte erfüllen.)
9. Einzelberatung von Eltern und Jugendlichen bei persönlichen Fragestellungen.
10. Überwindung der mangelnden Mobilität.
11. Zugangshilfen zu den Ballungszentren.

In der zweijährigen Arbeit hat Treff-Mobil verschiedene Prinzipien entwickelt, die abschließend aufgezeigt werden sollen:

1. Erstkontakte zu Jugendclubs sind nur auf Einladung durch die Jugendlichen möglich. Bitten Erwachsene (zumeist Bürgermeister oder Pfarrer) um Beratung oder Mitarbeit, werden sie gebeten, unser Angebot den Jugendlichen zu erläutern.
2. Parteilichkeit mit den Jugendlichen, ohne sich von vornherein in der Möglichkeit, auch Jugendliche zu kritisieren, einzuschränken; d.h. jeder Brief an den Bürgermeister geht zur Kenntnisnahme an die Clubmitglieder, ständige Einsicht in evtl. vorhandene Akten wird ermöglicht (und nicht nur formal!), Absprachen vor Einzelgesprächen mit Erwachsenen (was sollen wir z.B. dem Bürgermeister gegenüber vertreten?), permanente Beteiligung der Jugendlichen an den Planungen (z.B. bei der Planung von Filmprogrammen werden einzelne Interessen abgefragt), vor der Veröffentlichung von Artikeln in der örtlichen Presse wird der Text abgesprochen. Parteilichkeit bedeutet dabei vor allem auch, daß individuelle Probleme ernst zu nehmen sind.
3. Keine politische Bildung, die die direkte Situation der Jugendlichen nicht einbezieht, d.h.:
   - Kein krampfhaftes Einbringen von Inhalten (z.B. über die Filmarbeit).
   - Akzeptieren, daß die Clubbesucher ihre Freizeit verbringen wollen, d.h. auch konsumieren wollen.
   - Akzeptieren, daß die Jugendlichen zunächst *nicht* „pädagogisch versorgt" werden wollen.
   - Stattdessen: Aufgreifen von Interessen und Betroffenheiten, die artikuliert werden und Unterstützung bei der Umsetzung in Aktionen.
4. Eingreifen in die Clubstrukturen nur insofern, als Bestehendes aufgezeigt und problematisiert wird, d.h. verdeutlichen, wer wie Entscheidungen fällt, welche Rollen sich aufgrund welcher Bedingungen ergeben, welche Probleme auftauchen können – „Antizipation von Problemen".
5. Weitgehender Verzicht auf die Schaffung überörtlicher Zusammenhänge, sofern dies von den Jugendlichen nicht ausdrücklich angeregt wird, d.h.:
   - Weitgehender Verzicht auf regionale Arbeitskreise und Wochenendseminare
   - Schaffung von regionalen Zusammenhängen zwischen den Clubs nur insofern, als Feste gefeiert werden, die von einem Ort vorbereitet und durchgeführt werden, durch Austausch von Arbeitsergebnissen, z.B. Videofilme und Backeszeitungen, und durch sogenannte „Backestouren", d.h. Besuche einzelner Clubs in fremden Orten.
6. Permanente Öffentlichkeitsarbeit mit dem Ziel, deutlich zu machen, daß Clubs etliche positive Momente haben (Erwachsene erinnern sich an alte Jugendstreiche, an alles, was vor noch so langer Zeit negativ gelaufen ist, scheinen relativ immun gegen Informationen, die geeignet sind, Vorurteile gegen Clubs aufzubrechen).

Hans Schlicht
Treff-Mobil
Südstr. 22, 5448 Kastellaun

Improvisieren lernen – auch auf dem Hackbrett

Die Kreismusikschule Erding als Ort regionaler Kulturarbeit

Erding ist eine Kreisstadt in Bayern, umgeben von vielen Dörfern, ca. 35 km nordöstlich von München gelegen. Im Jahre 1971 wurde auf Anregung einiger Erdinger Musikfreunde und nach längerem Tauziehen die Musikschule Erding gegründet. Da sich die Stadt Erding eine Musikschulträgerschaft nicht zutraute, übernahm das damalige Volksbildungswerk des Landkreises Erding e.V. den Aufbau. Es wurden ein hauptamtlicher Leiter und einige nebenamtliche Musiklehrer angestellt, in verschiedenen Schulräumen (im Erdinger Stadtgebiet) wurde Unterricht erteilt. Schon ein Jahr später erhielt die Musikschule eigene Räume in einem alten ehemaligen Bürgerspital. Das Interesse der Bevölkerung in aktiver Musikausübung war so groß, daß die Musikschule ihre Tätigkeit auf den Landkreis ausdehnte. In den ersten Jahren waren sehr große Schwierigkeiten und Hindernisse zu überwinden. Viele Bürgermeister und Gemeinderäte mußten von der Bedeutung und Aufgabe einer bis dahin relativ unbekannten Bildungseinrichtung informiert und überzeugt werden. Nicht nur einmal drohten verschiedene Kommunen, den Geldhahn für die Musikschule zuzudrehen. Durch geschicktes Taktieren und mit zähem Fleiß gelang es den Verantwortlichen, den Kreis und sämtliche Gemeinden des Landkreises in die verantwortliche Finanzierung der „Kreismusikschule" einzubinden. Die „freiwillige Leistung" wurde nun eine anerkannnte, wichtige gesellschaftspolitische Aufgabe der Kommunen. Im Schuljahr 1980/81 wurden an der Kreismusikschule 1450 Schüler von 50 Lehrkräften in 510 Wochenstunden unterrichtet. (1971/72 waren es vergleichsweise nur 230 Schüler) Der Unterricht wird in der Kreisstadt und in 11 Zweigstellen erteilt.

In der Zeitschrift „Der Landkreis", Ausgabe vom Dezember 1980, wurde der Auftrag der Musikschulen wie folgt definiert:
- Ermöglichung musisch-kultureller Bildungschancen für alle als Beitrag zur verfassungsmäßig geforderten Chancengleichheit der Persönlichkeitsentfaltung.
- Ausgleich von schichten- und regionalspezifischen Bildungsunterschieden.
- Förderung der Kommunikationsfähigkeit und des sozialen Verhaltens.

- Entwicklung und Verinnerlichung kreativer Fähigkeiten als Beitrag zur Daseinsbewältigung.
- Musisch-kulturelle Bildung in der vor- und außerschulischen Erziehung.
- Musikpädagogische Arbeit im Gesamtbereich der außerschulischen und außerberuflichen Bildung.
- Ergänzung des Musikunterrichts an den Schulen.
- Vorberufliche musikalische Ausbildung.

Die Kreismusikschule Erding ist bestrebt, ihre Einrichtung nicht „verschulen" zu lassen, sondern die sinnvolle Freizeitgestaltung in den Vordergrund zu rücken. Steigende Schülerzahlen und die in der Öffentlichkeit wegen ihrer Qualität vielbeachteten Veranstaltungen und Aktivitäten ergeben zusammen den erfolgreichen Versuch, durch eine von den Jugendlichen sich freiwillig auferlegte Bildung zu einer Bereicherung des kulturellen Lebens im Landkreis beizutragen.

Musikalische Früherziehung

In Erding werden sowohl Kurse der Musikalischen Früherziehung als auch der Musikalischen Grundausbildung nach den Richtlinien des Verbandes deutscher Musikschulen angeboten.
Ziel der Musikalischen Früherziehung ist es, Kindern ab 4 Jahren auf spielerische Art mit Musik in Berührung zu bringen, durch systematische rhythmische Übungen, durch Bewegungsspiele, Singen, Sprechübungen, Hörerziehung und Spiel auf Orff-Instrumenten.
Grundlage für den Unterricht ist das „Curriculum Musikalische Früherziehung" des Verbandes deutscher Musikschulen e.V. In zahlreichen Untersuchungen wurde nachgewiesen, daß sich die intensive Beschäftigung mit Musik bei 4–6jährigen Kindern außerordentlich vorteilhaft und entwicklungsfördernd sowohl für den psychischen als auch für den sozialen und kognitiven Bereich erwiesen hat. Musikalisch rechtzeitig geförderte Kinder bewältigen die Anforderungen der Grundschule wesentlich besser als Kinder, die sich nicht vorher mit Musik näher beschäftigt haben. Auffallend ist dabei, daß die Musik besonders auch zur Schärfung intellektueller Fähigkeiten, mehr als bisher vermutet, beitragen kann.

Musikalische Grundausbildung

Grundkurse werden als Eingangsstufe in die Musikschule für Kinder eingerichtet, die sich bereits in den vier Eingangsklassen Klassen 1 bis 4 der Grundschule befinden. Der Unterricht erstreckt sich in der Regel über zwei Jahre und findet einmal wöchentlich 60 Minuten lang statt.
In der Gemeinschaft kleiner Klassen werden die Kinder in die musikalische Welt eingeführt. Interesse für Musik soll geweckt werden, Begabungen werden aufgespürt und erste musikalische Kenntnisse und Fertigkeiten vermittelt. Die Kinder gewinnen Neigung zu bestimmten Instrumenten und setzen – durch

den Grundkurs bestmöglich vorbereitet und vom Lehrer hinsichtlich des künftigen Fachs beraten – ihre musikalische Ausbildung meist nach zwei Jahren mit Instrumentalunterricht fort.

Der Instrumentalunterricht

Kinder, die an den Kursen der Musikalischen Früherziehung und der Musikalischen Grundausbildung teilgenommen haben, Kinder, die die Singschule besuchen, Jugendliche ab 11 Jahren und auch Erwachsene sind Schüler im Instrumentalunterricht. Sie lernen das Spiel auf Violine, Viola, Violoncello, Kontrabaß, Fidel, Gambe, Blockflöte, Querflöte, Klarinette, Saxophon, Horn, Trompete, Posaune, Flügelhorn, Tenorhorn, Bariton, Baßtuba, Pauken, Schlagzeug, Klavier, Orgel, Akkordeon, Gitarre, Harfe, Hackbrett und Zither.
Der Instrumentalunterricht wird einzeln und in Gruppen von zwei bis fünf Schülern erteilt. Die Verteilung der verschiedenen Instrumentalfächer auf zentrale Unterrichtsstätten und Außenstellen richtet sich nach dem Bedarf und den Möglichkeiten der Musikschule.

Singschule, Sologesang

Die traditionsreiche Einrichtung „Singschule" widmet sich im Klassenunter-

richt der Pflege und Ausbildung der Kinderstimme. Hier lernen die Kinder zwischen sechs und sechzehn Jahren altes und neues Liedgut kennen, sie erfahren eine systematische Stimm- und Atemschulung. Besonders begabte Schüler und Erwachsene können im Kurs „Sologesang" ihre Stimme im Einzelunterricht speziell ausbilden lassen. Die Stimm- und Atemschulung erfolgt je nach Stimmaterial individuell.

Spielkreise

Für fortgeschrittene Instrumentalisten werden Spielkreise verschiedenster Art zusammengestellt; so z.B. Volksmusik-Spielkreise, Bläser-Spielkreise, Blockflöten-Spielkreise, Akkordeonorchester, Gitarren-Spielkreise, Gruppen mit gemischten Besetzungen sowie Jazz- und Kammermusik-Gruppen.

Theorie, Förderkurs und ergänzende Angebote

In Theorie-Kursen können sich Interessierte über Musiklehre, Tonsatz, Instrumentenkunde, Hör-Erziehung, Musikgeschichte informieren, in einem Förderkurs wird Unterricht für besonders Interessierte und Begabte erteilt.
Zu den ergänzenden Angeboten gehören Instrumentenbau, Tanz, Rhythmik, darstellendes Spiel, Musiktheater, Medienarbeit sowie Lehrerweiterbildung.

Die Unterrichtsgebühren liegen für die meisten Kurse knapp über 100,– DM jährlich, Erwachsene müssen einen Zuschlag zahlen. Es gibt Geschwister- und Mehrfachermäßigungen bis zu 75 %, und die Teilnahme an Blaskapelle, Akkordeonorchester und Streichorchester ist kostenfrei.
Die Schüler kommen aus einer Vielzahl von umliegenden Dörfern, aus Altenerding, Berglern, Bockhorn, Buch a.B., Dorfen, Eitting, Erding, Finsing, Forstern, Fraunberg, Hohenpolding, Inning a.H., Isen, Kirchberg, Langengeisling, Langenpreising, Lengdorf, Matzbach, Moosinning, Neuching, Notzing, Oberding, Ottenhofen, Pastetten, St. Wolfgang, Tegernbach, Taufkirchen, Wörth, Walpertskirchen, Wartenberg, Zeilhofen. Außerhalb des Landkreises liegen Markt Schwaben, Hohenlinden, Poing, Hallbergmoos, Ebersberg.
Ein weitgehend dezentralisiertes Unterrichtsangebot ist für eine Kreismusikschule wichtig und notwendig. Im Landkreis Erding werden die musikalischen Grundfächer, die wichtigsten „klassischen" Instrumente sowie Volksinstrumente in 10 Gemeinden angeboten und unterrichtet. Die Lehrkräfte fahren also in die Dörfer hinaus, der Unterricht findet in öffentlichen Gebäuden statt. Ausgefallenere Instrumente können allerdings nur im zentralen Unterrichtsgebäude erlernt werden. Seit einem Jahr wird der Wunsch der Land- und Dorfbevölkerung nach dezentralisiertem Unterricht immer größer. Diesem Wunsch wird sicherlich in Zukunft noch mehr Rechnung getragen als bisher, jedoch darf dadurch die Qualität des Unterrichts nicht leiden. Dezentralisierung und schwerpunktmäßige Arbeit muß sorgfältig und vorausblikkend geplant werden. Eine einseitige Festlegung auf Dezentralisierung oder Zentralisierung wäre sicher für die meisten Gebiete falsch. Vielmehr muß ein beschreitbarer Mittelweg geschaffen werden, das heißt eine eigene zentrale Unterrichtsstätte und mehrere Zweigstellen im Landkreisgebiet bzw. in Gemeinden und Dörfern.

Kreismusikschule und Volksmusik

In der Kreismusikschule Erding spielt die Volksmusik eine besondere Rolle. Zwar ist die bayerische Volksmusik im Rahmen der westdeutschen Musikkultur insgesamt die einzige regionale Musikkultur, die auch noch außerhalb „musealer" Musikpflege eine wichtige Rolle spielt, aber ohne besondere Förderung und Pflege ist sie ohne Zweifel ebenso dem Untergang geweiht wie andere regionale Musikspezifika. Der hektische technische und gesellschaftliche Wandel der letzten Jahrzehnte gefährdet die historisch gewachsenen kulturellen, regionalen Eigenarten, die allgegenwärtigen Medien tragen ein übriges dazu bei. Ein großes kulturelles Erbe zu bewahren und weiter auszubauen ist u.a. ein Ziel der Volksmusikarbeit in der Kreismusikschule. Dabei wird nicht nur die bodenständige Volksmusik, sondern auch die Volksmusik der Welt miteinbezogen. Besonders gefördert wird auf diesem Gebiet das Zusammenspielen und -singen unterschiedlicher Instrumentalisten und Voka-

listen. Die Zusammensetzung dieser Sing- und Spielkreise reicht von Geschwistern, Familien, Vereinen bis zu den unterschiedlichsten Altersgruppen. Damit wird zusätzlich die Kommunikation zwischen den verschiedenen Altersgruppen und Sozialschichten in hohem Maße gefördert. Diese Gruppen treffen sich selbstverständlich nicht nur in der Musikschule, sondern regelmäßig auch zu Hause. Das Musizieren von Volksmusik in Familien stieg z.B. in den vergangenen 10 Jahren im Landkreis Erding um etwa 100 Prozent. In sämtlichen sozialen Schichten ist das Verständnis und Interesse für Volksmusik ständig gestiegen. Es wurde eine neue breite Basis des Musizierens im Volke geschaffen. Veranstaltungen in unregelmäßiger Reihenfolge tragen die Volksmusik in die Öffentlichkeit.
Einen Schwerpunkt innerhalb der Volksmusikarbeit bildet die Improvisation, die Wurzel jeder Volksmusik. Immer wieder entstehen auch eigene, der Volksmusik verwandte, einfache Kompositionen. Sehr interessant ist die sogenannte „Feldforschung" auf dem Gebiet der bodenständigen Volksmusik. Durch Befragungen alter Leute sowie Kontakte verschiedenster Art werden von Zeit zu Zeit alte Musikstücke, Volkslieder und Volkstänze wiederentdeckt und neu belebt. Gerade in den Dörfern und kleinen Gemeinden des Landkreises entstehen so neue Bekanntenkreise, die über die Volksmusik zu echter Gemeinschaft finden.

Ausblick

Die Musikschule führt als Angebotsschule Kinder, Jugendliche und Erwachsene zum Singen und Musizieren und leistet einen Beitrag zur sozialen Erziehung. Sie pflegt und vermittelt Sing- und Musizierformen aus allen Gebieten der Musik und arbeitet eng mit anderen musikalischen und kulturellen Einrichtungen zusammen.
Die Musikschulen sind örtliche Einrichtungen. Als Angebotsschulen müssen sie von unten her wachsen, um ihren ganz individuellen Raum auszufüllen. Dieser Raum ist von Schule zu Schule und von Ort zu Ort verschieden. So findet eine Musikschule in einer Großstadt und deren Umfeld eine völlig andere Situation vor als in ländlichen Gebieten. Bevölkerungs- und Wirtschaftsstruktur spielen ebenso wie die Siedlungsdichte eine Rolle. Bei gleicher Zielsetzung ist daher die Entwicklung örtlich je nach Voraussetzung und Bedingungen zwangsläufig verschieden.
Um sich entfalten zu können, sind die Musikschulen auf die enge Verbindung zu den Eltern, Schülern und musikalisch Interessierten angewiesen. Bei ihrer Aufgabenstellung zählen die Musikschulen zum Aufgabenbereich der Gemeinden und Gemeindeverbände.
Das Anliegen des Verbandes deutscher Musikschulen, für die Bundesrepublik Deutschland ein gleichmäßiges Angebot an Musikschulen zu schaffen, weist der einzelnen Musikschule zur angestrebten „Flächendeckung" einen räumlichen Wirkungsbereich zu, der in den meisten Fällen weit über das Hoheits-

gebiet der einzelnen Stadt oder Gemeinde hinausgreift. Damit ist der Musikschule eine interkommunale Aufgabe gestellt.
Um die finanzielle Belastung der Schüler und Eltern in zumutbaren Grenzen zu halten, muß mehr als die Hälfte der Ausgaben an öffentlichen Mitteln aufgebracht werden.
In Abwägung der unmittelbaren Verantwortung der Kommunen und des übergreifenden Kulturförderungsauftrages der Länder erscheint eine Dreiteilung der Kosten zwischen Schülern, Kommune und Land angemessen.

Reinhard Loechle
Kreismusikschule Erding am Gries
8058 Erding

Literarische Kinderkulturarbeit in der Region

Drei Beispiele aus Schleswig-Holstein

Literatur kann Wirklichkeiten vermitteln, die auf dem Lande nicht vorhanden und nicht erfahrbar sind. Literatur kann ländliches Leben erklären, problematisieren, vertiefen. Literatur kann unterhalten, ohne auf ein Zusatzgerät, bestimmte Zeiten, bestimmte Orte und die Einhaltung bestimmter Verordnungen angewiesen zu sein.

Die ländliche Gesellschaft ist nicht literarisch. Die Kinder- und Jugendlichen, die in der Region aufwachsen, erfahren Literatur in all ihren Formen, Inhalten und Vermittlungsinstanzen wie Buchhandel, Bibliothek, Autorenlesung, Diskussion, Buchausstellung und -messe seltener, aber auch unspektakulärer als in der Stadt.

Im Gegensatz zu früheren Jahren ist die Region durch die anderen Medien – Presse, Rundfunk, Fernsehen – ebenso gut oder schlecht informiert wie der urbane Raum. Literatur, das Medium Buch hat für den ländlichen Raum nicht mehr die Funktion unmittelbarer, aktueller, einzig möglicher Aufklärung wie in früheren Jahrhunderten. Literaturvermittlung an Kinder und Jugendliche in der Region trifft daher in der Regel auf informierte, nicht durch Standort und Ausbildung grundsätzlich benachteiligte potentielle Leser. Literarische Kinderkulturarbeit auf dem Lande unterliegt daher zwar besonderen, aber sicher nicht nur nachteilig zu nennenden Bedingungen.

Die gesamte Kulturszene besinnt sich neu auf den Regionalismus. Der Volkstanz, die Speeldeel (Laientheater), plattdeutsche Lieder, Geschichten und Gedichte haben auch in der Kulturarbeit mit Kindern und Jugendlichen eine neue Bedeutung gewonnen. Vorlesewettbewerbe plattdeutscher Literatur, plattdeutsche Weihnachtsmärchen, Vorlesestunden und Erzählungen heimischer Märchen und Sagen gehören zum Programm des neuen Regionalismus für Kinder und Jugendliche. Angesichts mächtiger, anonymer, nach merkantilen Gesetzlichkeiten gestalteter Medienindustrien sollen sie dem Kind und

Jugendlichen seinen sozialen und kulturellen Nahbereich wieder begreifbar machen und sein Identitätsgefühl, die Eingebundenheit und Geborgenheit in seiner unmittelbaren Umgebung steigern.
Germanisten und Volkskundler kennen noch die Überzeugung des späten 18., des 19. und des frühen 20. Jahrhunderts, Kinder und „das einfache Volk auf dem Lande" hätten wo nicht übereinstimmende, so doch ähnliche kulturelle Bedürfnisse, Vorlieben und ästhetische Prädispositionen. Sie sind mit einfach, herzlich, gefühlvoll, bunt und drastisch schnell umschrieben und haben uns in ihrer Pervertierung den trivialen Heimatkitsch und nationalistische Kultur beschert. Wo unter Regionalismus und neuer Heimatverbundenheit eine Rückwendung zu dieser Haltung gemeint ist – und man findet sie nicht selten – gilt es im Interesse der Kinder und Jugendlichen, vorsichtig zu sein. Nicht jeder zeitgenössische Autor im Plattdeutschen fängt die Wirklichkeit der Kinder und Jugendlichen auf dem Lande ein. Alte Gebräuche, museal genutzt und nicht neu belebt, vermitteln eine falsche Geborgenheit.
Doch die kleinen, schon für ein Kind überschau- und beherrschbaren Strukturen, die noch nicht verschüttete historische Dimension zur Erklärung und Vertiefung der Gegenwart, die Verquickung von dörflicher Alltagserfahrung und literarischem Angebot müssen für literarische Kulturarbeit mit Kindern auf dem Lande nutzbar gemacht werden.

Die Perfektion medienübermittelter Zeugnisse der Hochkultur – ohne Fehler, ohne Stocken, bis zur Unmenschlichkeit auf Qualität getrimmt – hat uns das Frösteln gelehrt. Kultur für Kinder und Jugendliche soll nicht den professionellen Perfektionismus haben. Sie soll allen Beteiligten Freude machen und auch den Nichtkönner ermutigen, dabei Improvisation und Spontaneität zuzulassen.
Diese Erkenntnis und Forderung darf bei Kinderkulturarbeit auf dem Lande nicht als Freibrief unbedenklichen Dilettantismus mißverstanden werden. Auch für Landkinder ist das Beste gerade gut genug. Improvisieren dürfen, können und sollen die Kinder und Jugendlichen. Dilettieren dürfen auch diejenigen, die nebenamtlich im Bewußtsein der Grenzen und der Vorläufigkeit ihres Bemühens Kinderkulturarbeit betreiben. Planung und Organisation jedoch müssen höchsten Ansprüchen genügen, keine perfekte Show, aber ein vollgültiges kulturelles Angebot bieten.
Die Alternative Volkslied, Rock oder Mozart, die Entscheidung zwischen dem regional bekannten Autor und dem Verfasser von Weltliteratur, der Gegensatz von Klönschnack und Podiumsdiskussion ist akademisch und muß sich in einem Kulturprogramm für Kinder und Erwachsene lösen, das dem Landbewohner alles bietet, aus dem er nach individuellem Geschmack aussuchen kann. Es gibt keine spezielle „Landkultur" in dem Sinne, daß man auf etwas verzichten könnte!
In einer Region, in der das literarische Publikum fehlt oder doch verschwindend klein ist, in der jene erwachsenen, oft professionell mit Literatur und ihrer Vermittlung beschäftigten, kenntnisreichen, verwöhnten, die Literatur als Literatur liebenden Stammleser nicht existieren, wird man hellhörig für die

Lese- und Literaturbedürfnisse des breiten Publikums, das keine literaturästhetischen Interessen hat, sondern von der Literatur etwas anderes erwartet.
Literaturaufnahme geschieht hier oft über die Inhalte. Literaturvermittlung glückt in der Regel dort besonders gut, wo Literatur als ein Informationsinstrument unter anderen für ein aktuelles Thema, einen interessanten Sachverhalt, eine Alltagsfrage, ein Lebensproblem dient. Am Anfang steht das Interesse am Thema, danach kommt der Wunsch, ein Buch darüber zu lesen. Literatur bekommt damit einen anderen Stellenwert.
Das gilt auch für Kinder und Jugendliche. Das Buch als Buch interessiert nur eine kleine, literaturbegabte Minderheit. Die Faszination der Fiktion ist wenigen „Leseratten"-Jahrgängen vorbehalten und wird von anderen Medien ebenso, vielleicht vielfältiger und eindrucksvoller befriedigt.
Kindliche und jugendliche Interessen, Probleme und Lebensformen auch literarisch abzuhandeln, ist attraktiver und findet immer sein Publikum. Für breite, flächendeckende literarische Kulturarbeit mit Kindern auf dem Lande gilt der Grundsatz: Die Interessen und Bedürfnisse der Kinder und Jugendlichen müssen erkannt und in den Vordergrund gestellt werden, als zweiter Schritt muß die Literatur dazu gesucht und vermittelt werden.
Annäherungen an dieses Ziel sind in drei Modellen regionaler Literaturarbeit mit Kindern und Jugendlichen in ländlichen Bereichen Schleswig-Holsteins erprobt worden.

Die Jugendtauschbücherei der Büchereizentrale Flensburg

An der Geschichte der Jugendtauschbücherei der Büchereizentrale Flensburg lassen sich Wandel, Bedingungen und Notwendigkeiten literarischer Kulturarbeit für Kinder auf dem Lande verdeutlichen.
Nach dem zweiten Weltkrieg baute die Büchereizentrale Flensburg mit viel Elan und Idealismus in jeder Dorfschule des Landesteils Schleswig eine kleine Dorfbücherei auf, die Literatur für Erwachsene wie Jugendliche enthielt. Ein Lehrer, respektierter Kulturvermittler der Gemeinde, leitete die Bücherei unentgeltlich und ehrenamtlich nach seinen Vorstellungen. Er sah diese Arbeit als selbstverständlichen Teil seiner Funktion auf dem Dorfe an, kannte alle Kinder und Erwachsenen. Er hatte persönlichen, unmittelbaren Kontakt zu allen, die in den wenigen wöchentlichen Öffnungsstunden die Bücherei besuchten oder – wie die Schulkinder – ständig Zugang zu den Beständen hatten. Organisatorische Fragen waren nebensächlich, wurden „familiär" gelöst. Diese Art der literarischen Arbeit war in der Tat flächendeckend. Aber um welchen Preis? Die Literaturetats waren klein und die Auswahl für die Kinder besonders gering, weil für alle Lesestufen und Lebensalter angeschafft werden mußte.
Als Antwort auf die kulturpolitische Forderung nach aktuellerer, vielfältigerer und differenzierterer Information und Unterhaltung durch Literatur löste man die Dorfbüchereien auf und schuf für die Erwachsenen ein dich-

tes Netz von Fahrbüchereien. Sie besuchen im 3-Wochen-Rhythmus jedes Dorf, jede noch so kleine Siedlung und führen einen sich ständig erneuernden, wechselnden Buchbestand mit, der durch Bücher aus dem regionalen und internationalen Leihverkehr ergänzt wird.
Die Kinder sollten jedoch weiterhin dort versorgt werden, wo sie alle zu bestimmten Zeiten zu erreichen waren und ohne zusätzliche lange Wege mehr Muße zur Auswahl und Ausleihe hatten als in einem Bücherbus: in den weiterhin bestehenden Dorfschulen.
Doch auch Kinder und Jugendliche sollten mehr Auswahl haben. In der Büchereizentrale Flensburg wurde nun kontinuierlich und unter sachkundiger Leitung ein großer Kinder- und Jugendliteratur-Bestand zusammengetragen, bearbeitet und verwaltet, um in regelmäßigem Tauschturnus an die einzelnen Schulen verteilt zu werden.
Eine neue und in der Bundesrepublik einzigartig gebliebene vertragliche Regelung machte diese zentral organisierte, aber flächendeckend wirksame Literaturversorgung von Kindern in der Region möglich.

1963 schlossen sich ca. 350 kleine Dorfschulen zu einer Art Genossenschaft zusammen und verpflichteten sich, jährlich, je nach Schulgröße, einen bestimmten Betrag für die Jugendtauschbücherei an die Büchereizentrale Flensburg zu zahlen. Zur Zeit sind es 130,– DM pro Lehrerplanstelle. Die Eigenleistung der Genossenschaftsmitglieder bezuschußt die Büchereizentrale mit 15 % und trägt zusätzlich die Personalkosten von Bibliothekar und Fahrer des zuliefernden Busses.
Mit dieser Regelung war die Finanzierung und Funktionsfähigkeit der Büchereiarbeit für Kinder in den kleinen Gemeinden nicht mehr vom gerade vorhandenen Geld und dem im Zuge der Spezialisierung des Lehrerberufes schwindenden Idealismus eines Einzelnen abhängig.
Der Gesamtbestand von zur Zeit etwa 75 000 Büchern (8 000 verschiedene Titel) ist Gemeinbesitz der Genossenschaftsmitglieder. Pro Lehrerplanstelle stehen einer Schule 30 Bücher zu, die zwei bis vier Mal im Jahr ausgetauscht, aktualisiert werden.
Der Gesamtetat der Jugendtauschbücherei betrug 1979 210.000,– DM, der jährliche Buchetat aller angeschlossenen Schulen schwankt zwischen 48.000 und 52.000– DM. Um auch ganze Schulklassen mit dem gleichen Buchtitel versorgen zu können, sind vielgefragte Titel bis zu 50 mal und höher gestaffelt vorhanden. Auch experimentelle, avantgardistische, politisch unbequeme Literatur kann mit einem so großen Etat ohne Rücksicht auf „Sparmaßnahmen“ angeschafft und verteidigt werden. Ungefähr 5 000 Bände, ca. 600 neue Titel werden pro Jahr neu gekauft.
Die bibliothekarische Leiterin der Jugendtauschbücherei wählt sie aus monatlich erscheinenden Empfehlungslisten aus, die ein Zentrallektorat Schleswig-Holstein für alle Büchereien der Büchereizentralen Flensburg und Rendsburg erstellt.
Die Jugendtauschbücherei bestellt gemeinsam mit allen anderen Bibliotheken über die Büchereizentrale. Ebenso zentral wird die weitere Bearbeitung vor-

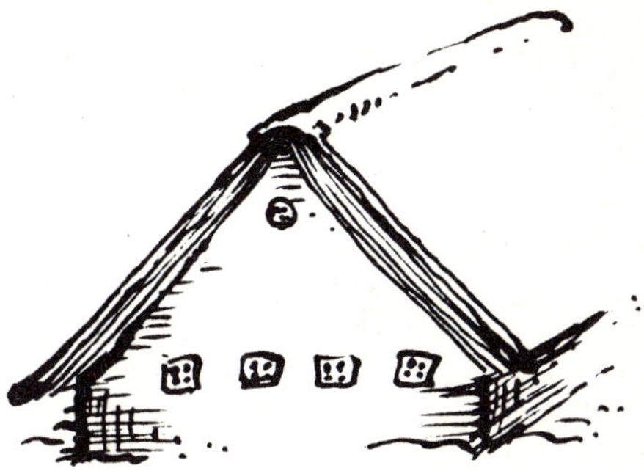

genommen. Nach Katalogisierung, Systematisierung und buchtechnischer Bearbeitung kommen die Bücher völlig ausleihfertig mit Verbuchungs- und Karteimaterial für die Schule und für die Büchereizentrale versehen in die Jugendtauschbücherei. Jedesmal wenn eine Schule den Bestand getauscht hat, werden die Bücher in der Zentrale durchgesehen, gesäubert und repariert oder neu gebunden. Das verbrauchte Verbuchungsmaterial wird erneuert, so daß der Lehrer so wenig Arbeit wie möglich hat. Trotzdem liegen inzwischen gerade in den Schulen die Hauptschwierigkeiten.

Als die Jugendtauschbücherei gegründet wurde, sahen Literaturvermittlung für Kinder und Schulwirklichkeit anders aus als heute. Kinder- und Jugendliteratur, kindliche und jugendliche Lektüre waren vornehmlich Freizeitspaß einer vornehmlich durch das Elternhaus angeregten „Minderheit". Es gab eine strenge Teilung von Freizeitlektüre und schulischem Literaturkanon. Literaturversorgung für Erwachsene und für Kinder waren getrennte Bereiche und wurden mit unterschiedlichen Wertigkeiten belegt, wobei die Kinderliteraturarbeit unwichtiger als die Literaturarbeit mit Erwachsenen, die Schullektüre künstlerischer als die Freizeitlektüre eingestuft wurde.

Gleichzeitig war aber die Bereitschaft der Lehrer, bei der so unverbindlich verstandenen Literaturversorgung der Kinder in der Freizeit unbezahlt mitzuarbeiten, vorhanden.

Je größer der erzieherische Stellenwert der Jugendliteratur wurde, je mehr die Erkenntnis wuchs, daß Literaturarbeit mit Kindern gleichrangig neben Erwachsenenarbeit steht, je nachdrücklicher Jugendliteratur Eingang in die Schule fand und je ernsthafter die Schule zur Bereicherung des Unterrichtes mit den Öffentlichen Bibliotheken zusammenarbeitete, umso offizieller, spezialisierter wurde diese Arbeit, umso komplizierter gestaltete sich der organisatorische Apparat, umso unmißverständlicher wurde die Weigerung der Lehrer, diesen Bereich als Freizeitaufgabe anzusehen.

Parallel zu dieser Entwicklung veränderte sich die Schulwirklichkeit. Die kleinen Dorfschulen jeder Gemeinde wurden zu großen, vielzügigen Dörfergemeinschaftsschulen weit außerhalb der gewachsenen Besiedlungsstrukturen im Schnittpunkt mehrer Dörfer zusammengelegt, erreichbar nur noch mit Schulbussen für festgelegte Unterrichtszeiten. Schulen dieser Größenordnung besitzen in skandinavischen und angelsächsischen Ländern eigene, voll ausgebaute Schulbibliotheken oder Mediotheken mit Fachpersonal. In der Bundesrepublik Deutschland gibt es dergleichen nur in Großstädten und einigen Modellschulen.

Veritable, voll funktionierende Schubibliotheken konnten und wollten die Austauschbestände der Jugendtauschbücherei nie sein. Keine der großen Dörfergemeinschaftsschulen ist bisher zu einem Kulturzentrum geworden, das auch außerhalb der Unterrichtszeiten neben anderen Angeboten von Kinderkultur mit einem Buchbestand Literaturarbeit betreibt. Die Wege sind zu weit, der notwendige personelle Aufwand ist unbezahlbar.

So ist die Jugendtauschbücherei, die heute cirka 120 große und mittlere ländliche Schulen, dazu einige Vorschulklassen und Kindergärten betreut, gleichzeitig Relikt einer inzwischen überholten Schulstruktur und Wegweiser flächendeckender literarischer Versorgung von Kindern in der Region außerhalb des Schulunterrichtes.

Der Modellversuch „Schulbibliothek – Mediothek – Schulbibliothekar"

Bildungspolitische, bibliothekarische und pädagogische Gremien, Institutionen und Vereinigungen haben vornehmlich in den Jahren der Reformen und Modellversuche Anfang der siebziger Jahre für die Bundesrepublik Deutschland Grundsatzempfehlungen und Normen für eine Schulbibliothek aufgestellt. Einzelne Bundesländer, Büchereisysteme und Schulträger erprobten in Modellversuchen, Entwicklungsplänen und ersten Ansätzen die praktische Durchführbarkeit dieser Empfehlungen und Normen.
Die moderne Schubibliothek versteht sich als Institut zur Demokratisierung der Bildung in einem neuorientierten Schulwesen, das die Schüler frühzeitig zum selbständigen Erwerb von Informationen und Wissen befähigen soll.
Die zentrale Lage der Bücherei innerhalb der Schule oder eines Schulzentrums, ihre Präsenz und Gebrauchsfähigkeit während und außerhalb der Unterrichtszeit, ihr nach pädagogischen Gesichtspunkten ausgewählter und in Ausleih- sowie Präsenzbestand unterteilter Medienbestand sollen es möglich machen, allen Schülern und Lehrern Informations-, Lese- und Arbeitsstätte zu sein und der Vertiefung des Unterrichts, der Einübung in den Gebrauch von Informationsmitteln sowie der freien Lektüre und Unterhaltung zu dienen.
Dabei darf nicht übersehen werden, daß ein großer Teil der bisherigen Pläne und Entwürfe die besonderen Bedingungen eines Flächenstaates und die dort noch häufig anzutreffenden konventionellen Schulorganisationsformen nicht berücksichtigt.
Kleine Grundschulen in Orten ohne Standbücherei, von mehreren Dörfern erreichbare und finanzierte Dörfergemeinschaftsschulen mit Grund- und Hauptschulzügen sowie Realschulzweigen außerhalb von geschlossenen Ortschaften können mit den bisher geplanten und durchgeführten Organisationsformen einer Schulbibliothek nicht abgedeckt werden.
Die in der Region allgemein üblichen Unterrichtsformen, nur Vormittagsunterricht, große Klassenstärken und unmittelbar an den Unterrichtsbeginn und sein Ende angrenzende An- und Abfahrzeiten der Schulbusse, verlangen eine andere schulbibliothekarische Arbeit als in den Medienzentren, die für Ganztags-Gesamtschulen konzipiert wurden.
Die Büchereizentrale Flensburg erprobte daher in den Jahren 1973/74 innerhalb eines von Bund und Land finanzierten Modellversuches Organisationsformen und Funktionsschemata schulbibliothekarischer Arbeit, die den im Landesteil Schleswig vornehmlich existierenden Schulformen eine angemessene, flächendeckende literarische Versorgung sichern und dabei flexibel und

differenziert genug sein sollten, um der sich wandelnden Schul-, Bildungs- und gesellschaftlichen Wirklichkeit Rechnung zu tragen.
Dem Modellversuch lag eine doppelte Fragestellung zugrunde. Vor dem Hintergrund der Erfahrungen der Jugendtauschbücherei sollte erprobt werden, ob die Bibliothek im Rahmen der allgemeinen schulischen Arbeit sinnvoll und wirksamer als bisher einzubeziehen sei, wenn geeignete, voll verantwortliche und für diesen Arbeitsbereich zeitlich bereitgestellte und bezahlte Kräfte zur Verfügung stünden.
Dabei wurde an zwei unterschiedlichen Organisationsformen geprüft, welches die wirkungsvollere Methode zur Aktivierung schulbibliothekarischer Arbeit sei: In Modell I besuchte eine halbtags für den Modellversuch angestellte Bibliothekarin mit einer ebenfalls halbtags beschäftigten Büchereiverwaltungsangestellten mit einem PKW in regelmäßigem Turnus drei Grundschulen im Landkreis Flensburg. Die Bibliothekarin führte klassenweise in die Bibliotheksarbeit ein, stand zur Ausleihe zur Verfügung und beriet die Lehrkräfte bei der Benutzung der Schulbibliothek. Die Büchereiverwaltungsangestellte erledigte Ausleihverbuchung, Anmeldevorgänge und alle anderen bibliothekstechnischen Arbeiten.
Im Gegensatz dazu wurden in Modell II in drei Schulen des Landesteiles Schleswig je eine Lehrkraft für die Büchereiarbeit von der Büchereizentrale Flensburg ausgebildet und je eine technische Hilfskraft (Büchereihilfe, Ehefrau des Schulleiters, Schulsekretärin) angeleitet. In den ausgewählten Schulen waren durch die Betreuung der Jugendtauschbücherei Buchbestände vorhanden. Im Modellversuch führten Lehrer und Hilfe unter Fachaufsicht der Büchereizentrale an einem Vormittag bis zu sechs Stunden die Schulbibliothek analog zu Modell I.

In Modell I betreute das Team insgesamt 28 Grundschulklassen. An drei Tagen in der Woche fuhren Bibliothekarin und Büchereiverwaltungsangestellte in eine der drei Schulen und arbeiteten im Schulstundenrhythmus mit drei bis fünf Klassen, die je nach Gesamtklassenzahl der Schule in zwei- oder dreiwöchigem Turnus ihre „Büchereistunde" hatten. In Modell II, dessen Mitarbeiter 25 Grund- und Vorschulklassen im Zweiwochenturnus betreuten, war der Arbeitsablauf ähnlich. Die Arbeitsinhalte waren übereinstimmend für beide Teile des Modellversuches entwickelt worden: Büchereiunterricht, Literaturausleihe, Einzelaktionen mit Büchern und Medien zur Aktivierung der Kinder (literarische Preisrätsel, Geschichten anlesen und zu Ende erzählen, Buchspiele), Arbeit mit AV-Medien und Mitarbeit an der Entwicklung des bundesrepublikanischen Schulbibliothekswesen wurden durchgeführt.
Dabei zeigte sich, daß erwartungsgemäß das Personal von Modell I bibliothekarisch orientierte Aktivitäten in den Vordergrund stellte, während in Modell II Aktivitäten, die am ehesten Eingang in einzelne Schulfächer und Unterrichtsthemen fanden, besonders intensiv betrieben wurden.
Von den Kindern begeistert aufgenommen wurden beide Spielarten der Literaturvermittlung. Qualifizierte, gut ausgerüstete Literaturarbeit mit Kindern macht jedes Kind zum Leser und das Buch zum Alltagsinstrument. Doch

kontinuierlich und flächendeckend organisiert erfordert sie einen riesigen Apparat und ein noch riesigeres Budget.
Egal welches Modell man für alle Landschulen hätte verwirklichen wollen: 50 Bibliothekare und ebenso viele Büchereiverwaltungsangestellte oder 50 entsprechend freigestellte, mit Hilfskräften versehene Lehrer wären allein für das Arbeitsgebiet der Jugendtauschbücherei nötig!

Die Deutsch-skandinavische Jugendbuchwoche in Flensburg und Schleswig-Holstein

Wann immer man von der Planung literarischer Kinderkulturarbeit in der Region zu Finanzierung und praktischer Durchführung übergeht, erweist es sich als nützlich, meistens sogar unabwendbar, zentral zu organisieren und von einem größeren Standort aus Aktivitätenketten zu bilden, Veranstaltungsreihen und Personengruppen über Land zu schicken.
Bietet sich dazu ein in der gesamten Region gefeiertes oder bekanntes Ereignis, ein dem städtischen Mittelzentrum wie den ländlichen Gemeinden gemeinsames kulturelles Anliegen als Ausgangspunkt für eine Veranstaltungsreihe an, so können Planungs-, Finanz- und Personalaufwand nicht nur einem Ort und einer Institution, sondern der ganzen Region und einer Vielzahl von kulturellen Einrichtungen zugute kommen.
Als Beispiel dafür darf die Deutsch-skandinavische Jugendbuchwoche gelten, die in der Zeit vom 18.–23.11.1979 in Flensburg als zentralem Ort und in zahlreichen kleinen Orten in Schleswig-Holstein und bei der deutschen Minderheit im dänischen Nordschleswig gefeiert wurde.
Veranstalter waren der bundesweit organisierte Arbeitskreis für Jugendliteratur e.V. und die Gruppe Flensburg der Arbeitsgemeinschaft Jugendliteratur und Medien in der GEW. Geld gaben in der Hauptsache das Bundesministerium für Jugend, Familie und Gesundheit, das Sozialministerium des Landes Schleswig-Holstein, die Stadt Flensburg, der Börsenverein des Deutschen Buchhandels, Buchhändler und regionale Kulturvereine.
Zahlreiche städtische und regionale Institutionen, Gremien und Arbeitsgruppen wie die Büchereien des Landes, die Musikschulen und Volkshochschulen einiger Orte, der Schul- und Sprachverein im dänischen Apenrade sowie eine große Anzahl freiwilliger privater Helfer arbeiteten an einer Aktion literarischer Kinderkulturarbeit mit, weil sie ihren Zielen und Interessen gleichermaßen entgegenkam und in provinziellen gegenseitigen Vertrauen ohne jeden Verwaltungsaufwand organisiert werden konnte.
Im deutsch-skandinavischen Kulturaustausch spielt die Kinder- und Jugendliteratur eine große Rolle. Seit Ende des zweiten Weltkrieges haben dänische, schwedische und norwegische Autoren die deutschsprachige Jugendliteratur nachhaltig beeinflußt. Die Übersetzung deutschsprachiger Kinder- und Jugendliteratur in Skandinavien spielt keine so große Rolle, steigt aber ständig. Kinder und Jugendliche in Deutschland und Skandinavien besitzen also

in ihren Büchern ein gemeinsames Kulturgut, das sie über alle politischen und sprachlichen Grenzen hinaus verbindet, ohne daß sie sich dessen bewußt sind. Das von der UNO ausgerufene Jahr des Kindes, die Stadt Flensburg und das Land Schleswig-Holstein als Grenz- und Nachbarregion zu den skandinavischen Ländern waren Anlaß genug, um die Kinder auf ihr gemeinsames Kulturgut Buch aufmerksam zu machen.

Kinder- und Jugendliteratur ist ein Teilbereich des kulturellen Gesamtangebotes für Kinder. Lesen wird auch für Nicht-„Leseratten" immer dort lebendig und interessant, wo es nicht nur individuelles Lektüre-Erlebnis bleibt, sondern im Gespräch mit Autoren, Mitlesern und Sachkennern, im Austausch der Buchinhalte und der eigenen Meinung zur Welterfahrung wird.

Deutsch-skandinavischer Kinder- und Jugendliteratur-Austausch als Mittel der Völkerverständigung, Jugendliteratur als attraktives und aktives Teilgebiet in einem sinnvoll aufeinander bezogenen kulturellen Gesamtangebot von Literatur, Musik, Spiel, Malen, Theater, Film und Diskussionen – diese zwei Konzeptionen lagen der regionalen Veranstaltung zugrunde.

Keine Mammut-Show, sondern viele kleine, überschaubare Angebote, die dem einzelnen Kind und Jugendlichen die Chance lassen, sich zu artikulieren, die den Autor, Experten, Gesprächsleiter nicht vermarkten und den Veranstaltern noch die Erfüllung individueller und spontaner Einzelwünsche ermöglichen – das war die Losung für alle Mitarbeiter.

Drei große Ausstellungen bildeten das Gerüst: Kinder- und Jugendbücher, die deutschsprachige Verlage aus den skandinavischen Ländern übernommen hatten oder die sich die skandinavischen Länder in Deutschland geholt hatten; der Weg eines bekannten Kinderbuches vom Manuskript bis zum fertigen Buch, verbunden mit einem Überblick über die Geschichte des Kinder- und Jugendbuches in den letzten zehn Jahren; Illustrationen zweier dänischer Bilderbuchmacher. Jede dieser Ausstellungen war auch in kleinerer Form in den Nachbarorten möglich.

22 Autoren und Illustratoren aus der Bundesrepublik Deutschland, aus Dänemark, Schweden und Norwegen lasen an sechs Tagen in Flensburgs Schulen und Bibliotheken bei rund 70 Lesungen vor fast 5 000 Kindern und Jugendlichen. 80 weitere Lesungen fanden in öffentlichen Bibliotheken und Schulen, in Kindergärten und Gemeindehäusern in ganz Schleswig-Holstein statt. Das war nur mit einem privat organisierten Fahrdienst von Flughafen zu Bibliothek, Bibliothek zu Schule, Schule zu Kindergarten, Kindergarten zu Flugplatz . . . möglich.

Podiumsdiskussionen über die Bedeutung der Kinder- und Jugendliteratur in Deutschland und Skandinavien, über Literatur und Wirklichkeit von Rauschgift, Alkohol und Drogen, über das Dritte Reich in der Kinder- und Jugendliteratur fanden namentlich bei Jugendlichen großen Anklang. Sprachschwierigkeiten skandinavischer Autoren und Experten wurden mit Hilfe von Hobby-Übersetzern überwunden.

Ein vielfältiges Angebot an Bilderbuch-Filmen, Puppenspielen, Spielplätzen und Informationsständen wurde ebenso begeistert aufgenommen wie die

zahlreichen musikalischen Einlagen, die von Schulorchestern und Solisten wie Gruppen der städtischen Musikschulen geboten wurden.
Die große Bereitschaft vieler Institutionen und Organisationen sowie freiwilliger Helfer zur finanziellen und personellen Unterstützung und der überwältigende Zustrom von Kindern, Jugendlichen und Erwachsenen zu allen angebotenen Veranstaltungen haben gezeigt, daß in der vertrauensvollen, städtischen wie regionalen Kooperationsbereitschaft die großen Vorteile und Möglichkeiten des kulturellen Angebotes für Kinder und Jugendliche im Flächenstaat Schleswig-Holstein liegen.
Alle drei Modelle literarischer Kinderkulturarbeit in der Region Schleswig lassen sich modifiziert mit Rücksicht auf Besonderheiten anderer Regionen leicht übernehmen. Erprobt und erfolgreich verlaufen sind auch die Aktionen, deren stichworthaftes Organisationsgerüst den aufmunternden Abschluß bilden sollen.
Dabei gilt es immer wieder neu, aus der Not der verstreuten Lage, der großen Entfernungen, des schlecht ausgebauten Verkehrsnetzes, der wenigen vorhanden geistigen Anregungen eine Tugend zu machen.
Die Organisation von Ringveranstaltungen, die Hineinnahme der Landschaft und ihrer Eigenheiten, die Zuhilfenahme der intakten sozialen Beziehungen, Nachbarschaftshilfe, Ausbau der Mittelstädte zu kulturellen Zentren und Aufbau genossenschaftlicher Finanzierungsmodelle – das gehört zu den Kardinaltugenden!

Autoren-Lesungen und Diskussionen
2 Lesungen und Orte pro Tag. Transport durch Privat-Fahrzeuge von Müttern, Mitarbeitern, Veranstaltern. Träger und Veranstalter: Kindergärten, Schulen, Öffentliche Bibliotheken, Buchhandel, Kirchen, Parteien, Lions Club, Jugendorganisationen, Gewerkschaft.

Wanderbuchausstellungen
zu bestimmten aktuellen Themen, Autoren, die einen Bezug zur Region haben, Literatursparten und Anlässen und Jahresverlauf und Ablauf der kindlichen und jugendlichen Entwicklung. Rundtransport durch Leihverkehr der Öffentlichen Bibliotheken, Apotheker-Belieferung, Jugendorganisationen, Schulbusse, pendelnde Arbeitnehmer. Ausstellungsort: Kindergärten, Schulen, Öffentliche Bibliotheken, Gemeindehäuser, Sporthallen, Schützenhallen, Club-Häuser, Rathäuser, Arzt-Gemeinschaftspraxen.

Kinderliteratur bei Veranstaltungen in der Region
Z.B. Dorffest: Autoren-Lesung mit Musik im Freien, Buchausstellung, Buchgewinn bei der Tombola, Kinderfest mit Literaturrätseln und -scharaden. Lyrik-Festival mit selbstverfaßten Gedichten. Selbstverfaßte Fest-Chronik und Zeitung für Kinder von Kindern.

Berücksichtigung von Literatur für Kinder und Jugendliche im ländlichen Fort- und Weiterbildungsangebot

Elternschule: Vorstellen von Literatur für jedes Lesealter. Anleitung zum Vorlesen in der Familie und für das begleitende Gespräch mit dem Kind. Empfehlungen von Literatur für Kinder und Jugendliche zu ihren wichtigen Lebensfragen (Schule, Geschwister, Eltern, Liebe, Krankheit, Tod, Drogen, Generationskonflikt usw.). Seniorenarbeit: Wettbewerb „Meine Oma liest vor, mein Opa erzählt von früher". Literatur und Erinnerung an eine Lebensepoche. Organisation und Finanzierung durch die Träger und Veranstalter der ländlichen Fort- und Weiterbildung.

Birgit Dankert
Arbeitskreis für Jugendliteratur
Elisabethstr. 15, 8000 München 40

Büchereiarbeit konkret: Bücherei und Spieliothek Tarp

Tarp: 1961, als das Dorf Bundeswehrstandort wurde, lebten hier 1084 Einwohner. 1979 waren es 4879. Die Gemeinde wurde Mittelpunktgemeinde, Sitz des Amtes Oeversee, es wurde u.a. ein Schwimmbad und ein Schulzentrum für 1400 Schüler gebaut. Der Ort liegt 15 km südlich von Flensburg an der Eisen- und Autobahnlinie Hamburg-Flensburg. Sein Einzugsbereich ist durch die Grenzen des Amtes und durch die Routen der Schulbusse bestimmt, er reicht von Wanderup im Westen über Barderup und Munkwolstrup im Norden, Sieverstedt-Stenderup im Südosten, Langstedt, Bollingstedt im Süden bis nach Süderzollhaus im Südosten. Ca. 70 % der Erwerbstätigen arbeiten bei der Bundeswehr, 47 % der überwiegend männlichen Bevölkerung sind 21–45 Jahre alt, 28 % Kinder bis 15. Diese Angaben stammen von 1970, der Anteil der Bundeswehrbeschäftigten wie der älteren Jugendlichen dürfte seitdem zugenommen haben.

Situation von Kindern und Jugendlichen

Tarp hat eher urbanes als dörfliches Klima, es ist „Schmelztiegel". Bundeswehrangehörige werden alle paar Jahre versetzt. Viele kommen aus Süddeutschland, sind Katholiken. Sie erleben Freiheit (von sozialer Kontrolle) oft als Vogelfreiheit, weil auch die Bindungen sich lockern: das erzeugt Angst. Die rigiden Traditionen, die das Leben der Männer bestimmen, etwa getrennte Clubs für Offiziere und Unteroffiziere, stehen im Gegensatz zur Notwendigkeit für die Frauen, Gleichgesinnte zu suchen.
Festzustellen ist eine statistisch überdurchschnittliche Drogenabhängigkeit (Achse Frankfurt–Flensburg–Tarp) und eine Häufung von Kontaktschwierigkeiten sowohl zwischen Kindern und Eltern bzw. Erwachsenen als auch bei Kindern untereinander. Kinder geben an, daß sie Räume brauchen, in denen sie alles tun können, was ihnen zu Hause untersagt ist: Mit Freunden spielen, Krach machen, keine Rücksicht auf Sauberkeit nehmen müssen.

Angebote für Kinder und Jugendliche

Drei Kindergärten gibt es in Tarp, zwei davon werden von der ev. Kirchengemeinde unterhalten, einer von der dänischen Minderheit. Im Sommer lockt das beheizte Freibad die Kinder und Jugendlichen an. Spor ein, DLRG, Rotes Kreuz, Tennisverein und Schützenverein haben Jugendgruppen, die ihre Sitzungen im Freizeitheim abhalten. Bastelnachmittage für die Kleinen bietet die Familienbildungsstätte (Mütterschule) an. Es gibt 5 evangelische Jugendgruppen. Die AG Offene Jugendarbeit versucht, ein Angebot für nicht organisierte Jugendliche zu machen.
Das Schulzentrum wird schon wegen seiner Größe (1400 Schüler) von Schülern wie von Lehrern als unangenehm empfunden. Manche Schüler suchen nachmittags Räume, in denen sie ungestört mit ihren Freunden Schularbeiten machen können. Die dänische Minderheit unterhält cine eigene klassische Dorfschule, außerdem das Jugendlager Treenehytten und den Pfadfinderhof Tydal. Ihre Anhänger wirken merklich weniger gestreßt als ihre deutschen Altersgenossen.

Entwicklung und Lage der Bücherei

1923 wurde eine Dorfbücherei gegründet, die in der Schule untergebracht war und vom Schulleiter verwaltet wurde. 1964 bekam Tarp einen Neubau neben der Gemeindeverwaltung, schräg gegenüber der Schule, 2500 Bücher und 1/2 Fachkraftstelle. 1974 kaufte der Grenzverein das Amtsgebäude dazu, beide Gebäude wurden durch einen Mauerdurchbruch verbunden, im Erdgeschoß des ehemaligen Amts richtete der Verein Spieliothek ein Spielzentrum ein. Im Schulzentrum entstand neben der Aula die von der Bücherei verwaltete Schulbibliothek, aus der Teilzeit- wurde eine Vollzeitbücherei. 1980 schließlich erhielt die Spieliothek die Wohnung im ersten Stock des Amtsgebäudes, die Bücherei bekam die Räume im Erdgeschoß und den Bestand der Schülerarbeitsbücherei dazu, die Lehrerhandbücherei wurde an die Schule abgegeben. Wenn im folgenden vom „Medienzentrum Tarp“ die Rede ist, so bezieht sich das auf die Zeit von 1974–1979.

Medienzentrum Tarp

Die Öffentliche Bücherei ist Teil des Bibliothekssystems der Büchereizentralen Flensburg-Rendsburg. Sie übernimmt die Ausleihe des Medienzentrums, den Bestandsaufbau auch für die Schülerarbeitsbücherei und schafft einen Teil der Spiele des Ausleihbestands an. Am Bestandsaufbau der Lehrerhandbücherei ist sie beteiligt.
Der Verein Spieliothek Tarp e.V., eine Bürgerinitiative, verwaltet das Spielzentrum und schafft einen Teil des Ausleihbestands an Spielen an. Zweimal

wöchentlich finden Spielnachmittage statt, die von ehrenamtlichen Mitgliedern betreut werden, regelmäßig ein „Elterntreff". Bestandsaufbau und Gruppenarbeit erfolgen gemeinsam mit dem Schulzentrum und dem Jugendfreizeitheim, die Bestände sollen sich ergänzen und sind austauschbar. Die Spieliothek wird als Modell offener Jugendarbeit vom Land Schleswig-Holstein gefördert.
Das Schulzentrum Tarp, bestehend aus Grund-, Haupt-, Sonder- und Realschule, hat seine Lehrerhandbücherei in den Bestand der Öffentlichen Bücherei eingebracht. Sie ist zusammen mit der Schülerarbeitsbücherei in der Schulbibliothek aufgestellt, in den Katalogen der Öffentlichen Bücherei ausgewiesen, die Bücher für alle Benutzer entleihbar und austauschbar. Auch Lehrer können in der Schulbibliothek Bücher entleihen und selbst verbuchen; gemahnt werden sie von der Öffentlichen Bücherei. Gruppenarbeit von Schulklassen – auch außerhalb der Öffnungszeiten – ist möglich in der Schulbibliothek, in der Öffentlichen Bücherei und im Spielzentrum, also von 3 Klassen gleichzeitig. Eine „Arbeitsgemeinschaft Bibliothek" verbindet Schulzentrum und Bücherei, die gemeinsame Anschaffung von Schallplatten und Kassetten Schulzentrum und Spieliothek. Einführungen in die Benutzung und Literaturlisten werden von Schülern, Lehrern und vom Bibliothekar gemeinsam erarbeitet.
Es stehen mehr als 8200 Medien, darunter ca. 300 Spiele zur Verfügung. Die Personalsituation sieht folgendermaßen aus: Die Öffentliche Bücherei war früher 25 und ist jetzt 29 Stunden in der Woche geöffnet. Die Differenz war als Zeit für die Verwaltung der Schulbibliothek gedacht. Personal der Öffentlichen Bücherei (und früher der Schulbibliothek): eine ganze Bibliothekarstelle; eine Büchereiverwaltungsangestellte 10 Stunden pro Woche; „Bücherkinder" für ca. 2 Stunden am Ausleihtag (das sind Schüler, die Bücher einstellen und sich damit z.Zt. 4,– DM in der Stunde verdienen). Die Spieliothek wird von ehrenamtlichen „aktiven Mitgliedern" betreut, das sind etwa zehn von den fünfundzwanzig Vereinsmitgliedern, die etwa alle 14 Tage „Dienst" haben. Fast alle „Aktiven" sind Hausfrauen, einige haben eine Ausbildung als Krankenschwester, Kinderkrankenschwester, Lehrerin oder in Büroberufen gemacht. Verbindung zwischen Bücherei und Spieliothek: Die Büchereiverwaltungsangestellte ist Kassenführerin des Vereins, der Bibliothekar Schriftführer.

Hausordnung der Spieliothek

Die Kinder, die hierher kommen, wollen am Spielen Spaß haben, weil es sehr wichtig ist für Kinder und auch für Erwachsene, Spaß zu haben.
Die Kinder, die hierher kommen, sollen hier nur das tun, wozu sie Lust haben.
Wir glauben, daß Kinder selbst wissen, was sie tun wollen und selbst auf sich aufpassen können. Deshalb könnt Ihr hier fast alles tun, wenn Ihr Euch untereinander einigt und anderen kein wesentlicher Nachteil dadurch entsteht.
Auch darum kommen Kinder her, damit sie jemanden haben, dem sie was erzählen können und dem sie sagen können, was ihnen auf dem Herzen liegt.
Du mußt hier nichts lernen. Der Erwachsene ist nicht Dein Lehrer, sondern mehr Dein Freund und Partner. Sprich ihn an, wenn Du Rat brauchst.

Wochenplan der AG Offene Jugendarbeit, der Spieliothek und Bücherei Tarp als Angebot im Freizeitheim Tarp

MONTAGS **Öffnungszeiten** (allgemein) **14.00–18.00 Uhr** **Offenes Haus** **Basteln** mit Batik, Gips, Peddigrohr, Vorbereitung f.d. Basar (Zemke) (Nach Anmeldung mit Unkostenbet.)	Arbeitsgemeinschaften **19.00–22.00 Uhr oder länger** – Vorstandssitzung – Ausschüsse – Vollversammlung (1 x mtl.) – Mitarbeiterbesprechung
DIENSTAGS **Offenes Haus** Werken/Arbeiten am Haus/ **Vorplatz**gestaltung usw.	**Gitarren AG** (Nach Anmeldung: Anfängerkurs)
MITTWOCHS **Offenes Haus** (14.00–16.00 Uhr **Jugendfilmclub**) (Ivers)	**Tanzkursus für Forgeschrittene**
DONNERSTAGS **Offenes Haus** Vorplatzgestaltung Filmveranstaltungen	– Geschlossen –
FREITAGS **Offenes Haus**	**Discothek Progressiv** (ab 16 Jahren)
SAMSTAGS **Offenes Haus** – Musik hören – Lesen usw.	**Pop-Discothek**
SONNTAGS **Teestube** – Gute Musik hören – Filme, Volkstanz, Folk-Gruppen – Waffeln essen usw.	– Geschlossen –

Jeden **1. Sonntag im Monat Flohmarkt**

Schwierigkeiten und Konflikte in der praktischen Arbeit

Zunächst war das Medienzentrum Anlaufstelle für Jugendliche um 15. Die „Aktiven“ hatten selbst aber kleinere Kinder, mit denen sie spielen wollten; beides sollte unter einen Hut gebracht werden. Die Öffnungszeiten des Spielzentrums (2 x 1 1/2 Stunden pro Woche) reichten nicht aus. Ständig be-

schwerten sich Kinder darüber, daß Größere sie vom Tischfußballspiel verdrängten. Einige machten Gesellschaftsspiele durch Herausnehmen wichtiger Teile unbrauchbar. Wir versuchten, die Schwierigkeiten durch Ausweitung des Angebots zu beseitigen. Tischfußball, Mikrogolf, Holzeisenbahn wanderten in den Ausleihbereich, wo sie nun 25 Stunden wöchentlich benutzt werden konnten. Die Jugendlichen veranstalteten an „spieliothekfreien" Tagen eine Discothek in eigener Regie. Nach kurzer Zeit erwies sich, daß die Räume dafür zu klein waren; es gab regelrechte Schlachten zwischen Tarpern und „Auswärtigen", die Discothek wurde wieder geschlossen. Auch das Fußballspiel wurde aus dem Verkehr gezogen, nachdem ein Kind ein anderes beim Streit durch ein großes Glasfenster gestoßen hatte.
Inzwischen war das Freizeitheim entstanden, das mit Teestube, Disco und Geschicklichkeitsspielen (als Dauerleihgabe der Spieliothek) für die älteren Kinder interessanter wurde. Das Durchschnittsalter der Spieliotheksbesucher sank auf 8–11 Jahre.
Konflikte gab es aber auch zwischen den Vereinsmitgliedern. Ich hatte Problemkinder als Dauerbüchereibenutzer, um die ich meinte, mich mehr kümmern zu müssen, als ich das konnte. Ich wollte sie in der Spieliothek gut aufgehoben wissen. Da ich gerade an einem Elterntrainingsprogramm mitgearbeitet hatte, fand ich es wichtig, so etwas auch anzubieten. Die Mitglieder hatten vor allem Angst voreinander; obwohl sie den spieltherapeutischen Ansatz ausdrücklich bejahten, lehnten sie alle Vorstöße ab. Die Folge: Der „Elterntreff", anfangs regelmäßige Einrichtung, wurde zu einer Art Dienstversammlung, auf der vornehmlich Termine abgesprochen wurden, Neuanschaffungen beraten, Ersatzwünsche geäußert. Heute sind von den Mitgliedern der „ersten Stunde" nur noch wenige aktiv; die Bindungen sind lockerer, die Erwartungen geringer geworden, vielleicht auch realistischer.

Forderungen

Wichtig ist für eine kleine Bücherei Unterstützung!

- Durch zentrale Dienste. Bücher werden ausleihfertig geliefert und mit Karteikarten versehen. Auswahlverzeichnisse, Plakate werden zentral gedruckt, Autoren und Referenten vermittelt, Fortbildungsveranstaltungen angeboten.
- Durch Zusammenarbeit mit anderen Institutionen. Das reicht vom gemeinsamen Programmangebot über gegenseitige personelle Hilfe bis zur Planung eines gemeinsamen Gebäudes (siehe Wochenplan). Für aufgeschlossene Lehrer ist die Bücherei oft der einzige Ort, um Gruppenunterricht zu praktizieren und Kinder zu mehr Selbständigkeit zu erziehen.
- Durch Honorierung der geleisteten Arbeit. Angemessene Bezahlung wie angemessener Etat nach Einzugsgebiet und Aufgabenstellung sollten selbstverständlich sein. Wer als Erfolgsmeldung nur Ausleihzahlen gelten läßt (und danach den Medienetat berechnet), fördert die „Leihbücherei" und

ignoriert andere Funktionen der Öffentlichen Bücherei.

– Durch ein Angebot an die Mitarbeiter, an ihrem Umgang mit Kindern und Jugendlichen arbeiten zu können. Bibliothekarische Aktivitäten dieser Art haben Seltenheitswert und sind zudem noch schlecht besucht. Kurse in Gesprächsführung mit Supervision, Selbsterfahrungsgruppen von Lehrern und Erziehern können hilfreich sein.

Wolfgang Ewert
Bücherei Tarp
Kirchenweg, 2391 Tarp

Filmen mit Landkindern

In Stotel, einer kleinen Ortschaft an der Unterweser, erweckt eine „Kinderfilmproduktion" von Zeit zu Zeit allgemeines Interesse. Sie wurde schon vor Jahren von einem Lehrer ins Leben gerufen. Er bestreitet als Produzent die Ausgaben. Einnahmen gibt es nicht. Das Unternehmen ist ein Angebot für Kinder im Alter zwischen 5 und 10 Jahren, die sich zu „Filmteams" zusammenfinden. Ihnen soll das Filmen vor allem Spaß machen. Darüber hinaus gibt es jedoch ein wichtiges Lernziel: Die Kinder erfahren beim Umgehen mit dem Medium Film auch etwas über das Fernsehen, das ja mit ähnlichen Mitteln arbeitet. Sie alle, das haben auch Untersuchungen in Stotel immer wieder bestätigt, sehen schon im Vorschulalter viele Fernsehsendungen. Für Landkinder spielt das elektronische Medium wahrscheinlich eine noch größere Rolle als für Stadtkinder. Es bietet ihnen auf Knopfdruck sowohl phantastisch Märchenhaftes als auch Dokumentarisches aus aller Welt, kommt also ihren entwicklungsbedingten Bedürfnissen gewissermaßen entgegen. Der Bildschirm zeigt „das große Abenteuer". Auch im schönsten ländlichen Freiraum kann man „nur" das „kleine" erleben. Die technische Entwicklung läßt erwarten, daß Fernsehen als Kommunikationsmittel gerade auf dem Lande mit seiner unvollkommenen Infrastruktur an Bedeutung zunehmen wird, so daß die Kinder von heute auch als Erwachsene von übermorgen damit umgehen werden. Sie sollen ein dafür nützliches „Grundwissen" parallel zu ihrem Fernsehgebrauch handelnd erwerben.
Die Kinder kommen mit unterschiedlichen Vorerfahrungen in unsere „Film"-Produktionen. Nur sehr wenige Eltern filmen. Die meisten kennen ausschließlich das „Knipsen" von Einzelfotos. Alle sind zunächst neugierig, aber auch ein wenig skeptisch. Sie erwarten, daß man ihnen sagt, „wie das geht, wie es richtig ist" und können sich schlecht vorstellen, daß man mit filmischen Mitteln auch einmal etwas ganz anders, ganz „verrücktes" zeigen könnte. Sie bringen allerdings feste Qualitätsmaßstäbe mit, die sie als Landkinder fast ausschließlich aus Fernsehsendungen gewonnen haben. Die Eigenproduktionen dürfen jedoch keinesfalls als Bildschirmnachahmungen aufgefaßt werden. Vollprofessionelles Arbeiten ist unter den gegebenen Voraussetzungen unmöglich. Es darf aber auch nicht zu zusammenhangloser Wackelei kommen. Es hätte keinen Zweck, ungeübten Kindern eine Filmkamera in die

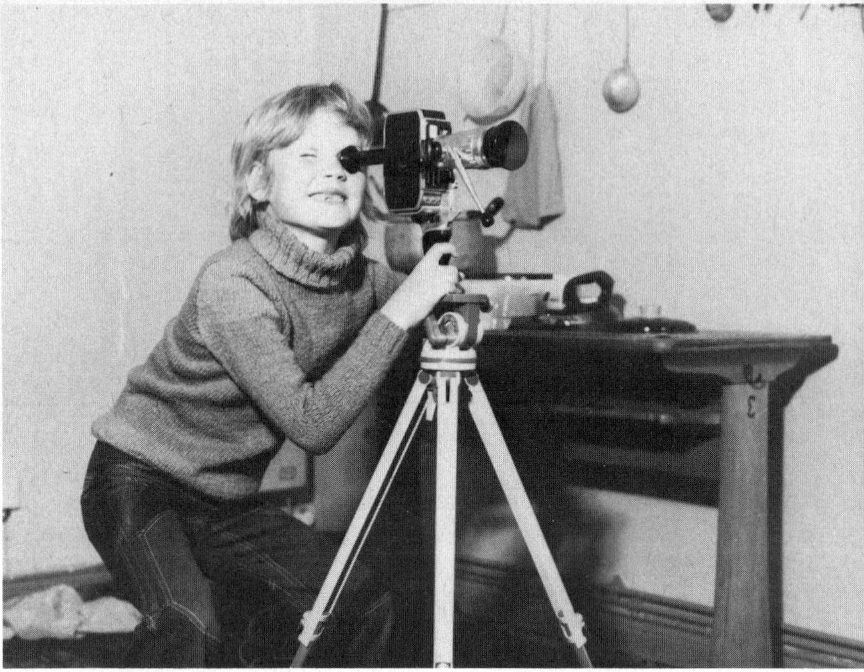

Hand zu geben und sie aufzufordern: „Nun filmt mal schön." Das Ergebnis wäre entmutigend. Die Arbeitsweise muß zwischen beiden Extremen liegen: So studiogerecht wie möglich und so amteurhaft wie nötig. Die Kinder sollen ja durch den Erfolg zum Weitermachen motiviert werden.
Jeder Film braucht zunächst eine gute Geschichte, die sich in „Laufbildern" erzählen läßt. Bei der Suche nach Filmstoffen brauchen die Kinder dringend Rat. Sie schlagen nämlich zunächst abendfüllende, technisch nicht realisierbare Geschichten vor, die sie so oder ähnlich im Fernsehen gesehen haben. Erst schrittweise entdecken sie ihre Umgebung mit ihren höchst eigenen Themen. Die ersten brauchbaren Geschichten, für die Kindergruppen sich entscheiden, werden zunächst als Fotoserien produziert. „Ein Mädchen ruft bei Bekannten an, aber da meldet sich niemand. Die sehen fern!"
Als nächstes versuchen die Kinder, ähnliche Geschichten nur mit Geräuschen zu erzählen. Es entstehen kurze „Hörfilme". „Jemand war auf der Toilette, geht die Treppe hinunter und fährt mit dem Auto weg." Die passenden Geräusche werden ausgewählt und auf Tonband aufgenommen. Aus diesem „Tonmaterial" läßt sich durch Montage auch eine ganz andere Geschichte zusammenstellen: „Jemand kommt mit dem Auto an, geht die Treppe hinunter (Pause) und hat endlich eine Toilette gefunden." Das Schneiden erfolgt durch Umspielen auf ein zweites Bandgerät. Dabei brauchen die Kinder zunächst Hilfe.

Fotoserien, Diaserien und Hörfilme als Vorbereitung auf das Filmen spielen eine wichtige Rolle. Die Themen reichen von einfachen Geräuscherätseln und in Standbildern festgehaltenen Erkundungsgängen bis zu anspruchsvolleren Produktionen. So gelangen in Zusammenarbeit mit 10jährigen Kindern eine Ton-Diaschau „Ein Tag im Fernsehen“ (20 Minuten) und ein Hörfilm „Herr X kommt“ (8 Minuten).
Das Filmen beginnt mit sogenannten „kalten Proben“, das heißt in diesem Falle ohne Filmmaterial. Die Kinder versuchen, die Funktionsweise der Kamera zu ergründen und betrachten die Motive durch den Sucher. Sie schwenken und fahren mit dem Zoom, um die Kamera „in den Griff“ zu bekommen. Aus Kostengründen wird stumm auf 8 mm Filmmaterial gedreht. Die Kinder müssen sich also darauf einstellen, daß diese Kamera nur Bilder aufnehmen kann. Was zunächst wie ein Mangel erscheinen mag, erweist sich als Vorteil. Die Mitarbeiter werden von der Sache her gezwungen, in Bildern zu denken, also filmisch im ursprünglichen Sinne zu arbeiten. Außerdem gibt es auf diese Weise kaum Probleme mit der Besetzung der Rollen. Sie erfordern keine großen darstellerischen Fähigkeiten. Es wäre eine Überforderung, wollte man Kindern, die gerade vom Spielplatz oder aus dem Kindergarten kommen, schauspielerische Leistungen mit festgelegten Dialogen abfordern. Selbst wenn dies in Einzelfällen gelänge, wären die Aufnahmen langwierig und technisch kompliziert. Es sei nur daran erinnert, daß man Super-8-Direkt-

tonaufnahmen kaum schneiden kann, ohne die Tonspur zu zerschneiden.
Wenn so „studiogerecht wie möglich“ gedreht wird, müssen eine ganze Reihe von Rollen bzw. Funktionen besetzt werden, die zwar nichts mit Schauspielerei zu tun haben, jedoch für das Gelingen des Vorhabens genauso wichtig sind. Es werden Regieassistenten, Aufnahmeleiter, Requisiteure usw. gebraucht. 10jährige Kinder drehten z.B. einen Episodenfilm „Zirkus“ nach einem Lesestück. Während der Aufnahmen stellte sich heraus, daß der Kettensprenger keine Kette hatte. Als wegen des fehlenden Requisits alles zu scheitern drohte, gingen zwei Jungen eine Kette besorgen. Nach kurzer Zeit brachten sie eine, die sie vollkommen selbständig ausgeborgt hatten. Die Drehbuchautoren hatten die vorgegebene Geschichte um eine Episode bereichert: Ein Elefant trat auf. Der Requisiteur hatte also eine Decke mitgebracht, unter die zwei Jungen schlüpften. Sogar an ein Stück Tau als Elefantenschwanz hatte er gedacht. Die Autoren hatten festgelegt, daß der Elefant nicht nur so „langweilig herumtraben sollte“. Der Requisiteur hatte deshalb seine ältere Schwester veranlaßt, größere, mit Schaumstoff gefüllte Beutel zu nähen, die der Elefant zu verlieren hatte. Der Requisiteur spielte selbst die Rolle des Elefantenwärters, der diese „Exkremente“ mit augenzwinkerndem Ekel auf ein Kehrblech kehrte.
Schauspielerische Leistungen dieser Art sind von Kindern durchaus zu erbringen. Allerdings brauchen Landkinder im allgemeinen mehr Zeit, um in die Rolle eines anderen zu schlüpfen. Den jüngeren unter ihnen ist der Sinn des Probierens oft zunächst noch völlig unverständlich. Sie fragen ratlos: „Warum soll ich denn dasselbe nochmal machen?“ Alle Produktionsvorgänge müssen deshalb geduldig und genau erklärt werden. Die Kinder sollen informierte Mitglieder eine Filmteams sein, keinesfalls Statisten. Werden sie au diese Weise anerkannt, nehmen sie nicht nur Arbeit, sondern auch Unannehmlichkeiten gern auf sich. So spielten zwei Jungen nach einem eigenen „Drehbuch“ einen Fensterputzermeister und seinen Lehrling. Um sich besser in diese Rollen hineinversetzen zu können, schafften sie und die anderen Mitarbeiter mit viel Geduld Requisiten herbei, die alle echt sein mußten. Pappe und Plastik wurden nicht akzeptiert. Die Darsteller hatten richtige, passend gemachte Arbeitsanzüge und die dazugehörigen Mützen. Es war ein Absperrseil, wie es bei Straßenbauarbeiten verwendet wird, zum Fernhalten von Neugierigen vorhanden. Obwohl nicht notwendig, wurde eine richtige „Klappe“ gebaut. Zunächst entstand, um dies alles zu dokumentieren, ein Film von den Vorbereitungsarbeiten. Der Hauptfilm stellte dann hohe Anforderungen an die Geduld der recht bewegungsfreudigen Hauptdarsteller. 5 Filmminuten erforderten 4 Stunden Dreharbeit an zwei Nachmittagen. Es wurde sehr sorgfältig gearbeitet und großer Wert auf „Schnitt“ gelegt. Der Film enthält z.B. die Sequenz:

1) Der Lehrling wendet sich zum Meister.
2) Der Meister wehrt mit der Hand ab und schaut in Richtung Turmuhr.
3) Turmuhr (groß): Nach 16 Uhr.
4) Füße des Meisters (groß): Er tritt unruhig auf der Stelle.

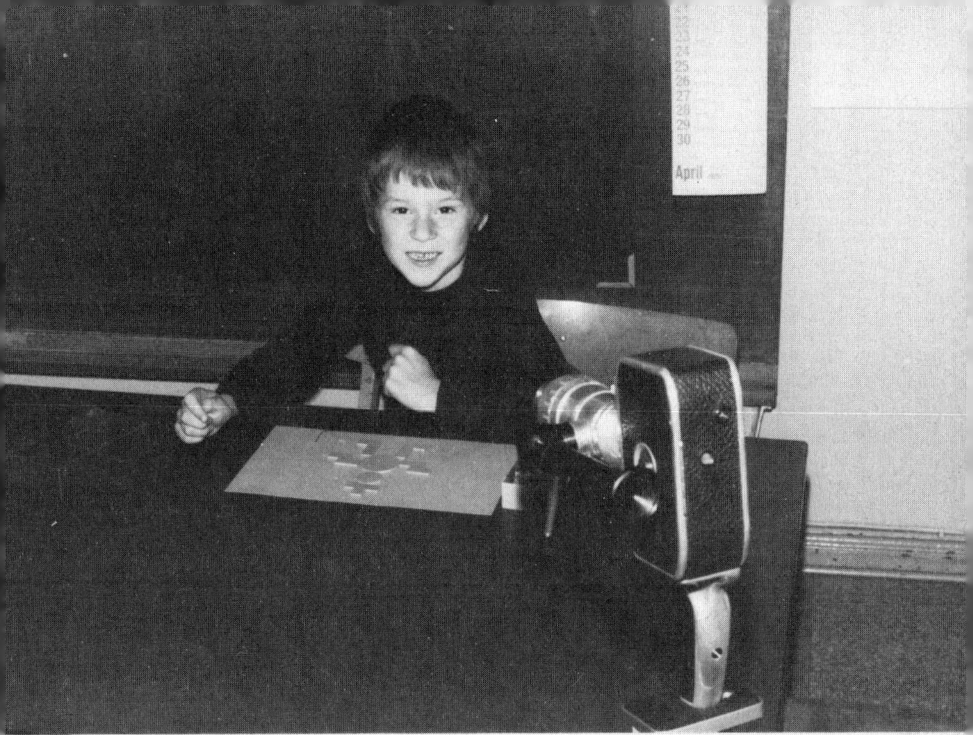
22
23
24
25
26
27
28
29
30
April

So wird in Bildern dargestellt, daß der Meister keine Geduld mehr hat. Dadurch wird glaubwürdig, daß er in der nächsten Sequenz versehentlich von dem sich beeilenden Lehrling mit dem Fensterputzwasser übergossen wird. Diese Szene forderte von dem Jungen, der den Meister spielte, große Überwindung, denn er war kein Wasserfreund.
Nicht nur Kinder, auch Erwachsene wirken gern mit. Die vom Medium Film ausgehende Faszination spielt dabei sicherlich eine Rolle. Das Filmen auf dem Lande bringt jedoch darüber hinaus den Vorteil mit sich, daß nahezu alle, Kinder und Erwachsene, einander kennen und die Sache als eine gemeinsame Aufgabe betrachten. So stellte z.B. der Tankstellenpächter für eine Dokumentar-Diaserie „Tanken" seinen Betrieb zur Verfügung und spielte selbst die Rolle des Tankwarts. Der Kaufmann gestattete, daß sein Geschäft während einer Mittagspause zur Filmdekoration für den Spielfilm „Die Zitrone ist weg" umfunktioniert wurde. Er gab seine Freizeit dran und spielte selbst eine kleine Rolle. Die Mutter der fünfjährigen Hauptdarstellerin übernahm ebenfalls eine Rolle und sah – äußerlich gelassen – zu, wie ihre Küchenmöbel hin- und hergeschoben wurden. Für den Spielfilm „Ranzen vergessen" nahm sich ein Vater extra einen freien Nachmittag und stellte sich mit seinem PKW für die Dreharbeiten zur Verfügung. Der Fahrer des Schulbusses verzichtete auf einen Teil seiner Frühstückspause und fuhr eine besonderes gelungene Kurve für die Kamera. Seine größte Sorge war, ob er den Bogen auch zügig und elegant genug gefahren war.

Für die Fotoserie „Auf dem Spielplatz" brachten Mütter ihre Kinder mit eigenen PKW oder dem Fahrrad zum Drehort und warteten geduldig, bis die Aufnahmen beendet waren. Sie hatten sich abgesprochen und den Transport der Fünfjährigen so organisiert, daß stets ein Erwachsener mehrere Kinder beaufsichtigte. Die Aufnahmeplätze sind nur über vielbefahrene Bundesstraßen zu erreichen. Es ist deshalb zu gefährlich, die Kinder allein mit dem Fahrrad fahren zu lassen. Für die Fotoserie „Radfahren" brachten die Mütter ihre Kinder im „Begleitschutz", d.h. die Kinder fuhren auf ihren Kinderrädern, und die Mütter eskortierten sie auf ihren Rädern. Hier zeigte sich besonders deutlich eine Schwierigkeit beim Filmen auf dem Lande: Es gibt kaum Verkehrsverbindungen. Sind die Schulbusse erst einmal weg, bekommt man Kinder nur unter großen Schwierigkeiten wieder zusammen. Die wenigen öffentlichen Buslinien verkehren selten und führen sternförmig in die nächste Stadt. Um eine Entfernung von 3 Kilometern von einem Dorf zum anderen zurückzulegen, müßte man 15 Kilometer mit dem Bus fahren und wenigstens einmal umsteigen, wobei Wartezeiten von mehr als einer Stunde in Kauf genommen werden müßten. Dieses Verstreut-in-der-Fläche-Wohnen ist für die Kinder so bestimmend, daß es ihre Themenwahl beeinflußt. Ihnen fallen häufig Filmgeschichten ein, in denen es darum geht, daß sie nicht nach Hause kommen können oder in denen sie etwas vergessen haben und nicht einfach holen können. Das Telefonieren als eine Form des Kontaktaufnehmens kommt in vielen Geschichten vor.
Die Themenauswahl läßt aber auch einen Vorteil beim Filmen auf dem Lande

erkennen: Man hat Platz. Für die Fotoserie „Entdeckungen auf der Wiese“ standen mehrere von Menschen kaum in Besitz genommene Flächen zur Verfügung, die so groß waren, daß man wirklich den Eindruck „kleine Kinder fern am Horizont“ im Bild vermitteln konnte.
Lassen Schlechtwetterperioden keine Außenaufnahmen zu, wird innen gedreht. Räume werden von den Leitern schulischer und vorschulischer Einrichtungen gern zur Verfügung gestellt. In diesem Rahmen nehmen Trick- und Animationsfilme aller Art einen wichtigen Platz ein. Sie lassen sich auf kleinstem Raume realisieren, helfen besonders anschaulich, Fernsehen durchschauen zu lernen und sind besonders beliebt bei den Kindern. Für sie ist es immer wieder überraschend, wenn sich in der Vorführung leblose Teile, die sie mit viel Geduld vor der mit Einzelbildschaltung arbeitenden Kamera „gerückt“ haben, nun auf der Leinwand „richtig bewegen“. Dabei ist es nicht so wichtig, ob es sich um Bauteile handelt oder um Kaffeegeschirr, das sich von selbst auf dem Tisch zurechtstellt. Achtjährige Kinder entwarfen dazu eine ganze Reihe von gezeichneten Drehbüchern (story-boards), in denen deutlich ihre Wünsche und Probleme zum Ausdruck kamen. Das Mädchen mit dem selbst deckenden Kaffeegeschirr half offenbar nicht gern im Haushalt. Ein anderes Mädchen ersann „Die laufende Tür“, eine Tür, die Beine bekam und davonlief. Die Türöffnung gab den Weg frei für alles Mögliche: Einen Elefanten, Stoffpuppen usw.

Für wen wird nun eigentlich produziert? Entsprechend den anfangs beschriebenen Zielen zunächst für die Kindergruppen selbst. Sie wollen, sobald sie die filmischen Möglichkeiten ein wenig einschätzen können, sich selbst bei ihren alltäglichen Beschäftigungen auf der Leinwand sehen. Es bereitet ihnen Vergnügen, sich immer wieder das naturgetreue Abbild, das nun wie eine Art zweiter Wirklichkeit existiert, vorführen zu lassen. Am Anfang der Filmarbeit wird deshalb immer wieder ein Thema wie „Ein Tag bei uns“ vorgeschlagen und realisiert. Es handelt sich dabei um längere Filme von ca. 20 Minuten Spieldauer, die etwa 6–10 Stunden Dreharbeit erfordern. Sie haben dokumentarischen Charakter, zeigen, wie gebastelt, gespielt, Sport getrieben wird und folgen eigentlich hauptsächlich dem Grundgedanken: Jeder soll wenigstens einmal auf der Leinwand zu sehen sein.
Gerade diese Filme führen über das Selbstanschauen hinaus. Durch Mundpropaganda finden sich Adressatengruppen. Die Kinder sind stets hoch erfreut, denn nun erst genießen sie so recht den ganzen Erfolg ihrer Arbeit. Dieses ist durchaus verständlich, denn Filme sind Kommunikate, die Mitteilungen an andere transportieren. Zunächst sind vor allem Eltern an den Filmen ihrer Kinder interessiert. Sie haben wenig Zeit und Gelegenheit, ihre Kinder außerhalb des häuslichen Bereichs zu beobachten. So bekommen sie einen Einblick und genießen obendrein das nicht alltägliche Ereignis: Mein Kind spielt im Film mit! Weitere Interessenten sind diejenigen Erwachsenen, die mitgewirkt haben. Sie kommen gern, auch wenn sie keine oder längst erwachsene Kinder haben. Vorführungen vor einem so aufnahmebereiten Publikum in Anwesenheit der Mitarbeiter und Darsteller gewinnen nicht selten einen

Hauch von Uraufführungsstimmung.
Weitere Interessenten, die vor allem die Dokumentarfilme sehen wollen, sind Lehrer, Erzieher und Gruppen aus Erwachsenenbildungseinrichtungen, eigentlich alle, die sich in der näheren und entfernteren Umgebung mit Kindererziehung beschäftigen. Nach den Erwachsenen melden sich die Kinder. Benachbarte Kindergartengruppen, Vorklassen und Schulklassen wollen sich die Eigenproduktionen ihrer Freunde und Bekannten anschauen. Nach einer gewissen Zeit des Staunens kommt dann von ihnen der Wunsch: „Wir möchten auch filmen!" Leider ist die Produktionskapazität begrenzt. Es soll kein herumreisendes Unternehmen entstehen, das überall nur flüchtig auftaucht. Im Hintergrund steht immer das in das ganze Vorhaben eingeschlossene Lernziel „Fernsehen besser nutzen lernen".

Peter Lefold
Im Zollenhamm 7, 2854 Loxstedt-Nesse

Kinderfilme auf dem Dorf

Erfahrungen der Kinderfilmwochen 1979

Wenn schon viele Leute meinen, Kinder auf dem Dorf hätten doch genügend Spielmöglichkeiten – ein ausreichendes Kinderfilmangebot wird wohl niemand vermuten. Dies hängt natürlich mit dem ländlichen Kino-Sterben der letzten 20 Jahre zusammen, weist aber auch auf die grundsätzliche Misere in Sachen Kinderfilm hin.
Daß auch auf dem Dorf, im Landkreis Kinderfilmarbeit gemacht werden kann, bewiesen einige Kinderfilmwochen, die im Jahr 1979 durchgeführt wurden, mit Unterstützung des Kinder- und Jugendfilmzentrums der Bundesrepublik Deutschland in der Akademie Remscheid.
Aus einem Bericht, der vom „Macher" selbst verfaßt wurde, wollen wir hier Ausschnitte veröffentlichen; er berichtet über die Kinderfilmwochen im Landkreis Lüneburg.

Kinderfilmwochen im Landkreis Lüneburg

Ziele der Kinderfilmwoche:

- Kinder sollten durch Film Möglichkeiten anderer Kinder-Erlebnisse kennenlernen.
- Neben dem Anschauen des Filmes war hier die *Nachbereitung des Filmes* im Anschluß an die Vorführungen für uns wichtig. Die Kinder waren nicht nur Konsumenten.
- Durch *Gespräche mit den Kindern* nach dem Film wurden Kinderfragen beantwortet, Zusatzinformationen gegeben, damit den Kindern der Film verständlich wurde. Ausgehend von der Handlung sprachen die Kinder auch von sich selbst.
- *Durch Malen und Zeichnen* konnten die Kinder nach dem Filmsehen aktiv werden und von ihren besonderen Eindrücken Bilder erstellen. Viele Kinder nutzten diese Gelegenheit und konnten anhand ihres Bildes zu Hause über den Film berichten.

Die „Kinderfilmwoche im Landkreis Lüneburg" wurde in Zusammenarbeit vom Landkreis Lüneburg, der Kreisbildstelle Lüneburg und dem Kreisjugendring Lüneburg durchgeführt. An der Durchführung waren Hans Lenz als Leiter der Kreisbildstelle und Frank Schmachel als Zivildienstleistender des Kreisjugendringes beteiligt. Sowohl die Durchführung als auch die Vorbereitung wurde von beiden geleistet. Damit waren wir personell unterbesetzt, was sich später bei der Nachbereitung zeigen sollte. Innerhalb von fünf Tagen führten wir in fünf verschiedenen Orten des Landkreises jeweils einen Film vor.
Die Gesamtbesucherzahl betrug ca. 585 Kinder im Alter von 4–14 Jahren, von denen ca. 100 an den Nachbereitungen teilnahmen (= ca. 17,5 %).
Die Kosten für die Werbung übernahm der Landkreis in vollem Umfang. Er unterstützte uns auch sonst recht großzügig.
Zur Vorführung ausgewählt hatten wir 2 Filme von Filmverleihfirmen: „Philipp, der Kleine" und „Fimpen, der Knirps".
Wir verteilten im gesamten Landkreis Lüneburg ca. 300 Plakate. An den fünf Grundschulen der Veranstaltungsorte wurden noch einmal je Schule 250 Handzettel verteilt. Unterstützt wurde die Werbung noch von Artikeln in der örtlichen Presse. Die Berichterstattung war vor, während und nach der Kinderfilmwoche gut.

Mit den Filmen unterwegs . . .

Amelinghausen
(Heideort mit ca. 5000 Einwohnern, 20 km von Lüneburg entfernt)

Die Vorführung des Filmes fand in der Grund- und Hauptschule statt. Von der Gemeinde hatten wir die Pausenhalle für diesen Nachmittag zur Verfügung gestellt bekommen. Sie war genügend groß, die Stromanschlüsse gut erreichbar, die Verdunklung war sehr wirkungsvoll.
Wir führten in Amelinghausen den Film „Philipp der Kleine" vor. Den 130 Besuchern schien der Film, der einige sehr gute Szenen enthält, zu gefallen. Genauso spannend war allerdings das Wechseln der Filmrolle und die Beobachtung der Projektion für die Kinder.
Außer dem Lachen bei den witzigen Stellen des Filmes blieb es während der Vorführung relativ ruhig. Obwohl wir vor dem Film die Nachbereitung angekündigt hatten, blieben dann nur ca. 25 Kinder (= ca. 20 %). Aufgrund unserer geringen personellen Besetzung hatten wir uns für Malen oder Gespräche entschlossen. Als Material standen den Kindern sowohl Wachsmalstifte als auch Wasserfarben zur Verfügung. Beides wurde ungefähr gleich stark in Anspruch genommen. Das Malen fand unserer Meinung nach in einer sehr entspannten, ruhigen und ermutigenden Atmosphäre statt. Wir beschränkten uns auf das Ansehen und Sprechen über die Bilder mit einzelnen Kindern, jedes erklärte uns bereitwillig, was sein Bild darstellte, wie ihm der Film gefallen hatte usw.
Obwohl wir es nicht zur Aufgabe gestellt hatten, standen alle Bilder in direk-

tem Zusammenhang mit Teilen des Filmes, wobei besonders die „Lastwagenszene“ und die „Apfelszene“ bevorzugt wurden.
Nach ca. einer 3/4 Stunde löste sich der Kreis langsam auf. Insgesamt dauerte die Veranstaltung ca. 2 Stunden.

Alte Garge
(Ortsteil der Stadt Bleckede, Zonenrandgebiet, ca. 1000 Einwohner, 27 km von Lüneburg entfernt)

Auch hier stellte uns die Gemeinde einen Raum in der Grundschule zur Verfügung. Es handelte sich hierbei um eine Doppelklasse, in der Naturwissenschaften unterrichtet wurden. Sie erwies sich als zu klein für die 110 Kinder, die sich schließlich in ihr drängten. Weitere Nachteile waren die nicht verrückbaren Tische und Glasschränke an den Wänden.
Unter den 110 Kindern befanden sich 20 Kinder aus der nahegelegenen Heimvolkshochschule Barendorf, Zweigstelle Schloß Bleckede, wo zu dieser Zeit ein Seminar von Müttern mit Kindern stattfand.
Während der Vorführung des Filmes „Philipp der Kleine“ herrschte eine aufgeheizte Atmosphäre vor. Durch die Beengtheit der Räumlichkeiten kam es zu Streitereien unter den Kindern.
Ansonsten kam der Film auch hier gut an.
Zur Nachbereitung blieben ungefähr 20 Kinder, wobei jedoch ein großer Teil vom Bleckeder Seminar stammte. Die Atmosphäre war bei der Nachbereitung wesentlich besser als beim Film. Hier wurden jedoch (sehr wahrscheinlich altersbedingt – die Kinder waren im Schnitt ca. 1–2 Jahre jünger als am Vortag) Wachsmalstifte bevorzugt eingesetzt.
Die Nachbereitung dauerte hier ca. 30 Minuten. –
In Alt Garge befaßten sich einige der gemalten Bilder nicht mit dem Film, ansonsten wurden dieselben Szenen wie in Amelinghausen bevorzugt.
Insgesamt dauerte die Veranstaltung etwas länger als 2 Stunden, da es auf Grund des Andranges zu Beginn erhebliche Verzögerungen durch die Bereitstellung weiterer Sitzmöglichkeiten gegeben hatte.

Neetze
(Ort zwischen Lüneburg und Bleckede, 2000 Einwohner, 15 km von Lüneburg entfernt)

Die Filmvorführung fand in einer Doppelklasse der Grundschule statt, die auch als Aula genutzt wurde. Wir konnten hier die Leinwand auf einer Bühne aufstellen, die Bestuhlung war variabel, die Verdunklung gut. Auch hier führten wir „Philipp der Kleine“ vor. Etwa 70 Kinder waren der Einladung gefolgt. Die Filmvorführung fand in sehr lockerer Atmosphäre statt, es kam zu keinerlei Schwierigkeiten.
Bei der Nachbereitung veränderten wir diesmal den Modus etwas und begannen mit einer Gesprächsrunde. Die Kinder, es waren 15 geblieben, äußerten ihre Meinung sehr freimütig und hatten auch manche Kleinigkeit des Filmes

erfaßt. Sie kamen ohne unsere Hinweise zu der Erkenntnis, daß die Körpergröße nichts über einen Menschen aussagt und daß Philipp dieses am Ende des Filmes begriffen hätte.
Hinterher wurde noch etwas gemalt; die Veranstaltung war nach 2 Stunden beendet.

Dahlenburg
(Ort an der Grenze zum Nachbarkreis Dannenberg, 4000 Einwohner, 25 km von Lüneburg entfernt)

In Dahlenburg trafen wir auf völlig andere Verhältnisse als zuvor. Die Gemeinde hatte uns kostenlos den Saal einer Gaststätte zur Verfügung gestellt. Dieser Saal faßte 300 Personen und ließ echtes Kinogefühl aufkommen. Als störend erwies sich der Verkauf von Getränken und Süßigkeiten vom Wirt aus.
Leider war uns diesmal ein Fehler unterlaufen. Wir führten in Dahlenburg den Film „Fimpen, der Knirps" vor. Er wurde im Breitwandformat gedreht, und wir hatten die dafür nötige Cinemascope-Linse nicht dabei. Die Kinder bemerkten jedoch dieses Mißgeschick kaum.
In Dahlenburg verfolgten ungefähr 165–170 Kinder die Vorführung. Aufgrund der großen Anzahl der Kinder und des zweimaligen Rollenwechsels bei diesem Film entstand während der Vorführung Unruhe. Diese wurde durch den Süßigkeitenverkauf noch begünstigt, der auch den Charakter der Gratisvorstellung etwas störte. Durch den Verkaufsstand waren die Eltern doch wieder gezwungen, ihren Kindern Geld mitzugeben.
Zur Nachbereitung blieb nur die verhältnismäßig geringe Zahl von 20 Kindern (= 12 %). Beeinträchtigt wurde die Nachbereitung durch die schlechten Lichtverhältnisse, so verloren einige Kinder schnell die Lust am Malen. Ansonsten war die Nachbereitung auch hier recht gut. Die Veranstaltung war nach ca. 2 1/2 Stunden beendet.

Adendorf
(Ort am Rande Lüneburgs, ca. 5000 Einwohner, 4 km von Lüneburg entfernt)

Die Veranstaltung fand in Adendorf in einem evangelischen Gemeindezentrum statt. Die Bestuhlung war recht gut, die Verdunklung leider nur von einer Seite möglich, so daß wir schließlich mit einer Trennwand den Raum teilten, um eine entsprechende Verdunklung zu gewährleisten. Wir führten wieder „Fimpen, der Knirps" vor, diesmal mit der richtigen Linse.
In Adendorf hatten sich ca. 110 Kinder zur Vorführung eingefunden. Im Gegensatz zu den anderen Orten ist in Adendorf die Filmvorführung an sich nichts besonderes, da dort 14-tägig ein Filmnachmittag oder -abend von der Gemeinde der Kirche gestaltet wird.
Aufgrund der Teilung des Raumes und der daraus resultierenden Enge war die Vorführung wieder sehr unruhig. Zur Nachbereitung blieben 20 Kinder. Auch hier bildeten wir zuerst eine Gesprächsrunde. Die Kinder zeigten eine

schnelle Auffassungsgabe und viel Verständnis für den Hauptdarsteller. Nach 15-minütigem Gespräch malten sie noch eine längere Zeit. Hierbei kam es zu Störungen durch einzelne „Raufbolde", die im allgemeinen der Nachbereitung keinen Abbruch taten. Die Atmosphäre war wieder sehr entspannt. Auffallend war in Adendorf der hohe Anteil ausländischer Kinder (Türkei, Indien, Großbritannien), der etwa 15 % betrug. Nach ca. 2 1/2 Stunden beendeten wir diese letzte Veranstaltung.

Wir haben festgestellt, daß der Verlauf der Filmvorführung ganz entscheidend von den Räumlichkeiten bestimmt wird. Nur ein genügend großer Raum mit guten Verdunklungsmöglichkeiten garantiert eine verhältnismäßig effektive Filmvorführung.

Die Filmauswahl ergab viel „Licht und Schatten". „Philipp, der Kleine" erfaßte die Kinder mehr in ihrer alltäglichen Erlebniswelt, und die Handlung war ihnen verständlicher, da sie nicht nur die Verhältnisse lächerlich macht (wie bei „Fimpen der Knirps"), sondern ein mehr phantastischer Film ist. Auch die Länge des Filmes ist mit 62 Minuten sehr kindgerecht. Der Film läßt den Kindern die Möglichkeit, sowohl konzentriert den Film und seine Handlung zu verfolgen, als auch hin und wieder abzuschalten, ohne Entscheidendes zu verpassen. Die Gags dieses Filmes sind für jede Altersstufe geeignet.

„Fimpen, der Knirps" war für Kinder nicht so gut geeignet. Seine Thematik wendet sich an ein eher intellektuelles, sprich erwachsenes Publikum. Das viele Fußballspielen wurde den Kindern, die zu Beginn noch bei jedem Tor Fimpens mitjubelten, schnell langweilig. Mit einer Spieldauer von über 90 Minuten ist der Film viel zu lang, er ermüdet die Kinder und überfordert sie; dadurch werden sie schnell unruhig. Diese Unruhe wird durch den zweimaligen Rollenwechsel noch begünstigt. Ein weiterer Nachteil ist das Cinemascope-Format des Filmes.

Es macht die Vorführung nicht überall möglich und kann (wie bei uns geschehen) schnell zu Pannen führen.

Nur Malen und Sprechen reicht zu einer vernünftigen Filmnachbereitung wohl nicht aus. Das Malen hat zwar Vorteile (individuelle Beschäftigung, Verarbeitung des Gesehenen, sparsam im Material), die Möglichkeiten sind aber sehr begrenzt.

An sich müßte jedoch weitere pädagogische Betreuung zur Verfügung stehen, da andere Nachbereitungsmöglichkeiten (Theater, Rollenspiel usw.) zu zweit nicht leistbar sind.

Wir halten aber die Filmwoche '79, die anläßlich des „Jahr des Kindes" stattfand, für einen Erfolg. Beim nächsten Mal besser!

Aus: Kinderfilmwochen 1979. Ein Tagungsbericht über das Arbeitstreffen zur Auswertung der Kinderfilmwochen.
Zu beziehen beim
Kinder- und Jugend-Filmzentrum in der Bundesrepublik Deutschland
563 Remscheid
Küppelstein 34

Was passiert, wenn Ostfriesen Theater machen?

Jugendtheaterarbeit im Krummhoern

Theater auf dem Land – wer denkt da nicht gleich an „Krach um Jolanthe“, an Ohnsorg- und Komödienstadlabklatsch! Bestenfalls noch ein Krippenspiel fürs Feuerwehrweihnachtsfest, anschließend gemütliches Beisammensein mit Tanz . . .
Einmal abgesehen davon, daß das keine typischen Landerscheinungen sind: Auch auf dem Land ist anderes Theater möglich.
In der nordwestlichsten Ecke der BRD, im „Krummhoern“ genannten Teil Ostfrieslands, entstand aus der Zusammenarbeit zwischen der Volkshochschule und einer kirchlichen Spielberatungsstelle in Pewsum eine Theatergruppe von jungen Leuten zwischen 14 und 40, die bewußt anderes Theater machen wollten. Schüler und Schülerinnen, Lehrlinge, Angestellte, ein Lehrer, einige Studenten und eine Hausfrau stellten den Kern der Gruppe, die in ihrer Größe allerdings häufig schwankte und gelegentlich auf eine Handvoll schrumpfte. „Personalsorgen“ waren ein ständiges Gesprächsthema in der Gruppe, die von einem Pfarrer geleitet wurde. Allen war klar, daß dieses Problem leicht gelöst werden könnte, würde man auf herkömmliches Theater übergehen. Aber eben das wollten wir nicht, waren wir doch überzeugt, durch Theater einen, wenn auch bescheidenen, Beitrag zu Bewußtseinsbildung und -änderung leisten zu können.
Der Weg zu dieser Meinung war schnell zurückgelegt: Mehr „zum Üben“ hatte die Gruppe mit einer Kriminalkomödie angefangen. Es folgte „Mannomann‘ vom Grips Theater. Durch Teilnahme an Veranstaltungen der „Arbeitsgemeinschaft Spiel in der ev. Jugend“ kamen Kontakte zur „Roten Grütze“ und zur „Birne“ zustande und damit bleibende und prägende Eindrücke, Bestätigung schon angesponnener Gedanken an eigene Stücke. Ein erster erfolgreicher Versuch mit einer Weihnachtssatire für die Eröffnung einer Kunstausstellung. Dann das große Wagnis: Ein Stück für Kinder! Aber was und wie und worüber? Wochenlange Diskussionen, quälend lange

Überlegungen; eine Idee nach der anderen wurde begraben. Frust auf der ganzen Linie: Das schaffen wir nie! Als Ersatzhandlung wird eine große Leinwand mit einer Kleinstadtidylle bemalt. „Ich mal jetzt einen Kirmesplatz", sagt jemand. Bei einem anderen zündet dieser Satz ein Feuerwerk an Ideen. Jetzt wird gearbeitet: In kürzester Zeit steht der Text. Dann die Requisiten, das Bühnenbild. Der Hausmeister der Schule, in der die Gruppe probt, stellt seine private Tischlerwerkstatt zur Verfügung. Material? Man geht betteln, sortiert Sperrmüll aus; was gekauft werden muß, dafür wird umgelegt. Nach drei Monaten wilder Arbeit (wobei nur eine Fingerkuppe der Kreissäge zum Opfer fiel), startet im Innenhof der Schule die Uraufführung von

Kirmes

Ein Theaterstück für Kinder zum Mitspielen

Wir hatten für unsere Aufführung einen Kirmesplatz aufgebaut: Los- und Wurfbuden, Würfelstand, dazu Karussell, Wippe und so weiter. An einer Seite hatten wir – 6 m mal 2,50 m – eine Kleinstadtidylle als Kulisse aufgestellt, vor der das Podest (Büro des Bürgermeisters) stand. Die Musik hatten wir auf Jahrmärkten aufgenommen und konnten dadurch „echten" Kirmessound bringen, was sich auf die Stimmung des Publikums auswirkte.

Die „Spielphasen", in denen der Kirmesbetrieb lief, haben wir auf etwa 15 Minuten beschränkt, mit Ausnahme der „Fünfzig-Pfennig-Phase", die war etwa nur halb so lang.

Kinder im Orientierungsstufenalter (5./6. Schuljahr) waren bei den bisherigen Aufführungen das „beste" Publikum. Aber auch Vorschulkinder hatten am Jahrmarktstrubel ihren Spaß, und da diese meistens mit ihren Eltern erschienen, kam auch die „Moral" des Stückes an. Im Text fehlen die Angaben über Auf- und Abgänge, doch ergeben diese sich aus dem Zusammenhang.

Die Personen:

Der Bürgermeister – Herr Dideldum, Kirmesplatzbesitzer – Herr Profitje, ein reicher Unternehmer – Leni, Rosi, Anton und Rudi, Karussell- und Budenarbeiter – vier Kinder – ein Vater

1

DER BÜRGERMEISTER

Ich bin der Bürgermeister dieser kleinen Stadt. Ihr seht sie hier: mit vielen bunten Häusern, mit Bäumen für die Hunde und mit einem Fluß, in dem man noch baden und Fische fangen kann. In unserer Stadt gibt es sehr viele Kinder. Ihr seid die Kinder unserer Stadt. Für euch haben wir etwas ganz besonderes: einen Kirmesplatz. Der ist das ganze Jahr geöffnet. Für euch, Kinder unserer Stadt.

Und hier ist Herr Dideldum. Ihm gehört der Platz. Er hat ein Herz für Kinder, darum ist er auch nie reich geworden. Denn er nimmt nur so viel, daß er leben und seine Leute bezahlen kann. – So, Herr Dideldum, jetzt sind Sie dran!

DIDELDUM

Na, dann kann's ja losgehen! Mu-

sik! – Hereinspaziert, hereinspaziert!
Bewegt euch nur ganz ungeniert in Karussells und Buden. 'nen Groschen nur, 'nen Groschen nur, 'nen klitzekleinen Groschen nur für Karussells und Buden! Bälle werfen, Lose kaufen, einmal fahren, einmal laufen, mit der Wippe auf und nieder, und dann zu den Losen wieder. Jubel, Trubel, Heiterkeit! Kinder, heut ist Kirmeszeit!

2

DER BÜRGERMEISTER
Nun, mein lieber Dideldum, wie läuft's Geschäft? Zufrieden?

DIDELDUM
Ja, danke. Die Kinder haben ihren Spaß und ich komme auf meine Kosten. Kann mir sogar noch etwas zurücklegen für meine alten Tage. Und wie läuft's bei Ihnen, Herr Bürgermeister?

DER BÜRGERMEISTER
Tja, mein Lieber, die Politik ist ein saures Geschäft. Da muß man oft Dinge tun, die einem gar nicht gefallen.

DIDELDUM
So?

DER BÜRGERMEISTER
Ja. Wir haben ja nun Ihren Platz hier gepflastert.

DIDELDUM
War ja auch nötig.

DER BÜRGERMEISTER
Sicher. Darum haben wir das ja auch gemacht. Aber, mein Lieber, der Rat hat beschlossen, daß die Platzgebühr erhöht wird von 320,– auf 400,– Mark im Monat.

DIDELDUM
400 Piepen im Monat? Das ist aber 'ne ganze Menge! Wo soll ich denn das hernehmen?

DER BÜRGERMEISTER
Erhöhen Sie doch einfach die Preise.

DIDELDUM
Bei dem bißchen Taschengeld, das die Kinder kriegen? Kann ich doch nicht machen, Herr Bürgermeister.

DER BÜRGERMEISTER
Dann nehmen Sie doch von Ihren Rücklagen. Sie haben ja gespart für die alten Tage. Die Stadt muß ihr Geld haben, oder der Platz wird geschlossen.

3

DIDELDUM
Is was? Ihr tut so komisch.

RUDI
Nee, Chef, is nix. Nur –

DIDELDUM
Nur?

RUDI
Meine Frau kommt mit 'm Geld nich hin. Wo doch alles so teuer is jetzt. Und da hat sie gesagt –

ANTON
Meine Frau klagt auch immer. Bißchen einkaufen, hundert Märker weg.

DIDELDUM
Daß deine Frau wirtschaften kann, das weiß ich.

ANTON
Is ja auch deine Tochter, Chef.

DIDELDUM
Eben. Also, ihr wollt mehr Geld?

RUDI
Ja – das heißt – wir nich. Aber unsere Frauen. Alle, die bei uns arbeiten, brauchen mehr Geld.

DIDELDUM
Ich kann aber nicht. Die Gemeinde hat die Platzgebühren schon wieder erhöht. Strom, Wasser, Müll – alles ist teurer geworden. Und die Löhne für die Reparaturen sind gestiegen. Wenn ich nur jedem von euch 10,– Mark mehr gäbe, wäre ich zum Jahresende pleite. – Und dann?

4

Alle Arbeiter diskutieren in einer Betriebsversammlung ihre Lage: seit vier Wochen keinen Lohn mehr erhalten, Ersparnisse verbraucht, Fernsehgebühren nicht bezahlen können und so weiter. Dideldum kommt herein

DIDELDUM
Ich komme gerade von der Bank. Wir haben inzwischen mehr Schulden, als der ganze Platz wert ist.

LENI
Heißt das, daß wir pleite sind?

RUDI
In 'ner Fabrik krieg ich doppelt so viel wie hier. Meine Frau hat gesagt, wenn ich hier nicht mehr krieg, muß ich wieder in die Scheißfabrik von Profitje.

DIDELDUM
Ich kann dich nicht halten. Schade. Aber wenn ihr mehr Geld braucht – hier sind die Papiere. Alles Gute!

RUDI
Tut mir auch leid, Chef, nach so vielen Jahren. Die Kinder werden mir fehlen. Also, wenn ich noch Junggeselle wäre – also, dann würde ich bleiben. Ehrlich.

DIDELDUM
Schon gut. Und du?

ANTON
Ich bleibe noch. Aber spätestens, wenn die Kinder zur Schule müssen, brauchen wir auch mehr Geld. – Warum nimmst du denn nicht mehr, vielleicht 15 Pfennige? Oder willst du zuschießen?

DIDELDUM
Ich will den Kindern eine Freude machen, aber ihnen nicht das Geld aus der Tasche ziehen. Wenn dir diese Einstellung fehlt –

ANTON
Okay, schon kapiert. Dann gib mir auch gleich meine Papiere. Leni kann die Bude ja erst noch übernehmen.

DIDELDUM
Ja. In den letzten Wochen ist wieder alles teurer geworden: 500,– Mark Platzmiete jetzt. Dazu noch mehr Strom-, Wasser- und Müllgeld.

LENI
Brot, Butter, Milch, Kleidung, Schuhe – alles ist teurer geworden. Für uns auch. Und vier Wochen ohne Lohn! Warum hast du uns das nicht eher gesagt, Vater? Können wir denn nichts mehr machen? Laß uns doch zwei Groschen nehmen, dann kommen wir vielleicht noch heraus der Patsche. Oder – wenn du das nicht willst – nimm doch einen Kredit auf!

DIDELDUM
Kredit krieg ich nicht mehr. Und mit einer Preiserhöhung kommen wir jetzt auch nicht mehr raus.

Das hätten wir vor einem halben Jahr machen müssen. Jetzt ist alles zu spät, jetzt gibt's nur noch eins: Abschließen, einpacken, abtreten.

LENI
Und was wird mit den Kindern hier? Sollen die auf den Straßen spielen und unter die Autos kommen?

ROSI
Ach, die Kinder – die finden schon noch was. Aber was wird aus uns? Seit wir arbeiten können, sind wir hier auf dem Platz. Was anderes haben wir nicht gelernt. Uns können die nirgends gebrauchen.

LENI
Putzen gehen, das ist das einzige, was wir noch können.

DIDELDUM
Laßt uns das noch mal in Ruhe überlegen. Machen wir doch erst mal 'ne Denkpause. – Leni, koch mal 'n Kaffee, aber 'n guten. Ich muß den Kindern was sagen. Werde sie erst mal vertrösten auf später.

DIDELDUM
Ihr Kinder alle, hört mal zu! Der Rummelplatz braucht erst mal Ruh. Das Karussell wird neu geschmiert und was kaputt ist, repariert. Auch gibt es ein paar Schwierigkeiten, die andre Leute uns bereiten. Wir brauchen jetzt ein wenig Zeit, dann geht sie fort, die Kirmesfreud.

DER BÜRGERMEISTER
Na, mein Lieber, wie geht's? Sehn ja 'n bißchen traurig aus!

LENI
Das haben Sie uns eingebrockt. Alles haben Sie teurer gemacht, und jetzt –

DER BÜRGERMEISTER
Glauben Sie nur nicht, daß ich das gern getan habe. Die Politik ist wirklich ein schweres Geschäft. Und undankbar! Aber es ist noch nicht aller Tage Abend, meine Liebe. Hier ist Herr Profitje, der will Ihnen ein Angebot machen.

DIDELDUM
Da bin ich aber gespannt. Geht sicher um den Platz?

PROFITJE
Klar. Worum denn auch sonst? – Ich hab mir den Laden mal angesehen. Viel ist er ja nicht wert. Aber ich muß Geld anlegen. Die hohen Steuern, wissen Sie. Also, Herr – ä – Dingsbums –

DIDELDUM
Dideldum.

PROFITJE
Also, Herr Nudeldrum, ich hab mir gedacht, ich kaufe Ihnen den ganzen Kram für sagen wir 25 000 Mark ab. Da können Sie Ihre Schulden bezahlen und behalten noch mehr übrig, als Sie jemals hatten.

LENI
Woher wissen Sie das denn?

PROFITJE
Ich bin schließlich im Aufsichtsrat der Bank, da hat man so seine Informationen.

DER BÜRGERMEISTER
Tja, mein Lieber, Sie haben wohl keine andere Möglichkeit, als zu verkaufen. Oder Sie müssen Konkurs anmelden.

DIDELDUM
Was meinst du denn, Leni?

LENI
Ich sehe eigentlich keinen anderen Ausweg, als zu verkaufen, so schwer es auch fällt.

DIDELDUM
So geht's mir auch. Schon mein Vater hat diesen Platz von seinem Vater übernommen.

PROFITJE
Keine Sentimentalitäten, Herr Dingsbums. Damit ist kein Geschäft zu machen. – Also, ich biete Ihnen 25 000 Mark. Nehmen Sie an?

DIDELDUM
Muß ja wohl.

PROFITJE
Okay. Dann kann's ja wieder losgehen.

DER BÜRGERMEISTER
Wollen Sie gleich wieder anfangen? Haben Sie denn Leute?

PROFITJE
Alle sollen wieder an ihren Platz gehen. Sie bekommen auch mehr Lohn. Und Sie, Herr Dingsbums –

DIDELDUM
Dideldum!

PROFITJE
Ach ja. Also, Sie übernehmen die Oberaufsicht. Sie kennen den Laden ja am besten. Sagen Sie Ihren Leuten Bescheid, und los geht's! Aber 'n bißchen flott, die Kinder warten schon!

DER BÜRGERMEISTER
Und wie wollen Sie kostendeckend arbeiten, Herr Profitje?

PROFITJE
Kostendeckend? Ich muß doch auch noch leben. Profit, Gewinn muß ich haben!

DER BÜRGERMEISTER
Und wieviel wollen Sie jetzt nehmen?

PROFITJE
Unter Berücksichtigung aller Kostenfaktoren sowie der Preisentwicklung sehen wir uns leider gezwungen, einen Einheitspreis von nur 50 Pfennigen zu nehmen. – So, und jetzt aber ran, Herr Dingsbums, setzen Sie den Kram in Betrieb!

DIDELDUM
Jawohl, Herr Prifatzke, mach ich!

(. . .)
Den Kindern wird der Platz zu teuer. Sie beschweren sich beim Bürgermeister, doch zunächst ohne Erfolg. Bis eines von ihnen auf die Idee kommt, daß sich alle zusammentun und auch mit den Eltern gemeinsam protestieren müssen. Und so nimmt die Handlung zu guter Letzt noch folgende Wende:

DRITTES KIND
Dann müßte die Gemeinde doch zuschießen.

ERSTES KIND
Und Dideldum könnte Platzmeister werden.

DER BÜRGERMEISTER
Dummes Zeug. Herr Profitje hat den Platz gekauft, und der muß schließlich auch dran verdienen. Und außerdem hat er für den Wahlkampf gespendet.

DRITTES KIND
Herr Bürgermeister, Sie wollen doch wieder gewählt werden, nicht wahr? Ich hab schon mit meiner Mutter gesprochen, und die mit anderen

Eltern: Wenn der Platz nicht billiger wird, werden Sie nicht wieder gewählt. Was sagen Sie dazu?

EIN VATER
Richtig! Wir Eltern sind empört, wie hier die Kinder ausgenommen werden. Und Sie sind dafür verantwortlich. Das hat Konsequenzen!

7
VIERTES KIND zum Bürgermeister
Vati, gibste mir fünf Mark?

DER BÜRGERMEISTER
Was denn, schon wieder? Hast doch gestern erst fünf Mark gekriegt.

VIERTES KIND
Die sind weg: einmal über'n Platz. Und heute möchte ich wieder auf den Platz!

DER BÜRGERMEISTER
Und da brauchst du fünf Mark? Sonst kamst du doch mit einer Mark aus!

VIERTES KIND
Da kostete das ja auch nur einen Groschen, und jetzt fünf.

DER BÜRGERMEISTER
Tja, wenn ich mir das so überlege: Eigentlich haben die Kinder recht. Wir werden den Platz von Profitje zurückkaufen. Was er zuviel kassiert hat, wird abgezogen. Dideldum und seine Leute werden von der Gemeinde angestellt. Und alles kostet ab sofort wieder einen Groschen. Den Rest trägt die Gemeinde. Auf geht's! Musik und hinein ins Vergnügen!

Das Stück endet mit einer Spielphase, in der alles wieder einen Groschen kostet.

Die Tageszeitung berichtet zwar mit Foto, aber sehr zurückhaltend, findet das Stück tendenziös (na klar doch!). Doch es kommen Anfragen von Kirchengemeinden, Jugendzentren u.ä., weitere Aufführungen folgen, wenn auch mit wechselnden Besetzungen: Einer kriegt endlich einen Studienplatz, die Hausfrau Ärger mit ihrem Mann, der (noch nicht beamtete) Lehrer sorgt sich um seine Verbeamtung, ein Kriegsdienstverweigerer beginnt seinen Friedensdienst, eine Angestellte heiratet und zieht weg . . .
Doch es tauchen auch immer wieder mal neue Interessenten auf, die es allerdings oft nicht leicht haben, in die Gruppe hineinzukommen: Die gemeinsame „Geburt dieses ersten Kindes“ ist für die daran Beteiligten eine nicht vermittelbare, nicht übertragbare Gemeinsamkeit. Man duzt sich untereinander, geht sehr vertraut miteinander um, ein einziges Stichwort kann schallendes Gelächter auslösen: Alles Dinge, die einem „Neuen“ den Einstieg in eine Gruppe nicht gerade erleichtern (was aber ein Gruppen- und kein Theaterproblem ist). Die Gruppe bleibt auf diesem eingeschlagenen Weg, gerät – vornehmlich in Denk- und Diskussionsphasen – nicht selten in die Größenordnung einer Skatrunde, bringt dann aber ein Stück gegen die Verindustrialisierung gewachsener ländlicher Strukturen mit etwa 20 Mitspielern auf die Bretter, setzt Karl Marx' Geschichtsphilosophie in Szenen um (ohne Aufführung), schreibt ein Stück zum „Jahr des Kindes“, produziert mit Tageslichtprojektor und Tonband ein „Folientheater“ gegen den Bau

des Dollarthafens und kriegt prompt vom Herrn Präsidenten der Industrie- und Handelskammer einen (ihm zuvor von Fischern überreichten) krebstoten Fisch vor die Füße geworfen . . .!

Freilich: Solches Theater garantiert kein volles Haus; Jugendliche, besonders wenn sie aus kleinen umliegenden Dörfern kommen, brauchen Freunden und manchmal auch Eltern gegenüber schon einiges an Rückgrat, um „bei sowas“ mitzumachen; die Einsicht, daß Bewußtseinsbildung und -veränderung kaum bei den Zuschauern zu erreichen ist, mag nicht jeder leicht zugeben (die intensive Auseinandersetzung mit einem Problembereich setzt aber bei den Darstellern einen Lernprozeß in Gang); und zu offiziellen regionalen kulturellen Veranstaltungen einfach nicht eingeladen zu werden, tut doch manchmal weh.

Theater auf dem Land – wer denkt da noch an Ohnesorg- und Komödienstadlabklatsch? THWERPE (THeaterWERkstatt PEwsum) hat gezeigt, daß auch auf dem Land mit jungen Menschen anderes Theater als „Krach um Jolanthe“ möglich ist und man Kindern anderes Theater als „Kasperle und das Krokodil“ bieten kann. Und das in Ostfriesland!

Paul Kluge
(ehemals Theaterwerkstatt Pewsum)

„Nix los in Strinz!“ Jugendtheater in der Provinz

Die Jugendlichen, die auf dem Land leben, waren bisher in den Jugendstükken, die im subventionierten Jugendtheater an Stadt- und Landestheatern gespielt wurden, noch kein Thema. Die bekannten Jugendstücke von freien Gruppen wie der Roten Grütze („Was heißt hier Liebe“, „Mensch, ich lieb' dich doch!“) und des Grips Theaters Berlin („Das hälste ja im Kopf nicht aus“ und „Die schönste Zeit im Leben“) beschäftigten sich mit der Sexualität, der Drogenproblematik, der Ausbildungssituation, mit Schule und Freizeit der Jugendlichen in den Ballungszentren. Ein Stück über Jugendliche in der Provinz existierte bisher nicht.
Ich möchte über den erstmaligen Versuch eines Landestheaters, des Landestheaters Tübingen, also eines subventionierten Theaters berichten, die Situation der Jugendlichen in der Provinz in einem Jugendstück zu behandeln.

Entstehungsgeschichte des Stückes

Das Spielgebiet des Landestheaters Tübingen umfaßt weitgehend die ländlichen Regionen Baden-Württembergs und der angrenzenden Bundesländer. Nachdem in den letzten Spielzeiten vor allem die Jugendstücke des Grips Theaters Berlin nachgespielt wurden, empfanden wir es als Defizit unseres Jugendtheaters, daß wir noch kein Jugendstück auf dem Spielplan aufweisen konnten, welches die besonderen Probleme der Jugendlichen in unserem Spielgebiet aufgriff. Der nächste Schritt war die Ausschreibung eines Auftragsstücks zum Thema „Jugend in der Provinz“ für die Spielzeit 80/81. Wir fragten bei mehreren Jugendstück-Autoren (soweit es „den Jugendstück-Autor“ gibt) an, ob sie Interesse hätten, ein Jugendstück über die Landjugend zu schreiben. In Verbindung mit einem Regisseur, der sich besonders dieses Themas annehmen wollte, kamen wir in Kontakt mit Karl-Heinz Scherfling, ehemaliges Mitglied der Rockgruppe „Lokomotive Kreuzberg“, u.a. Autor der Rockrevue „Count down“ und des Stücks „Asphaltkinder“, der auf unser Projekt anbiß.

Vor Beginn der Proben, Anfanf Oktober 1980, wurde das von Karl-Heinz Scherfling vorgelegte Manuskript nochmals, in Zusammenarbeit mit dem Regisseur (Stefan Viering) und der Dramaturgie des Landestheaters Tübingen, überarbeitet. Daraus ist folgende Story geworden:

„Nix los in Strinz"

ein Stück über die Jugend in der Provinz

Die Geschichte des Stückes ist schnell erzählt:
Corry, arbeitslos (18 Jahre), Rita, Gymnasiastin (18 Jahre), Jürgen, genannt Schelle, Bäckerlehrling (17 Jahre) und Sternchen, Schülerin (16 Jahre) leben in einem Dorf auf dem Land. Die Wochentage verlaufen öde. Man trifft sich an der alten Brücke oder vor dem „Schwan", der einzigen Wirtschaft im Ort. Außer Disco und ab und zu einmal Kino am Wochenende, verläuft das Landleben langweilig; die Freizeit- und Kulturangebote sind gering. Die älteren

Dorfbewohner gehen einem regen Vereinsleben nach. Der Schützenverein, der Fußballclub und die freiwillige Feuerwehr sind die Zentren des Gemeinschaftslebens. Die Jugendlichen sehen in ihnen keine Alternative. Das können die älteren Dorfbewohner nicht verstehen. Die rowdyhaften Versuche der Jugendlichen, aus dieser Dorfwelt auszubrechen, kollidieren ständig mit den traditionellen Verhaltensvorstellungen der Dorfbevölkerung.
Anlaß des Unmuts ist vor allem Corry, der keine Arbeit findet. Er ist als Asozialer, der die Dorfjugend verführt, verschrien. Die Dorfgemeinschaft ist nicht bereit, diesen Außenseiter zu dulden, da er ihnen nicht „ins Bild paßt". Corrys Bemühungen, in die freiwillige Feuerwehr aufgenommen zu werden, bleiben ergebnislos. Die Freundschaft zu Rita, der Tochter des Lehrers Sternberger, erregt die Gemüter am Stammtisch in der Wirtschaft „Zum Schwan". Leppa, der Wirt des „Schwans" (Vater von Schelle), gewährt seinem Sohn kaum Freiraum. Nach dem Arbeitstag als Bäckerlehrling muß Schelle noch bis in die Nacht hinterm Tresen stehen. Den „Umgang" mit Corry versucht der Vater durch körperliche Züchtigung zu unterbinden. Die beiden Freunde, Corry und Schelle, halten jedoch zusammen. Nachdem Sternchen auf dem Dorffest vergewaltigt wurde, spitzt sich die Situation zu. Corry und Schelle sind zuletzt mit Sternchen vor der Wirtschaft gesehen worden; ohne Zögern bricht das Dorf den Stab über beide Jugendliche. „Unerbittliche Strafe" wird für die Täter gefordert. Der „Unmoral" der modernen Jugend soll nun endlich Einhalt geboten werden. Zum Entsetzen der Dorfbevölkerung sagt jedoch Sternchen aus: ein bekannter junger Mann aus dem Ort sei für die Tat verantwortlich. Der belastete Mike, ein junger angesehener Kaufmann, der es bereits zu etwas gebracht hat, versucht sein Gesicht zu wahren. Er fürchtet um seine Existenz und die Zukunft seiner Familie, so bittet er seine Freunde, Corry und Schelle, vor Gericht für ihn auszusagen. Mike versucht sogar, Corry mit dem Versprechen, er werde in die Feuerwehr aufgenommen, zu bestechen. Corry ist geneigt, auf das Angebot von Mike einzugehen, aber Schelle, der von zu Hause abgehauen ist, weigert sich, für „das Schwein Mike" auszusagen. Schelle kann die Tat von Mike nicht verwinden, da er Sternchen sehr gerne mochte.

In der folgenden Gerichtsverhandlung sagen die Jugendlichen nicht aus. Aufgrund des Eingreifens von Mikes Frau Rosi, Sternchen habe Mike „scharfgemacht", sie habe dies des öfteren beobachten können, wird Mike freigesprochen. Mike und Rosi fahren erst einmal eine Weile in Urlaub. Als die beiden aus dem Süden zurückkehren, wird Mike im Wirtshaus „Zum Schwan" wieder offiziell in die Dorfgemeinschaft aufgenommen, so, als ob nichts passiert wäre. Die dörfliche Vetternwirtschaft deckt sich gegenseitig, schließlich kann das doch jedem Mann mal widerfahren, daß er über die Stränge schlägt. Rosis Verhältnis zu Mike ist nach dieser Geschichte zerrüttet; sie will, das Corry ihren Ehemann zusammenschlägt.
Corry weigert sich, er hat von diesem Dorf „die Schnauze voll". Er und Schelle hauen im Wirtshaus „Zum Schwan" noch einmal auf die Theke, um dann endgültig dem Dorf den Rücken zu kehren.

Probenarbeit im Kontakt mit den Jugendlichen

Obwohl wir den Stoff des Stückes weitgehend recherchiert hatten, so kamen wir doch nicht ohne die Jugendlichen vom Land aus. Sie waren uns bei der Probenarbeit eine wichtige Hilfe, Aspekte in die Inszenierung einfließen zu lassen, die uns nicht aufgefallen oder gar nicht bekannt waren.
Wir fuhren mit den Schauspielern raus aus dem Theater auf's Land und besuchten Jugendliche im Dorf, vor Ort, um ihre Lebenssituation besser kennenzulernen. Die Anregungen und Eindrücke dieser Recherchen brachten wir in unsere Probenarbeit mit ein. Einzelne Szenen spielten wir den Jugendlichen vom Land vor, um ihre Meinung und Kritik berücksichtigen zu können und festzustellen, ob wir auf dem richtigen Weg waren.
Insgesamt sind jedoch sechs Wochen Probenzeit für eine intensive Beteiligung der Jugendlichen zu wenig Zeit. Ein Nachteil des Stücks war es, daß es z.B. nicht bereits in der Schreibphase mit Jugendlichen in Baden-Württemberg erarbeitet wurde, d.h. die Jugendlichen in den Entstehungsprozeß eines Manuskripts integriert waren.
So lag uns dann ein Stück vor, welches die Probleme in der Provinz behandelte, die allgemein für die Provinz kennzeichnend sind: Mangel an Freizeit- und jugendspezifischen Kulturangeboten, ungenügende Verkehrsverbindungen, schlechte Ausbildungsmöglichkeiten (Lehrstellen), das Phänomen der Ungleichzeitigkeit, Konfrontation traditioneller Lebens-, Wert- und Verhaltensvorstellungen mit Kultur und Bedürfnissen der Jugendlichen. Wir gingen davon aus, daß der Begriff ‚Provinz' sich nicht ausschließlich auf die geographische Dimension eines Landesstriches begrenzen kann. Die ‚Provinz' ist keine autonome Insel, die unabhängig von den polit-ökonomischen Entwicklungen und Auseinandersetzungen in den industriellen Zentren existiert. ‚Provinz' ist weder nur Sinnbild verträumter Idylle, unberührter Natur, intakter Sozialstrukturen und eines Lebens im Einklang mit der Natur, noch *nur* eine Region außerhalb der Metropole. Der Begriff ‚Provinz' ist, gerade angesichts der sich vollziehenden politischen Aktivitäten der Jugendzentrumsinitiativen, Anti-AKW-Bewegung etc. im Wandel, er ist vielschichtig, mehrere historische Entwicklungslinien umfassend. Die Realität der ‚Provinz' ist widersprüchlich. Ausgehend von dieser Definition, haben wir in der Inszenierung des Stücks von Karl-Heinz Scherfling versucht, die positiven und negativen Formen der Lebensumstände der Jugend auf dem Land zu zeigen; d.h. vor allem den hohen Bekanntheitsgrad der Jugendlichen untereinander, aber auch die Gefahr der Umarmung und Kontrolle, die aus solcher Geborgenheit erwachsen kann.
Die Beteiligung der Jugendlichen am Jugendtheater darf nicht nur Alibi bleiben. Dies betrifft nicht nur die Phase der Konzeption, Probenarbeit, sondern auch die Kritik der Aufführung. Diese Kritik fiel nicht immer positiv für uns aus. Die Jugendlichen bemängelten das Hochdeutsch der Akteure („. . . gibt's auf der ganzen Welt in keinem Dorf!") , Überzogenheit verschiedener Episoden und Personen, forderten verstärkte ‚Gastspiele' des Jugend-

theaters in den Dörfern.
Bei zukünftigen Stücken unseres Jugendtheaters, wie bei unserem „Auftritt von Rechts" von Gerhard Eikenbusch für die Spielzeit 81/82, versuchen wir, die Jugendlichen in den Jugendzentrums-Initiativgruppen und Jugendorganisation (Naturfreundejugend, Gewerkschaftsjugend) bereits mit Beginn der Vorbereitung zur Inszenierung miteinzubeziehen.

Manfred Weber
Dramaturgie des Landestheaters Württemberg
Eberhardstr. 6, 7400 Tübingen

Mobile Spielbetreuung auf dem Land

Ein fliegender Koffer reist über Land

Daß es in der Märchenwelt einen fliegenden Koffer gibt, das weiß fast jeder. Daß es inzwischen so einen ähnlichen Koffer, der zwar nicht fliegen kann, der sich aber dafür auf Rädern fortbewegt, in Wirklichkeit gibt, das wissen bisher wohl nur die Leute aus dem Landkreis Northeim. Dort nämlich rollt seit dem Internationalen Jahr des Kindes 1979 NOMI – der fliegende Koffer – über die Straßen in die entlegendsten Winkel des Landkreises. Dient der Koffer im Märchen vorwiegend zum Fliegen, so dient dieser Koffer dazu, Kindern und Erwachsenen Anregungen zu gemeinsamen Spiel- und Spaßaktionen zu geben. Wenn der Koffer seinen Deckel lüftet, kommt aus ihm das verschiedenste Gerät und Zeug zum Spielen, kommen Bücher und Informationsmaterial hervor. NOMI läßt sich in den Dörfern auf großen freien Flächen nieder, und jeder, der Spaß daran hat, kann kommen und mitmachen. Da werden Spielturniere durchgeführt, Theaterfestivals veranstaltet, Zeitungen gedruckt, Dorfrallyes gemacht . . .
Der fliegende Koffer NOMI ist nur eines von den ca. 50 Spielmobilen, wie sie im offiziellen Fachjargon heißen, die es inzwischen in der Bundesrepublik gibt. Die „Spielmobilbewegung“ nahm ihren Anfang zu Beginn der 70er Jahre.
Ausgehend von einem gewachsenen Problembewußtsein bezüglich der Lebenssituation der Kinder (vor allem in Großstädten), entwickelten sich neben vielen anderen Projekten auch Versuche zu einer mobilen Spielplatzbetreuung. Insbesondere die Stadt Köln mit ihrem „Rollenden Spielplatz Juppi“, die Münchener Pädagogische Aktion e.V. und der Berliner „Bollerwagen“ sind hier zu nennen. Bereits in diesen drei genannten Projekten sind die Akzente

unterschiedlich gesetzt: Vom rollenden Gerätespielplatz bis zu materialintensiven Spielaktionen zu einem Thema. Dies weist auf die Vielfalt innerhalb der Projekte mobiler Spielbetreuung hin. Die meisten dieser Spielmobile sind in Städten unterwegs, und nur etwa sechs von ihnen fahren aufs Land.

Vom glücklichen Landleben

Die „Vernachlässigung" der ländlichen Regionen scheint, was die mobile Spielbetreuung anbetrifft, zunächst entschuldbar, denn, so sagt sich mancher: „Auf dem Land – da ist doch die Welt noch in Ordnung. Die Menschen leben im Einklang mit ihrer natürlichen Umgebung, und in der dörflichen Gemeinschaft ist jeder aufgehoben. Die Generationen sind einander noch nahe, Kommunikationssysteme funktionieren noch, und viele Probleme des Zusammenlebens, für deren Lösung man in der Stadt häufig schon ‚Beziehungs-Spezialisten' benötigt, werden hier noch mit eigener Kraft bewältigt. Für Kinder ist das Land erst recht ein Paradies. Während in den Großstädten um jede Freifläche, auf der Kinder spielen dürfen, gekämpft werden muß, sind auf dem Land die Möglichkeiten noch ziemlich unbegrenzt. Der Gefährdung durch den zwar auch hier gestiegenen Straßenverkehr läßt sich noch ohne große Schwierigkeiten aus dem Wege gehen. Spielkameraden zu finden, ist nicht schwierig, da im Dorf ja sowieso jeder jeden kennt. Jüngere und ältere Kinder finden sich zusammen und erobern im Spiel das Dorf und die Umgebung. Anregungen und Ideen, was man mal machen könnte, gibt es genügend, und Ecken und Winkel zum Spielen sind ebenfalls reichlich vorhanden. Kurz: Das Leben auf dem Land ist heute noch genauso schön wie früher."
Aber der Schein trügt: Abgesehen von den Klischeevorstellungen vom – ach so glücklichen – Landleben, die sich anscheinend kaum verändert haben, hat sich an den Lebensbedingungen der Landbevölkerung im Verlauf der letzten zwanzig Jahre sehr viel verändert. Dazu gehört auch die subjektive und objektive Beeinträchtigung der Spielmöglichkeiten der Landkinder. Die stattgefundenen Veränderungen lassen sich folgendermaßen grob skizzieren:
Durch die zunehmende Mechanisierung der Landwirtschaft und Konzentrationsvorgänge nicht nur dort besteht auf dem Land nicht mehr die gleiche Vielzahl von Erwerbsmöglichkeiten wie etwa noch vor zwanzig Jahren. Immer mehr Familien sind gezwungen, ihren Lebensunterhalt außerhalb des Dorfes bzw. in der nächsten größeren Stadt zu verdienen.

Die „Schulreform" führte zur Schließung vieler Dorfschulen. Das Leben im Dorf wird also zunehmend auf die Bereiche Wohnen und Schlafen eingeschränkt. Knotenpunkte der dörflichen Kommunikation, wie Kaufmann und Schule, werden immer weniger. Leben, Lernen und Arbeiten findet nicht mehr als Einheit im Rahmen des dörflichen Lebens statt, sondern in getrennten, extra darauf spezialisierten Bereichen. Das führt zu einer Entfremdung der Bewohner von ihrer natürlichen dörflichen Umgebung. Traditionen und Geschichte geraten in Vergessenheit. Die Propagierung eines großstädtischen Lebensstils durch Werbung und Medien beschleunigt diesen Prozeß. Hinzu kommt eine Veränderung der Bevölkerungsstruktur innerhalb der Dörfer durch Neubaugebiete, in denen zum Teil ortsfremde Familien wohnen, deren Lebens- und Kommunikationsformen sich teilweise erheblich von denen der alteingessenen Bevölkerung unterscheiden.

Der Landkreis Northeim

Die oben aufgezeigten Entwicklungstendenzen treffen auch für den Landkreis Northeim, den Aktionsbereich des fliegenden Koffers NOMI zu. Dieser Kreis ist in seiner heutigen Form durch die Zusammenlegung mit zwei weiteren Kreisen im Zuge der Gebietsreform entstanden. Er erstreckt sich auf einer Fläche von ca. 1266 m^2 zwischen Harz und Weser und gehört zu den strukturschwachen Gebieten im Bereich der Grenze zur DDR. Verwaltungsmäßig ist der Landkreis in 12 Großgemeinden mit insgesamt 151 Ortsteilen aufgeteilt. Von den sieben Kleinstädten haben die zwei größten je ca. 30.000 Einwohner. Weder im Landkreis selber noch im Umkreis gibt es Industrieansiedlungen in größerem Ausmaß. Die nächsten Großstädte liegen 70 bis 100 km entfernt. Es wird deutlich, daß der Landkreis Northeim ein durchweg ländlich strukturierter Raum ist, in dem der äußerliche und innerliche Verstädterungsprozeß noch nicht so weit fortgeschritten ist wie in den sogenannten suburbanen Gebieten im Umkreis von Großstädten und Ballungsgebieten. Es ist jedoch auch hier bereits erkennbar, daß Veränderungen in der Struktur sich auf die Lebensweise der Bevölkerung und speziell auch auf die der Kinder auswirken.

Kinder auf dem Land

Die Schließung der Dorfschulen und das Zusammenfassen der Kinder aus einem großen Einzugsbereich in größeren Schulkomplexen wirkt sich auf die Kommunikationsmöglichkeiten der Kinder eines Dorfes aus. Es sind nicht mehr alle Kinder verschiedener Altersstufen aus einem oder zwei Dörfern in einer Schule oder sogar Klasse, sondern viele Kinder einer Altersgruppe werden aus vielen verschiedenen Dörfern in einer oder mehreren Klassen innerhalb einer riesigen Schule zusammengefaßt. Das führt dazu, daß von den Kindern in der Schule geschlossene Freundschaften aufgrund der weiten Entfernungen und der fehlenden Mobilität schwer im Freizeitbereich fortzusetzen sind. Die Kinder sind daher in ihrer Freizeit relativ isoliert.
Hinzu kommt der gestiegene Straßenverkehr mit der Vorherrschaft des Autos, der die Straßen für Kinder unsicher macht und es so erschwert, mit dem Fahrrad Freunde zu besuchen, aber auch auf eigene Faust die Gegend zu erkunden und als die eigene in Besitz zu nehmen.
Erfahrungs-, Erlebnis- und Spielräume innerhalb des Dorfes gibt es durch die

steigende Mechanisierung der Landwirtschaft immer weniger, bzw. sie sind nicht mehr zugänglich (z.B. Schweinemast in Ställen, die kaum noch betreten werden dürfen).
Die Dorfszenerie stellt keine Einheit von Leben, Lernen und Arbeiten mehr dar. Die Notwendigkeit für viele Eltern, den Lebensunterhalt für ihre Familien außerhalb zu verdienen, macht inzwischen auch für die Landkinder Arbeit zu etwas Abstraktem, dessen Erfahrung ihnen entzogen ist.
Aus den bisher angestellten Überlegungen geht hervor, daß es bei dem Gedanken, auch auf dem Land vermehrt mobile Spielbetreuung zu betreiben, nicht darum geht, den letzten Freiraum der Kinder, die tägliche Freizeit, die zum Spielen noch übrig bleibt, pädagogisch zu kolonisieren, sondern daß es auch hier gezielter Maßnahmen zum Ausgleich auftretender Defizite an Spielvermögen und Gelegenheiten bedarf.
Mobile Spielbetreuung auf dem Land kann außerdem versuchen, den schlei-

chenden Identitätsverlust mit der dörflichen Umgebung und Tradition aufzuhalten bzw. zu einer Identitätsfindung unter den veränderten Lebensbedingungen beizutragen. Vor diesem Hintergrund ist auch die Schaffung einer Einrichtung zur mobilen Spielbetreuung im Landkreis Northeim zu sehen.

Aufgaben mobiler Spielbetreuung auf dem Land

Wie bereits eingangs erwähnt, bestehen die Aufgaben der mobilen Spielbetreuung darin, in den Landgemeinden des Kreises einerseits ausgewählte Spielangebote für Kinder zu machen und andererseits Erwachsenen, insbesondere Eltern, Information-, Gesprächs- und Mitmachmöglichkeiten anzubieten. Im einzelnen werden folgende Ziele verfolgt:

1. Kindern sollen neue Impulse für ihr alltägliches Spielen gegeben werden. Dies geschieht durch
   - Zurverfügungstellen von Spielgeräten und vielfältigem Material zum Spielen,
   - durch Übermittlung neuer Ideen für Spielhandlungen und Regelspiele zum selber Weiterspielen.

2. Die unmittelbare dörfliche und natürliche Umgebung soll als Spiel- und Erfahrungsraum weiter bzw. wieder erschlossen werden.
3. Die Spielgemeinschaft der Dorfkinder soll verfestigt bzw. wieder neu belebt werden.
4. Es soll ein Beitrag zur Verbesserung des Verständnisses zwischen Eltern und Kindern geleistet werden.
5. Die Spielbedingungen der Kinder sollen verbessert werden:
   a) Kurzfristig durch konkrete Angebote.
   b) Langfristig durch Wecken öffentlichen Interesses für die Spielsituation der Kinder.

Neben der Betreuung der Kinder ist also die Elternarbeit ein deutlicher konzeptioneller Bestandteil des Projektes. Denn es wird davon ausgegangen, daß eine dauerhafte Verbesserung der Lebenssituation der Kinder, zumindest in den Teilbereichen Freizeit und Familie (letzterer sehr bedingt), nicht über kurzfristige Spielaktionen erreicht werden kann, sondern langfristig von den Erwachsenen des jeweiligen sozialen Umfeldes abhängig ist. In diesem Sinn erscheint eine Elternarbeit in Form von Gesprächen und Aktionen als eine sinnvolle Ergänzung der Spielbetreuung. So gesehen wird die mobile Spielbetreuung als Maßnahme im präventiven Bereich begriffen und ist der Erziehungsberatungsstelle des Landkreises angegliedert.

Was ist drin im fliegenden Koffer?

Als Fahrzeug für die mobile Spielbetreuung dient ein VW-Leichttransporter mit Hochraum, innen ausgestattet mit Regalen und Schrankfächern. Für die Anschaffung und Erstausstattung standen 40.000,– DM (Spende der Kreissparkasse) zur Verfügung. Für Verbrauchsmaterial gibt es einen Jahresetat von 8.000,– DM.
Für die Betreuung des Projektes wurde eine Sozialpädagogenstelle neu eingerichtet; während der Sommermonate ist außerdem ein Sozialarbeiter im Anerkennungsjahr an den Aktionen beteiligt.
Für die Zusammenstellung der Ausstattung des Fahrzeuges waren die zwei Aufgabenbereiche (Elternarbeit, Kinderarbeit) ausschlaggebend:
– Für interessierte Erwachsene und Eltern gibt es vielfältiges Informationsmaterial (zum Anschauen und zum Mitnehmen) und eine „Kaffeklatschausrüstung".
– Den größeren Anteil in der Ausstattung nimmt allerdings der Spielbereich ein. Bei der Auswahl des Materials wurde Wert darauf gelegt, einfaches und vielfältig verwendbares, also in seiner Funktion uneindeutiges Material zu beschaffen. Dem liegt der Gedanke zugrunde, daß die Spielinhalte von den Kindern bestimmt werden sollen. Die Kinder sollen vorhandenes Material für ihre Zwecke einsetzen, und es soll nicht umgekehrt das Spielzeug die Spielinhalte bestimmen. So kann z.B. eine größere Holz-

PHILIPS

platte je nach Bedarf als Dach für eine Bude, als Tischplatte, als Maltafel, als Piste für eine Murmelbahn . . . und schräggestellt als Schanze für herabrollende Autoreifen etc. verwendet werden. Zu diesem vielfältigen Material zählen Autoreifen, Bierkästen, Kunststoffplanen und Folien, Regentonnen aus Kunststoff, Seile, Papprohre, Bretter, Kartons in allen Größen, Riesenlegosteine, Stoffe, Zeltplane. Zum Grundrepertoire gehören auch Holzplatten und Böcke als Tische, Campingstühle und zwei Trittleitern. Außerdem gibt es Material und Werkzeug für verschiedene kreative Betätigungen: Holz und Metallarbeiten, Pinsel und Farben, Utensilien zum Theaterspielen (alte Kleider, Schminkfarben, Kasperfiguren), Musikinstrumente, eine Kochausrüstung, Schreibmaschine und Umdrucker, Schläuche für Wasserspiele, Sandschaufeln, außerdem eine kleine Kinderbücherei und einige Gesellschaftsspiele sowie traditionelle sportliche Spiele: Fußball, Springseile, Hockey, Indiaka, Federball, Tau, Stelzen und Hüpfbälle und zu guter Letzt ein Bollerwagen, zwei Paar Sommerski, Pedalos (das ist Radfahren im Stehen), ein 7 m langer Krabbelschlauch und ein Push-Ball mit 1 m Durchmesser.

Wie geht es zu bei der mobilen Spielbetreuung?

Im Verlauf der bisherigen Praxis hat es sich als sinnvoll erwiesen, das Spielmobil über einen längeren Zeitraum im jeweiligen Dorf zu stationieren, um so ausreichend Gelegenheiten zur gegenseitigen Kontaktaufnahme zu schaffen. Zur Zeit ist es so, daß in einem Ort an acht aufeinanderfolgenden Wochentagen jeweils nachmittags Spielaktionen durchgeführt werden. Eine solche Aktionsphase läuft dann etwa nach folgendem Schema ab:
Während der ersten Tage haben die Kinder die Gelegenheit, die Betreuer, das Spielmaterial und die Einrichtung Spielbus als solche kennenzulernen. Die Betreuer ihrerseits können sich ein genaues Bild über Anzahl, Altersstruktur, Spielverhalten, Bekanntheitsgrad der Kinder untereinander machen (Es gibt vor allem in letzterem Punkt in den Dörfern zum Teil große Unterschiede.). Während dieser ersten Tage probieren die Kinder die mitgebrachten Geräte und Materialien aus bzw. die Betreuer spielen mit ihnen einfache Regel- und Wettspiele, die als Anregung fürs Weiterspielen dienen sollen, wenn der Spielbus wieder weg ist. Am zweiten oder dritten Tag wird dann mit den Kindern gemeinsam besprochen, was an den folgenden Tagen gemacht werden soll. Neben den Standardangeboten an Spielgeräten und Spielzeug gibt es in der zweiten Woche also von den Kindern mitausgewählte sogenannte Schwerpunktangebote, z.B. Kochen, Theater, in der Kreidefabrik Kreide herstellen und anschließend damit Pflastermalen, Gipsmasken herstellen, Kartonspiele in Kartondörfern, Dorfrallyes, Reportagen machen und eine Zeitung herstellen, Schnitzeljagden in der Umgebung, zur Köhlerhütte in den Wald gehen und dort eine Indianersuppe kochen, im Steinbruch nach Versteinerungen suchen . . .

Bisher fand zum Abschluß einer jeden Aktionsphase, sozusagen als Höhepunkt, ein gemeinsames Spiel- und Grillfest statt, zu dem die Eltern noch einmal extra eingeladen wurden und das bis in den Abend andauerte. Die Kinder stellten dazu eigens Einladungen her und verteilten sie im Dorf. Je nach Interesse wurden Spielprogramme oder Theateraufführungen vorbereitet. Zur Zeit ist daran gedacht, dieses Fest schon während der ersten Tage zu veranstalten, um so den Kontakt zu den Eltern, der sich häufig erst im Verlauf des Abschlußfestes ergab, schon eher herzustellen und diese so für eine Beteiligung und Unterstützung bei den Schwerpunktangeboten der nachfolgenden Tage zu gewinnen.

Spielpädagogische Grundsätze

Bei der Auswahl der verschiedenen Spielaktivitäten geht es weder darum, den Kindern neue, jedoch in der Regel unerreichbare Attraktionen für einen begrenzten Zeitraum zur Verfügung zu stellen, noch darum, sie für eine Zeitlang zu beschäftigen, damit die Eltern ihren eigenen Interessen nachgehen können (was unter Umständen ein positiver Nebeneffekt sein kann), sondern es ist der mobilen Spielbetreuung des Landkreises Northeim ebenso wie vielen anderen Spielmobilen ein Anliegen, Defizite an Spielgelegenheiten und Spielvermögen auszugleichen. Insbesondere wird dabei Wert darauf gelegt, den Alltag der Kinder sowohl inhaltlich als auch räumlich als Spielraum zu erschließen. Hinzu kommt, daß das Spiel der Kinder nicht als sinnloser Zeitvertreib anzusehen ist, der allenfalls dem kindlichen Bewegungsdrang entgegenkommt, sondern Spiel ist ein wesentlicher Faktor der Sozialisation: Im Spiel setzt sich das Kind mit seiner Umgebung auseinander, macht Materialerfahrungen, löst Konflikte und wächst auf diese Weise „spielend“ in die Gesellschaft der Erwachsenen hinein.
Durch mobile Spielbetreuung angeregtes Spiel versucht deshalb auch gerade immer wieder diesen Sinn des Spiels hervorzuheben:

- Durch Rekonstruktion von Handlungsfeldern, die sonst Erwachsenen vorbehalten sind (Olympiade, Zirkus, Kaufhaus . . .) oder in denen Kinder sonst die schlechtere Position haben (Schule, Familie . . .).
- Durch Zurverfügungstellen und Verwendung von Material, das kein herkömmliches Spielmaterial, billig und einfach zu besorgen ist und durch seine Menge, seine Materialbeschaffenheit oder seine vielseitige Verwendbarkeit einen hohen Anreiz auf Kinder ausübt.
- Durch Erschließung von neuen Spielräumen in der alltäglichen Umwelt der Kinder:
  Höfe, unbebaute Grundstücke, Wiesen, ruhige Straßen, Parks etc. Spielen rückt so an den Alltag der Kinder heran und muß nicht mehr „abgetrennt vom Leben“ in extra dafür bereitgestellten räumlichen und zeitlichen Räumen eingegrenzt werden (Spielplätze, Kindergarten, Jugendgruppe, Turnhalle, Sportplatz, Schulhof).

Zwei Beispiele für Aktionswochen in kleinen Dörfern

Ort der Handlung ist ein kleines Dorf (ca. 300 Einwohner), in dem etwa 35 Kinder zwischen 5 und 15 Jahren leben. Der offiziell für sie vorgesehene Aufenthaltsort im Dorf, sprich Spielplatz, ist der mit einem hohen Zaun umgebene, an der Durchgangsstraße gelegene Sportplatz, an dessen Rand auch 4 traditionelle Spielgeräte aufgestellt sind. Die Spielgeräte werden kaum benutzt (logisch!), es kommen allenfalls ein paar Kinder und Jugendliche her zum Fußballspielen. Unsere Überlegung war, den Platz ein wenig attraktiver zu machen. Wir besorgten von einer Baufirma ausgediente Schalbretter, und nach Rücksprache mit dem Bürgermeister begannen wir, Baupläne für eine Holzhütte zu entwerfen. Nachdem die Diskussion ob Flachdach oder Spitzdach mehrheitlich zugunsten eines Spitzdaches ausgefallen war, konnte es losgehen. Drei Tage lang wurde gemessen, gesägt und gehämmert, daß man es im ganzen Dorf hören konnte. Besonders die Mädchen zeigten eine überraschende Ausdauer und Geschicklichkeit. Es war wohl eine jede erstaunt über ihre Fähigkeit, mit Werkzeugen umzugehen, deren Benutzung sonst traditionellerweise Männern vorbehalten ist. Das Selbstbewußtsein der Mädchen erhielt durch diese Erfahrung erheblichen Auftrieb. Am vierten Tag war es dann soweit: Es konnte zur Einweihung geladen werden. Mit bunten Bändern geschmückt, wartete eine massive Holzhütte, von den Kindern NOMI-Haus getauft, darauf, von den Eltern bewundert zu werden. Erstaunen und Bewunderung blieben denn auch nicht aus. Ein Hüttenrat, bestehend aus drei Kindern, wurde gewählt. Dieses Gremium hat Mittlerfunktion zwischen Kindern und Eltern, was den Erhalt und die Verbesserung der Hütte oder den Bau eines weiteren Hauses anbetrifft. Die anwesenden Eltern sagten ihre Unterstützung zu, und der Bürgermeister, der sich unserem Vorhaben gegenüber zuerst etwas skeptisch gezeigt hatte, war so überrascht über das Ergebnis der Arbeit, daß er sogleich anbot, zum Schutz des Holzdaches einige Quadratmeter Dachpappe zu besorgen und anzubringen. Die Idee des – zwar von den Betreuern angeregten – Hüttenrates fand gleich bei den Kindern Eingang und wurde von ihnen dahingehend fortgeführt, daß der Hüttenrat zwei Kinder- bzw. Jugendgruppen organisiert, die sich zu regelmäßigen Treffen in der Hütte einfinden.

Ein anderes Beispiel: Ort der Handlung ist dieses Mal ein sehr kleines Dorf (ca. 122 Einwohner, 14 Kinder über 5 Jahre), etwa 2 Kilometer von der nächsten Kleinstadt entfernt und landschaftlich sehr schön am Berghang gelegen. Ursprünglich ein reines Bauerndorf, inzwischen jedoch, hervorgerufen durch die in mehrfacher Hinsicht gute Lage, um ein Neubaugebiet erweitert, in dem überwiegend Angehörige der gehobenen Mittelschicht (Lehrer, Geschäftsleute) leben. Auf diese Weise sind in dem Dorf neue Bevölkerungsgruppen entstanden, zwischen denen eine Fremdheit besteht, nicht nur bei den Erwachsenen, sondern auch bei den Kindern. Obwohl es nur sehr wenig Kinder gibt, kennen sie untereinander teilweise nicht einmal ihre Namen und gehen in ihrer Freizeit sehr unterschiedlichen Beschäftigungen nach: Die

einen gehen zum Ballett oder zum Orff-Musikunterricht, die anderen spielen auf irgend einem Hofplatz Fußball. Einen Spielplatz, der unter Umständen die Möglichkeit der gegenseitigen Kontaktaufnahme böte, gibt es nicht. Eine entsprechende Forderung wurde allerdings von einigen Kindern erhoben und mit einer Unterschriftensammlung, die bereits vor der von uns durchgeführten Aktionswoche der Stadtverwaltung übergeben worden war, bekräftigt.

Für die Aktionsphase in diesem Dorf hatten wir uns zum Ziel gesetzt:

- Zur Annäherung der Kinder aus den beiden Bevölkerungsgruppen beizutragen.
- Kennenlernen und Erforschung der näheren Umgebung zu fördern.

Zu diesem Zweck führten wir verschiedene Aktionen durch: An einem Tag war der Bus, anstatt wie sonst üblich auf einer Wiese, auf dem Hofplatz eines Bauernhofes stationiert; im nahegelegenen Wald wurden Schnitzeljagden und Geländespiele veranstaltet (für einige Kinder war der Wald ein ganz fremder Spielort; einigen war es, wegen der Gefahr tollwütiger Füchse, verboten worden, dort zu spielen), ein Bauernhof wurde besichtigt (eine Aktion, die das Selbstbewußtsein der Bauernkinder, die sonst in der Minderheit waren, sehr stärkte). Zum Schluß der Aktion wurde den Kindern Schreibmaschine und Umdrucker zur Verfügung gestellt, und es entstand in Eigenregie eine Spielzeitung. Hier wiederholten die Kinder ihre Forderung nach einem Spielplatz bzw. einem Platz, an dem sie sich treffen können – dessen Notwendigkeit ihnen durch die Aktionen der vergangenen Tage noch deutlicher geworden war –, mit der Drohung, dem Bürgermeister das Leben schwer zu machen, falls er sich nicht für ihre Interessen einsetze ...

Was kann mobile Spielbetreuung bewirken?

Die Anwesenheit des Spielbusses in einem Dorf bietet den Kindern eine ganze Reihe von Lern- und Erfahrungsmöglichkeiten, die auf einer ganz allgemeinen Ebene liegen, die zunächst relativ unabhängig vom zur Verfügung stehenden Material und den ausgewählten Spielinhalten sind:

Der Spielbus mit seinem Material und seinen Betreuern ist eine Einrichtung, die für die Kinder geschaffen wurde, damit mit ihnen, den Kindern, gespielt wird, und das in lustbetonter Weise und auf freiwilliger Basis. Die Kinder erleben damit eine Aufwertung und Anerkennung ihrer Existenz als Kinder und der ihnen eigenen Art, sich im Spiel darzustellen und ihr Umfeld in Besitz zu nehmen. Der Spielbus stellt für die Kinder so etwas wie eine Domäne dar, die ihnen in ihrer ansonsten ziemlich rechtlosen Existenz vorbehalten bleibt. Durch den Spielbus wird eine, wenn auch zeitlich begrenzte, für Kinder eingerichtete und von Kindern mitgestaltete Kinderöffentlichkeit geschaffen.

Kinder lernen, daß sie ernstgenommen werden. Sie haben selber Einfluß auf den Ablauf eines Spielnachmittages bzw. einer Aktionsphase in einem Ort (gemeinsame Programmplanung). Das Gelingen einer Spielaktion hängt nicht

zuletzt von ihrem eigenen Engagement ab. Negativ formulierte dies ein ca. 10 Jahre altes Mädchen, das wohl mit anderen Erwartungen zum Spielmobil gekommen war, so: „Hier muß man ja selber spielen!"
Die Kinder erleben die Situation, daß fast alle Kinder eines Dorfes versammelt sind, als etwas besonderes. Es bietet sich Gelegenheit, die Spielgemeinschaft der Dorfkinder zu verfestigen bzw. neu aufleben zu lassen, neue Kontakte können angeknüpft werden. In einer von Kindern durchgeführten Tonbandreportage zum Besuch des Spielbusses in einem ganz kleinen Dorf (ca. 25 Kinder) begrüßen mehrere 12- bis 14-jährige Mädchen übereinstimmend die durch den Spielbus hervorgerufenen Kontaktmöglichkeiten.
Auszug aus einem Interview:

> „Also, ich finde das eigentlich ganz gut, man ist in der Gemeinschaft; sonst, sonst klönt man irgendwo rum, man weiß nicht, wo der andere vom Dorf ist, und hier kann man irgendeinen fragen, eh, spielste das mit mir oder das mit mir? Und der, der macht das halt, und man kann sich auch neue Freunde finden und so – und eigentlich finde ich das ganz klasse ..."

Über das Medium Spielbus wird den Kindern die Existenz anderer Kinder in anderen Dörfern erfahrbar, denn mit ihnen teilen sie sich das Spielgerät, das sie zur Zeit beim Spielbus benutzen oder das sie für den Spielbus herstellen (z.B. Buchstabentafeln, Seifenkisten).
Und zu guter Letzt lernen die Kinder auch etwas über die Lokalpolitik: Wie groß ist der Landkreis? Wo liegen welche Orte? Was ist die Kreisverwaltung? Fragen nach dem Effekt oder der Langzeitwirkung von bestimmten Spielaktivitäten lassen sich nur sehr schwer beantworten. Man kann aber sicher davon ausgehen, daß der Besuch des Spielbusses eine Besonderheit im Alltag der Kinder ist. Die im Verlauf eines Einsatzes entwickelten Aktivitäten und Verhaltensrituale (z.B. demokratische Abstimmung bei der Programmplanung, Rücksichtnahme auf Jüngere), aber auch die Erfahrungen der Kinder („Der Junge, der uns in der Schule immer ärgert, kann auch ganz nett sein.") sind daher besonders einprägsam und regen zur Wiederholung und Nachahmung an. Schon im Verlauf eines Einsatzes trat häufig der Wunsch auf, bestimmte Sachen noch einmal zu machen. Einmal eingeführte Rituale wiederholen die Kinder von sich aus.

Mobile Elternbetreuung bei der mobilen Spielbetreuung

Elternbetreuung vollzieht sich auf drei Ebenen:
a) Auf der Ebene der Demonstration und Animation.
b) Auf der Ebene des „Zurverfügungstehens" von einem Betreuer.
c) Auf der Ebene des direkten Gesprächsangebotes.

Zu a): Die Eltern erfahren durch die Berichte der Kinder und durch eigene Anschauung, wie am Spielbus gespielt wird, wie mit den Kindern umgegangen wird. Sie sehen, daß es Alternativen zum immer perfekteren und in seinen Verwendungsmöglichkeiten immer mehr eingeschränkten Spielzeug gibt. Un-

konventionelles, billiges Material und Spielzeug macht den Kindern genauso viel Spaß und kann für verschiedenste Zwecke eingesetzt werden.
Eltern sehen, daß Kinder, wenn man es ihnen zutraut, sehr selbständig sein und verantwortungsvoll Aufgaben übernehmen können (z.B. bei Dorfrallyes, bei der Vorbereitung von Grillfesten).
Eltern erleben, daß ihre Kinder ganz anders sein können, als sie sie durch die in der Familie eingeschliffenen Verhaltensrituale kennen (z.B. roter Tee, der zu Hause verabscheut wird, wird am Spielbus zur Delikatesse, Aufräumen, zu Hause eine Qual – am Spielbus eine ehrenvolle Aufgabe . . .), und sie erleben auch, daß Jungen kochen und Mädchen mit Hammer und Nagel umgehen können.

Die Art der Betreuer, mit den Kindern umzugehen, sie als gleichberechtigte Partner ernstzunehmen, kann unter Umständen Denkanstöße geben. Die offene Situation am Spielbus hat einen hohen Aufforderungscharakter, verunsichert aber auch gleichzeitig. Eltern werden animiert, sich in das Spielgeschehen einbeziehen zu lassen, häufig bleiben ihre Aktivitäten jedoch auf die Beschäftigung mit den eigenen Kindern beschränkt. Werden Eltern allerdings bestimmte Aufgaben angetragen, übernehmen sie diese bereitwillig (bei Kartonaktionen die Arbeiten mit dem scharfen Messer ausführen, beim Fußballspiel Schiedsrichter sein). Während einer Aktion werden spezielle Aktivitäten angeboten, im Verlaufe derer versucht wird, den Eltern ein Betätigungsfeld anzubieten (Grill- und Spielfest, Basteln mit Eltern und Kindern). Es ist auf jeden Fall oft schwierig, solche Möglichkeiten zu finden, die den Erwachsenen einerseits nicht befürchten lassen müssen, sich lächerlich zu machen, andererseits aber versuchen, das Oben-Unten-Verhältnis zwischen Eltern und Kindern zugunsten einer gleichberechtigten Rollenaufteilung umzuwandeln. Darüber hinaus wird den Eltern angeboten, falls in der Zukunft der Wunsch bestehen sollte, einen Kinderspielnachmittag bzw. ein Kinderfest zu veranstalten, dies mit dem Spielbusteam gemeinsam zu tun. Bei diesen Veranstaltungen sollen Eltern und Kinder die Hauptakteure bleiben. Beispielsweise ist es möglich, eine Zirkusveranstaltung vorzubereiten:
Es gibt verschiedene Werkstätten zur Herstellung des materiellen Rahmens (Kulissen, Kostüme, Musik), die jeweils von einem Erwachsenen betreut werden. Dann üben verschiedene Erwachsene jeweils mit einigen Kindern (bzw. umgekehrt) die einzelnen Nummern ein. Das Resultat der Arbeit kann man dann in der abschließenden Premiere gemeinsam bestaunen. Dies ist sicher eine Möglichkeit für alle Beteiligten, durch gemeinsame Praxis zu lernen.

Zu b): Die Ebene des „Zurverfügungstehens" beinhaltet folgendes:
Die Betreuer des Spielmobils sind für jede Ansprache von seiten Erwachsener offen und stehen für Auskünfte und als Berater in Einzelfragen zur Verfügung. Außerdem werden Broschüren und Informationsmaterial ausgegeben. Zum längeren Verweilen lädt ein als solcher gekennzeichneter „Elterntisch" ein, auf dem sich eine „Kaffeeklatschausrüstung" und eine Bücherkiste mit

Büchern zu verschiedenen Fragen der Erziehung und praktischen Vorschlägen für Aktivitäten mit Kindern befindet.

Zu c) Auf der Ebene des direkten Gesprächsangebotes reicht die Palette von lockeren Gesprächskreisen über Filmveranstaltungen bis zu länger dauernden Elternbildungskursen (in Zusammenarbeit mit der Kreisvolkshochschule). Diese Veranstaltungen finden meistens an einem Abend oder Wochenende unmittelbar im Anschluß an eine Aktionsphase statt.

Perspektiven ...

Mobile Spielbetreuung, wie sie hier beschrieben ist, stellt eine gute Möglichkeit dar, der dörflichen Kommunikation neue Impulse zu geben. Aktionswochen des Spielmobils können Auslöser für weitere Aktivitäten in der Dorfbevölkerung sein: Spiel- und Bastelkreise, Hausfrauentreff, Jugendgruppen usw.

Langfristige Zielperspektive ist dabei, für Kinder und Jugendliche ein Netz von Angeboten im kulturpädagogischen Bereich zu schaffen, welches überwiegend von der Bevölkerung selbst getragen wird.

Dazu ist es notwendig, von dem Anspruch, „flächendeckend“ zu arbeiten, abzurücken, denn bei diesem „Gießkannenprinzip“ können allenfalls ‚Tropfen auf heiße Steine‘ fallen. Es erscheint dagegen sinnvoll, die Angebote zunächst auf kleinräumige Regionen zu begrenzen und hier durch intensive Anregungs- und Unterstützungsarbeit kulturelles Selbstbewußtsein zu wecken und zu fördern.

Eine Zusammenarbeit mit den ortsansässigen, im gleichen Bereich tätigen Gruppen, Initiativen und Institutionen ist unbedingt anzustreben. Nur so besteht für mobile Spielbetreuung die Chance einer kontinuierlichen Fortsetzung der Arbeit auf der Basis von Eigenverantwortlichkeit und Eigenaktivität der Betroffenen.

Beate Mußmann
Spielbus NOMI
Erziehungsberatungsstelle des Landkreises Northeim
Wallstr. 40, 3410 Northeim 1

Heimatmuseum: Auch Geschichte kann man anfassen

Projekt „Stoffherstellung und Hausfleiß“ in Biberach

Museum auf dem Lande

Zu den wichtigen kulturellen Kommunikationsorten auf dem Land gehören die Museen. Häufig werden sie bei der Suche Jugendlicher und Kinder nach Bildungs- und Beschäftigungsmöglichkeiten vergessen. Das liegt daran, daß die Museen in der Provinz, auch Heimatmuseen[1] genannt, sich bisher zu wenig den Besuchern geöffnet haben und sie eher abweisen als anziehen: Ungünstige Öffnungszeiten, häufig ungeheizte, ungemütliche Schauräume, in denen das Sammlungsgut gedrängt, ohne einsehbaren Zusammenhang und mit unzureichenden Erklärungen zusammengepfercht ist. Dazu fehlt oft die Bereitschaft der zuständigen Behörden oder ehrenamtlichen Betreuer, interessierten Jugendlichen entgegenzukommen, sie an der Mitarbeit bei einzelnen Themen zu beteiligen und ihnen auch Raum zu Team-Treffen und Vorarbeiten zu geben. Zumeist stehen hierfür keinerlei Räumlichkeiten und Mittel zur Verfügung. Museumspädagogische Angebote gibt es selten.
Dennoch ist es für Kinder und Jugendliche ungemein wichtig, an den Bildungsinstitutionen ihres Wohngebietes aktiv teilzunehmen. Begreift man das Museum als Lernort, so ermöglicht es die Auseinandersetzung mit der Vergangenheit. Für die Umwälzungen in Haus und Hof, die Jugendliche auf dem Lande heute betreffen und ihre Entwurzelung verstärken, lassen sich Gründe finden. Gravierende Veränderungen, die sich oft innerhalb einer Generation vollzogen haben, können durch die Erkundung der Sammlung eines Ortsmuseums erkannt werden. Neue Problemfelder tun sich auf, Lücken in der heimatkundlichen Forschung und in der Sammlung gähnen uns an. Jugendliche können sehr wohl bei der Schließung solcher Lücken helfen, indem sie

in Gruppen unter kundiger Führung und fachmännischer Beratung der Geschichte ihres Heimatortes, ihres Heimatmuseums und einzelner Alltagsthemen (z.B. Stallarbeit, Wohnen, Kleidung, Essenszubereitung, Freizeitgestaltung einst) nachgehen.
In diesem Beitrag soll ein Projekt im Museum Biberach an der Riß (29.000 Einwohner/Oberschwaben) vorgestellt werden. Vorher will ich einige Vorschläge allgemeiner Art für die Arbeit mit Jugendgruppen in einem Museum einfügen.

Beteiligungsmöglichkeiten Jugendlicher im Museum

In vielen Museen der Großstädte gibt es bereits museumspädagogische Einrichtungen und Angebote. Dazu gehören Unterricht oder Führungen für Schulklassen, Mal- und Bastelkurse, Vortragsreihen mit Bestimmungen der von Besuchern mitgebrachten Gegenstände wie Kleidungsstücke, Geräte, Bilder u.a.
In kleineren Museen wird man noch viele Jahre auf museumspädagogische Hilfen warten müssen. Die Finanzlage der Kommunen läßt das nicht zu. Deshalb schlage ich hier einen Weg zur Selbsthilfe für interessierte Anwohner, Bürger und Jugendliche vor.
In Biberach an der Riß wurden mit zwei Museumsaktionswochen gute Erfahrungen gemacht. Hier wurden jeweils zu einem Thema die alten Arbeitstechniken vorgeführt und dem Besucher die Möglichkeit gegeben, an den alten Geräten mitzuarbeiten. Alle Ergebnisse sowie das soziale Umfeld wurden dokumentiert. Andere Beteiligungsmöglichkeiten in einem kleineren Museum könnten die Dokumentation eines wichtigen Zeitabschnittes mit Hilfe der Sammlungsstücke und eine Ausstellung der Ergebnisse sein (z.B. anläßlich des bundesweiten Preisausschreibens „Alltag im Nationalsozialismus“). Die Ergebnisse der Forschungen und Befragungen einer Jugendgruppe könnten auch zu einer Art Heimatkundemappe für die Grundschulklassen werden. Meistens ist nur wenig Material vorhanden, und so wird jedes neue freudig begrüßt.
Wichtig erscheint für das Gelingen, daß von vornherein das Endprodukt mit der Gruppe geklärt wird: Film, Ausstellung, Zeitung o.a. Das Thema sollten sich die Jugendlichen selber aussuchen. Von, mit und für Jugendliche muß die Devise sein, damit diese gerne mitmachen und bei der Stange bleiben. Natürlich müssen annehmbare Ergebnisse zustande kommen, wenn man etwas im Museum zeigen will. Deshalb ist rechtzeitig Rat und Hilfe bei den zuständigen Stellen einzuholen. Ehrenamtliche Museumsleiter sind oft zeitlich überfordert und stehen – bereits im Rentenalter – neuen Projekten skeptisch gegenüber. Wenn sich eine Jugendgruppe für ein Thema aus der Vergangenheit interessiert, dann sollte sie Kontakt mit den zuständigen Verwaltungsstellen und vor allem mit dem Heimatpfleger aufnehmen. Auf alle Fälle sollte gewährleistet sein, daß der zuständige Jugendpfleger oder eine andere Vertrauensperson das Team über einige Zeit hinweg führen kann, die Verantwortung übernimmt und den Kontakt zu dem zuständigen Berater des Museums hält.

Projekte im Museum Biberach

Eine Ausstellung zum Thema „Textiles Gewerbe und Hausfleiß im 19. und Anfang des 20. Jahrhunderts in Biberach" entstand auf ähnliche Weise mit einer Arbeitsgruppe in Biberach. Vom 7.10. bis zum 22.12.1979 wurde diese Ausstellung im Museum gezeigt, und dazu wurden 14 Tage lang zahlreiche Arbeitstechniken zur Garnherstellung und Stoffbehandlung mit den Besuchern ausprobiert[2].

Die Ausstellung war von Museumslaien unter Leitung und Mitwirkung einer Museumspädagogin und Historikern zustande gekommen. An der Erarbeitung und am Aufbau der Ausstellung beteiligten sich Frauen, die sich auf einen Aufruf des Museums zur Mitarbeit an der Veränderung des Museums gemeldet hatten. Ziel dieser Gruppe war es, sich fundiert über die Herstellung des Leinen und Barchent (= ein Mischgewebe aus Leinen und Baumwolle) zu informieren, um die Ausstellungsstücke und die historischen Zusammenhänge besser verstehen und anderen erklären zu können. Es bildete sich über zwei Jahre hinweg ein festes, gut eingeübtes Team, das mittlerweile in der Lage ist, Führungen, Aktionen und Unterricht im Museum zu übernehmen. Die Aktion wurde vom Museum gestaltet und ist Teil eines museumspädagogischen Modellversuchs, der zum Ziel hat, museumspädagogische Aktivitäten in einem Heimatmuseum zu verankern[3].

Flachsen und Spinnen im Museum (Aktionswoche)

Bereits im Jahr vor Beginn der Aktivitäten hatte sich das Arbeitsteam zusammengefunden, um die Herstellung von Flachs, der weitverbreiteten Faser für die Leinenherstellung, auf alte Weise auszuprobieren. Ein Bauer hatte ein Stück Land zur Verfügung gestellt (ca. 250 m^2), vorbereitet und den keimfähigen Leinsamen ausgesät. Die weiteren Arbeiten, das Jäten des Unkrautes, das Raufen der ca. 70 cm langen Flachspflanzen, das Binden, Trocknen, Rösten und Dörren übernahmen die Frauen und eine siebente Klasse der Hauptschule Warthausen. (In diese Klasse ging zufälligerweise ein Sohn des hilfsbereiten Bauern). Der Bauer stellte dem Museum Flachsreste, teilweise als gedörrtes Flachsstroh, teilweise als spinnbare Faser zur Verfügung[4].

So hatten wir mit Hilfe der alten bäuerlichen Geräte im Laufe der Zeit alle Arbeitsgänge vom Samen bis zum spinnbaren Werg ausprobiert. Das Material hatten wir uns auf dem Acker selber gezogen und aufbereitet, die für die Flachsarbeit notwendigen Geräte waren im Museum fachgerecht funktionsfähig gemacht worden, und da jedes Gerät mehrfach vorhanden war, konnten die Arbeiten damit ausprobiert werden. Die Frauen brachen den Flachs, schwangen, hechelten und spannen im Hof und Aktionsraum des Museums. Alle diese Techniken mußten auch wir erst lernen, bevor wir sie anderen erklären oder beibringen konnten. Wir erlebten dabei, wie staubig, eintönig, ungesund und langweilig viele Arbeiten waren.

Vorarbeiten zur Ausstellung

Bis zum Garn hatten wir es gebracht – teilweise ungleich und dick gesponnen, aber immerhin! Jetzt wollten wir die Arbeitsvorgänge bis zum Stoff bewältigen und auskundschaften, wie lange diese Tätigkeiten in Biberach noch von Hand verrichtet wurden. Wir wußten, daß in Biberach viele Webstühle auf Bestellung noch bis ins 20. Jahrhundert gearbeitet hatten. Die auf Bestellung der Kunden gefertigten Stoffe – teilweise mit dem Gespinst der Bäuerinnen – wurden zur Brautausstattung vernäht. Es gab auch Weber in der Stadt, die ihre Stoffe als Meterware für Bettzeug verkauften. Erst nach und nach bestellten sie Fertigprodukte, als die Maschinenarbeit billiger war als die Handarbeit. Es gab bunte Stoffe für Bettwäsche und Leibwäsche zu kaufen. Heute noch fallen im Stadtbild Biberachs die vielen kleinen Textilgeschäfte ins Auge – natürlich inzwischen nur noch mit Fertigprodukten.
Wir wollten die Arbeitsgänge vom Garn zum Stoff nachvollziehen und die Umstellung im Einzelhandel vom Weber in Auftragsarbeit zum Verkauf von Fertigprodukten und der damit zusammenhängenden Veränderung im Gewerbe, bei den Webern, Lohnarbeitern, Zuarbeitern und Verarbeitungsberufen nachgehen. Auch interessierte uns die Stoffbehandlung und Verarbeitung im Bürgerhaus: was die Frauen nähten, und wie sie ihre Wäsche früher behandelten.

Die Ausstellung: „Das Textile Gewerbe in Biberach im 19. Jahrhundert und zu Beginn des 20. Jahrhunderts“

Eine nahezu vollständige Brautausstattung mit teilweise unbenutzter Leinwand brachte uns auf die Idee, der Ausstattung einer Bürger- und einer Bauersfrau nachzugehen. Die Nähanleitungen sind in alten Zeitschriften (Kalendern, Wochenblättern, Almanachen für Frauen u.ä.) nachzulesen. Die Durchsicht des „Amts- und Intelligenzblattes“, der Lokalblätter, des Branchenverzeichnisses und der Einwohnerverzeichnisse brachte uns auf die Idee, eine Karte mit den entsprechenden Geschäften zu zeichnen und alte Weberwohnungen einzutragen. Es zeigte sich, daß oft über Jahrhunderte hinweg Weber in den gleichen Häusern arbeiteten, die heute kleine Textilläden haben. Ortskundige Frauen gingen zu den alten Geschäftsinhabern und ließen sich aus der Firmen- und Familiengeschichte erzählen. Erstaunlich viel kam dabei zu Tage.
Alle Einzelergebnisse der Recherchen wurden im Team vorgetragen, von der Teamleiterin koordiniert und zu Ausstellungsgruppen zusammengefaßt. Den Aufbau besorgten dann ebenfalls die Frauen. Jede übernahm einen Teil. Die Themen wurden soweit als möglich mit den Beständen des Museums vervollständigt, die Forschung von der Teamleiterin geprüft und mit Abbildungen bzw. Quellen von anderswo – wo dies nötig war – angereichert.
Beim Fotografieren, beim Schreiben der Erklärungen, beim Arrangieren und

Gestalten der Ausstellung arbeiteten eine Kunsterzieherin und Grafikerin mit. Die Ausstellung wurde besonders wegen der ansprechenden Gestaltung gelobt. In der Ausstellung waren folgende Teile zu sehen:

1. **Stoffbedarf und Ausstattung eines bürgerlichen und eines bäuerlichen Haushalts**
   - Aussteuerverzeichnis einer Bürgersbraut mit Preisen aus Biberach, 1825;
   - Pflug, J.B., Heimführung der Braut (Litho) 1825–30;
   - Schlaf- und Wohnraum in einer Puppenstube des 18. Jahrhunderts (Foto mit Zeitung);
   - Bauernschrank, 19. Jahrhundert, dem Brauch entsprechend als Aussteuerschrank dekoriert mit Stoffen, Garn, Flachsbüscheln, Gewürzen, Wachsstöcken u.ä.;
   - Aussteuerverzeichnis einer bäuerlichen Braut, Oberschwaben, 1874;
   - Bettsack aus Leinen (mit Stroh ausgestopft);
   - Schürzen, Unterwäsche, Leibchen und Unterröcke, sowie andere Kleidungsstücke teilweise handgenäht um 1900.

2. **Hausfleiß**
   - Kleidungsstücke, die zu Hause genäht und verziert wurden, wie Kinderhäubchen, Schürzen, lange Damenunterhosen, Miedertaille, Halstücher;
   - Schnitte und Nähanleitungen;
   - Anweisungen zur Pflege der Wäsche (bügeln, legen);
   - Handarbeitende Frauen, Bilder und Stiche des 18. und 19. Jahrhunderts sowie frühe Fotos aus dem Besitz des Museums;
   - eine Wäschemangel funktionsfähig, Gußeisen um 1910;
   - Anweisungen zur Mädchenerziehung aus Almanachen und Wochenschriften des 18. Jahrhunderts.

3. **Garn- und Stoffbehandlung**
   - Gegenüberstellung eines Webers im 16. und im 19. Jahrhundert (Bild und Text);
   - Saal mit Webstühlen einer Biberacher Firma um 1900;
   - Behandlung der Barchentstoffe durch Karten, Scheren, Färben, Sieden mit Bildern, Werkzeugen und Rohmaterialien (gefärbte Woll- und Leinengarne u.a.m.).

4. **Veränderungen im Textilgewerbe im 19. Jahrhundert**
   - Vom Leinenweber zur europäischen Posamentenfabrik (Bilder, Texte, Erinnerungen);
   - Bilder und Texte aus Jubiläumsschriften Biberacher Textilfirmen als Sammelband zum Blättern;
   - Stadtplan Biberachs mit sämtlichen Textilgeschäften und Weberhäusern;
   - Einschreibbücher bei Textilgeschäften (zum Nachkauf von Stoffen);
   - Webmuster früher;

Barchentweber 1425

BARCHENTWEBER
IN BIBERACH

Quellenheft

STADT IM
MITTELALTER

Frau im Regentuch aus Barchent 18.Jh.

Suchspiel (Informationen und Bilder)

<u>Zunftlokal</u> und -herberge der Webergesellen. Auf dem Platz davor war Garn-, Tuch- und Werg- oder Flachsmarkt, wo Weber benötigte Rohstoffe einkaufen konnten. Nur sie durften hier Tuche meterweis verkaufen.

<u>Gesellschaftskapelle</u> in der Stadtpfarrkirche: Gestiftet 1469 von den Patriziern Eberhard II von Brandenburg und Martin Weißhaupt, deren Familien im Fernhandel tätig waren.
In der Kirche hatte auch die Weberzunft ihren Altar.

<u>Weberhaus</u> mit Dunkeingang. Weberhäuser lagen meist am Hang. Nur hier konnten Keller ausgehoben werden, ohne auf Grundwasser zu stoßen. Die meisten Häuser auf dem Weberberg dienten jahrhundertelang den Webern als Wohn- und Arbeitsplatz.

<u>Kleeblatt</u>, ein Patrizierhaus 1454 von dem Baumwoll- und Barchenthändler Martin Weißhaupt erbaut. Sein Sohn gründete die Handelsgesellschaft Weißhaupt-Schreiber-Dittmar (1491). Im 18. Jh. befanden sich darin die Versammlungsstuben der evangelischen Patrizier.

<u>Siechenfärbe</u>, schon im 16. Jh. eine der zwei städtischen Färben, wo Tücher besonders rot, blau, grün und schwarz gefärbt wurden.

<u>Rathaus</u>: Im 2. Stock befand sich die Schaustube der Weber. Hier mußten die Weber jedes Tuch bis zum 25. Juli vorgelegt und auf Fadenzahl, Länge und Güte prüfen lassen. Je schlechter das Tuch, desto höher waren die Schaugebühren. Umging ein Weber die Schau, wurde er in den Turm gelegt.

<u>Greth</u>: heute Stadtbücherei: Lager und Zollstation für eingeführte Baumwolle. Umschlagplatz für Baumwolle und andere Handelsgüter der Fernhändler. Markt für Schuster, Tuchmacher, aber auch Kornlager.

Suchspiel:

Mit Hilfe dieser Karte kannst Du in Biberach einige Gebäude und Plätze finden, die vom Webergewerbe zeugen.
Welche Aufgaben die numerierten Plätze und Gebäude hatten, findest Du auf der Rückseite. Wenn Du die beigefügten Fotos genau betrachtest, findest Du Dich während des Erkundigungsspiels bestimmt schnell zurecht.
Warst Du erfolgreich? Dann trage die Nummer von der Karte auf der Rückseite ein.

5. Gewebebindungen und Faseranalyse
- Webbindungen in Patronen und Webbildern;
- Analyseverfahren zur Unterscheidung der Natur- von der Kunstfaser.

Die Ausstellung ist hier so ausführlich beschrieben, damit das eine oder andere Jugendteam ähnliches in seinem Heimatort ausarbeiten kann. Aufgebaut wurde die Ausstellung in einem wenig besuchten Raum des Museums, in dem sonst die Vor- und Frühgeschichte aufgestellt ist. Die Vitrinen ließen sich leicht zurückschieben und Stelltafeln des Museums davorstellen. Die Wandkarten bzw. Bilder wurden von Kleidungsstücken überdeckt. Die Ausstellung war 10 Wochen zu sehen und wurde von 4.692 Besuchern angeschaut. (Jahresbesucherzahl des Museums: ca. 19.000)
Alle Texte und Fotos sowie die Garnproben und Webpatronen wurden beim Abbau sorgfältig auf Sperrholzplatten montiert und dienen seitdem im Aktionsraum des Museums den Schulklassen als Anschauungsmaterial. Inzwischen wurden die geliehenen Stücke zurückgegeben, die Kleidungsstücke wurden größtenteils dem Museum geschenkt. Einige sind ausgestellt, andere werden zur Freude der Kinder beim Unterricht von Kindern in einer „Modenschau“ vorgeführt. Am schönsten ist Großmutters Unterhose mit Schlitz und Spitzen an den Beinen. An dieser Ausstellung hatten nicht nur die Mitarbeiter Spaß. Ihre Familienangehörigen, die interviewten Betriebsangehörigen, die Leihgeber und vor allem die uralteingesessenen Biberacher kamen, um zu sehen, „was die wohl zusammengebracht haben“ und ob auch alles „richtig“ sei.

Rund ums Weben (2. Aktionswochen im Museum)

14 Tage lang gab es zu der Ausstellung ein Begleitprogramm. Jeden Nachmittag wurden in der Ausstellung und im Aktionsraum des Museums Erklärungen, Experimente zu den alten Techniken und Mit-Mach-Programme angeboten. Am beliebtesten war das Stoff-Drucken mit originalen alten und selbstgemachten neuen Holzmodeln. Unter Anleitung der beteiligten und daher gut informierten Frauen wurden Taschentücher, Decken und Kleidungsstücke bedruckt. Einmal konnte das schwierige Sieden mit alten Leinengarnen vorgeführt werden. Dabei muß das Garn in einem Sud von Asche kochen. Das Rezept stammt aus einem alten Zunftbuch. Auch das Färben der Leinen- und Baumwollgarne in heißer Farbbrühe wurde vorgeführt, Karten (= aufrauhen) mit echten Felddistelköpfen, das Prüfen der Naturfasern bei mitgebrachten Stoffstücken durch geeignete Tests konnte jeder erlernen.

Wir versuchten, den Besucher einzubeziehen. Das gelang. Die Gruppen waren offen. Einige Besucher kamen jeden Tag, manchmal meldeten sich Schulklassen an, Kinder und Jugendliche waren ganz selbstverständlich dabei. An den alten Techniken hatten alle Interesse, und das vereinte. An 12 Tagen der Aktionswochen kamen 1.866 Besucher zum Zuschauen und Mitmachen ins Museum.
Immer wieder erzählten die Mitarbeiterinnen beim Sieden, Färben oder Stoff-

drucken von den Lebens- und Arbeitsbedingungen der kleinen Leute früher. So erst konnten wir erfahren, wie mühsam, schwer und anspruchsvoll die Tätigkeiten von Hand waren. Fragen nach den Bedingungen, Lohn, Arbeitszeit, Arbeitsaufwand, Verdienst und den schwierigen Kontrollverfahren schlossen sich im Gespräch wie von selbst an. So gelang die Motivation zur Erkundung der Zusammenhänge.

Im Rahmen der Ausstellung entstand ein breit gefächertes „Angebot an Schulen“ für Klassen der Grundschule und der Mittelstufe. Das Museum bietet lehrplanorientiert Unterricht zu verschiedenen Themen für die Fachbereiche Bildhaftes Gestalten, Geschichte, Deutsch, Soziallehre, Sachunterricht und Textiles Werken an. Für Grundschulklassen existieren die Angebote:

– Vom Samen zum Werg (3. Klasse, Textiles Werken);
– Das Weberhandwerk (4. Klasse, Sachunterricht);
– Kinder auf Bildern (Bildhaftes Gestalten und Sachunterricht).

Für die Mittelstufe gibt es z.B. das geschichtliche Thema „Barchentweber in Biberach“, das in einer Doppelschulstunde im Museum wahrgenommen werden kann. Zur Verfügung gestellt werden außerdem ein Einführungsfilm zum Thema „Flachsacker, Anbau und Bearbeitung“, ein Begleitheft „Das Leinen- und Barchentgewerbe in der Stadt und auf dem Land“ sowie der Aktionsraum des Museums mit Hockern, Gruppentischen, Tafel, Malmaterial und Overheadprojektor. Mit diesem Angebot konnten zusätzlich Kinder und Jugendliche in das Museum geholt und für die Geschichte eines für ihren Wohnort wichtigen Handwerks interessiert werden.

Ausstellung und Aktionsangebote im Museum sind nur eine der Möglichkeiten, mit dem Museum näher bekannt zu werden. Natürlich kann man noch vieles anbieten. Immer, wenn Bewohner ihre eigene Vergangenheit erkunden können, sind sie gerne bei der Sache.

Birke Grieshammer
Museumspädagogischer Modellversuch
Städtische Sammlungen Biberach
7950 Biberach an der Riß

Anmerkungen

1 Gemeint sind die Museen mit verschiedenen Sammlungsbeständen, sogenannten Verbundmuseen.

2 Siehe Programm Museumsaktionswochen 1978 und 1979. Das Projekt fand statt in einem museumspädagogischen Modellversuch, der mit Mitteln des BMBW gefördert wird.

3 Genaueres nachzulesen in den Jahresberichten des Museums und des Modellversuchs und im Abschlußbericht (erschien Mai 81). Anzufordern von Städtische Sammlungen Biberach, Museumstr. 6, 7950 Biberach an der Riß (Kostenbeteiligung bei Begleitheft).

4 Die Bereitung von Flachsfasern, das Spinnen des Leinengarns sowie Weben und Weiterverarbeitung der Stoffe wird ausführlich dargestellt in: Birke Grieshammer, Reinhold Adler, Das Leinen- und Barchentgewerbe in der Stadt und auf dem Land, Begleitheft zur Ausstellung im Museum Biberach, 1979, zu beziehen bei: Städtische Sammlungen Biberach, Museumstr. 6, 7950 Biberach an der Riß, (6,– DM) mit zahlreichen Bildern, Quellentexten und Schaubildern.

Kinder-Kultur-Wochen – und die Folgen

Erfahrungen im Main-Kinzig-Kreis

Der Main-Kinzig-Kreis ist mit nahezu 400.000 Einwohnern im Nordosten des Rhein-Main-Ballungsraumes (mit 29 Gemeinden, aufgeteilt in 147 Ortsteile), der größte hessische Landkreis. Insgesamt Anteil nehmend an drei „Verdichtungszonen" des Rhein-Main-Gebietes, gehört im Kreis das Gebiet östlich von Frankfurt einschließlich der Kreisstadt Hanau zum „zentralen Verdichtungsband", das sich von Mainz/Wiesbaden bis nach Hanau/Aschaffenburg erstreckt; in östlicher Richtung bis Gelnhausen schließt sich ein „suburbaner Raum" an, der dann wiederum von einem mehr „ländlich strukturierten Raum", der wirtschaftlich immer noch von der Rhein-Main-Zone beeinflußt wird und insbesondere den Altkreis Schlüchtern umfaßt, fortgesetzt wird.

Während sich das gesamte Rhein-Main-Gebiet in einem Zustand ständiger Bewegung befindet, fallen die ökonomischen und bevölkerungsmäßigen Tendenzen auseinander: Nimmt die ökonomische Bedeutung des „Verdichtungsbandes" Mainz-Aschaffenburg nämlich eher noch zu, so kommt es gleichzeitig zu einer bevölkerungsmäßigen „Entkernung" der Metropolen – die Wohnbevölkerung bewegt sich zunehmend aus den zentralen Großstädten fort und zu den wohngünstigeren „suburbanen" bzw. den sich anschließenden „ländlichen" Räumen hin. Damit werden auch die zunächst räumlich einheitlichen Sphären von Arbeit, Familie und Freizeit disparat und müssen durch Pendelbewegungen wieder ausgeglichen werden. Gleichzeitig setzen sich die in erster Linie berufs- und konsumbedingten Wanderungsbewegungen auch in anderen Lebenssphären fort: Die Existenz wird zunehmend „teiliger", wobei auch die direkte zugunsten der indirekten Kommunikation verringert wird (z.B. Kommunikation mittels Telefon statt persönlicher Begegnung). Die in den Städten anzutreffende Schichtenheterogenität, also die Verteilung sozial gleichartiger Schichten auf unterschiedliche Stadtgebiete, wird durch die Bewegung in die Neubaugebiete des Umlandes in eine Schichtenhomogenität gewandelt, ohne daß damit allerdings in der Regel schon eine soziale Integration in die neue Umgebung verbunden wäre. So entsteht eine längerdauernde soziale Segregation sowohl von den bereits seit längerer Zeit am neuen Ort Wohnenden als auch von den Alteingesessenen. Damit werden aber auch die besonderen Defizite ländlicher Bereiche spürbarer: Weder die immer noch städtisch geprägten Versorgungsansprüche noch die kulturellen Bedürfnisse können entsprechend den Vorstellungen befriedigt werden, da auch die den Wohnortwechsel überdauernden Bindungen zur Stadt immer mehr zerreißen.

Für die ursprüngliche Landbevölkerung bedeuten die Wanderungsbewegungen eine zunehmende Problematisierung bzw. „Überschichtung" des traditionellen lokalen Machtgefüges, was sich in politischen Aktivitäten der neuen Bevölkerungsteile einerseits, deren verstärkter Beharrung auf kulturellen „standards" andererseits niederschlägt.
Auf diese Weise entsteht ein „Kulturzusammenstoß" zwischen der traditionell von den Vereinen öffentlich organisierten „ländlichen Kultur" und dem von den Zugezogenen geforderten städtischen Kulturniveau, was dann die Situation produziert, daß – fernab jedweder „kulturellen Koexistenz" – die Menschen zwar nebeneinander wohnen, nicht jedoch miteinander leben (vgl. zu diesem Themenkomplex auch H. Schilling/D. Egner: Kinder-Kultur-Arbeit zwischen Metropole und Dorf, Arbeitspapier der Regionalen Arbeitsgemeinschaft für Kinder-Kultur-Arbeit und Jugendkunstwerkstätten, Ronneburg 1980).

Zum „neuen Kulturanspruch"

Der neue Kulturanspruch wird somit von einer Bevölkerungsgruppe formuliert, die weder der städtischen Kulturelite noch dem Kulturgehabe örtlicher „Vereinsmeier" zuzuordnen ist. Sichtbaren Ausdruck in der verstärkten Bildung örtlicher Kulturinitiativen mit ihren Angeboten im Bereich des Mitmachens und des aktiven Teilnehmens gewinnend, manifestiert sich dieser Kulturanspruch auch in öffentlich artikulierten Bedürfnissen:
- dem Bestreben, etwas zu bewirken;
- dem Bedürfnis nach Orientierung in der neuen Wohnwelt;
- dem Bedürfnis nach sozialer Anerkennung im neuen dörflichen Umfeld;
- dem Bedürfnis nach Selbstbestimmung, Freiheit und Experiment;
- dem Bedürfnis nach (neuen) Anregungen und vielfältigen Erfahrungen oder auch in
- dem Bedürfnis nach Sicherheit und Solidarität.

Da nun weder die städtischen Kultureliten noch die dörflichen Heimatvereine in der Lage sind, diese Bedürfnisse in adäquater Weise abzudecken, werden die an Kultur Interessierten auf die Organisierung eben jener privater Kulturinitiativen verwiesen, wie sie im Rhein-Main-Gebiet innerhalb der gesamten Region entstanden sind (z.B. Taunussteiner Mach-Art, Kulturinitiative Schöneck, Kulturinitiative Nidderau etc.).

Diese oben formulierten Bedürfnisse werden im suburbanen Raum von den Erwachsenen auch als Anspruch für die Erziehungs- und Bildungshilfen für deren Kinder und Jugendliche formuliert. Es entstehen Forderungen und Wünsche, denen durch die Einrichtungen und Methoden der traditionellen Kulturarbeit im Dorf nicht nachgekommen wird.

Zur Kinder-Kultur-Arbeit am Beispiel von Kinder-Kultur-Wochen

Kinder-Kultur-Wochen stellen nun einen regional organisierten, erfolgreichen Versuch dar, Kulturarbeit vor dem Hintergrund sozialpädagogischer Zielsetzungen zu verwirklichen.
Angeregt durch Modelle und Erfahrungen in Pioniereinrichtungen (Bundesvereinigung Kulturelle Jugendbildung, Wannseeheim Berlin, Jugendbildungsstätten des AdB), trat die Abteilung Jugend, hier insbesondere das Jugendzentrum Ronneburg (als Jugendbildungsstätte des Main-Kinzig-Kreises) 1979 und 1980 als regionaler Innovator für dieses Angebot auf, wobei die innovatorische Funktion u.a. umfaßt:

- Aktionsimpulse, Motivations-„Pool";
- Planungsstrategien;
- permanente Informationszentrale;
- Training für Multiplikatoren und Initiativpersonen und
- z.T. Veranstaltungsort.

Besonders interessant ist nun, daß in der mittleren Region des Main-Kinzig-Kreises, also dem oben beschriebenen „suburbanen Raum", die beträchtlichste Zahl von Angeboten organisiert und in Anspruch genommen wurden. Nicht unbedeutend erscheint in der Nachbetrachtung auch die Organisationsreichweite der Aktivitäten: Im suburbanen Raum lagen 10 der 29 Gemeinden, in denen während der Kinder-Kultur-Woche Programme in einem Einzugsbereich von maximal 20 Kilometern realisiert wurden. Nicht unwichtig scheinen hier offenbar Faktoren zu sein wie Telefonbereiche, gegenseitige Erreichbarkeit mit dem Auto oder auch die „verbindende" Presseberichterstattung, also die lokale Öffentlichkeit.
Außerhalb der mittleren Verdichtungszone, im östlichen Kreisgebiet, beteiligten sich 3 Gemeinden an den Wochen, doch liegen diese Orte geographisch zwar in der dritten, ländlichen Region, de facto aber im suburbanen Raum (Verkehrsanbindung an eine Hauptverkehrslinie der Eisenbahn, Kur- und Badeort, ehemalige Kreisstadt).

Zu den Kriterien und Inhalten von Kinder-Kultur-Wochen

In Übereinstimmung mit den oben entwickelten Überlegungen zur Differenzierung „provinzieller" Räume lassen sich nun die Kriterien für die Veranstaltungsinhalte, die Formen und die Zielgruppen für Kinder-Kultur-Wochen

HAWKS
12

angeben. Hierzu zählen:

- Das Entwickeln von *„Spielfähigkeit"* im Sinne aktiver, selbstbestimmter Tätigkeit, d.h. Spiel- und Lernangebote, in denen das Spiel dominiert und nicht umgekehrt das Spiel nur als das Transportmittel für eine effektivere Lernvermittlung funktioniert.
- Die Konstituierung von *„Heimat"* als Gegenstand und Basis der Animation, insofern die konkrete örtliche Situation nicht nur als Spielort, sondern auch in ihrer historischen und aktuellen Situation als ein Erlebnisfeld, das es zu entdecken gilt, interessant ist.
- Die *örtliche* Entwicklung und Konstituierung von Alternativen und Verbesserungen, ohne daß damit von vornherein bereits eine überörtliche Beratung und Animation ausgeschlossen würde.

Wie sich eine solche Arbeit nun in concreto dargestellt hat, soll im folgenden kurz an dem Programm der Kinder-Kultur-Woche im Main-Kinzig-Kreis im Jahre 1980 angedeutet werden. Es wurden angeboten:
Mitspielzirkus für Kinder
Puppenmitspieltheater
Laienspieltheater
Laientheater
Profi-Theater
Profi-Puppentheater
Schattentheater (Spinnstube)
Dorf-/Gemeinde-Rallye
Kinderkreativitätsschule (für Grundschüler)
Kindermalschule
Kinderspielnachmittag auf einem Waldspielplatz
Töpfern und Gestalten
Bücher-Bingo
Besuche im Heimatmuseum
Besuche bei Künstlern (Töpfer/Glasmaler)
Kinder-Kino
Kinder-Kultur-Mobil

Mitarbeiterstruktur

Um Mitarbeit bzw. Beteiligung bei den Adressaten zu erwecken, erwiesen sich zwei Wege als erfolgreich: Zum einen das Ansprechen schon vorhandener Gruppierungen, zum anderen – falls darauf nicht zurückgegriffen werden konnte – die Schaffung von Voraussetzungen zur Kontaktaufnahme in Gestalt von offenen Angeboten, wobei die „Offenheit" sowohl die Gewährung von Bewegungsoffenheit, die allgemeine Zugänglichkeit wie auch die Offenheit der Entscheidung über eine spätere Beteiligung oder Nicht-Beteiligung umfaßt.

Der Initiativpersonen- bzw. Trägerkreis für die Kinder-Kultur-Wochen bestand größtenteils aus Personen, deren berufliche Tätigkeit sich auf das Gebiet der Erziehung erstreckt: Lehrerinnen, Leiterinnen von Kindergärten, hauptamtliche Mitarbeiter der Jugendbildungsstätte, hauptamtliche Mitarbeiter in der Kreisverwaltung, Bedienstete von Gemeindeverwaltungen, Leiter von Gemeindebüchereien, örtlich tätige Sozialarbeiter, Außenmitarbeiter einer Familienbildungsstätte oder auch Sozialbetreuer von Ausländergruppen (Caritas, Arbeiterwohlfahrt).
Als Träger traten in Erscheinung: Eine örtliche Kulturinitiative, ein örtlicher Musizierkreis, ein Jugend-, Kunst- und Musikverein, zwei Laienspielgruppen, ein freier Verein für Kinderarbeit und mehrere offene Jugendtreffpunkte.
Auf drei der genannten Angebote im Rahmen der Kinder-Kultur-Wochen 1980 soll an dieser Stelle näher eingegangen werden:

Das Kinder-Kultur-Mobil

Das Kinder-Kultur-Mobil (Ki-Ku-Mobil) war eine mobile Spielaktion, die in den stärker ländlich geprägten Teilen des Main-Kinzig-Kreises zur Durchführung gelangte. Im Mittelpunkt des Angebots stand ein bunt bemalter VW-Bus mit fünf Betreuern, der täglich in wechselnden Orten die Kinder mit kreativen Verkleidungs-, Schmink- und Spielaktionen anzusprechen suchte. Durch die zentrale Lage der besuchten Plätze konnten damit auch viele Kinder angesprochen werden, die nur zufällig vorbeigekommen waren. Darüber hinaus stieß die Aktion bei den Eltern auf beträchtliches Interesse, so daß sich das Ki-Ku-Mobil immer mehr als eine Attraktion für die in vielen Bereichen noch unterversorgte ländliche Region erwies, zumal damit Gruppen angesprochen werden konnten, die ansonsten bislang nicht zu erfassen gewesen waren.

Die Dorf- oder Gemeinde-Rallye

Eine Dorf- oder Gemeinde-Rallye ist besonders gut geeignet, den „Zusammenstoß“ von Alteingesessenen und Zugezogenen zu mindern. Denn topografisch/lokalhistorische Suchspiele geben den Ersteren einen Teil des authentischen Selbstwertgefühls wieder zurück, insofern die dem Ort spezifischen und nicht austauschbaren Erscheinungsformen ernst genommen und zum Gegenstand von wettbewerbsmäßig ausgetragenen Recherchen gemacht werden. In dem Maße, wie das Dorf zum Gegenstand von Neugierde und Interesse wird, gewinnt es eine Wichtigkeit (zurück), die es angesichts der dominierenden Rolle der Stadt und der städtischen Werthaltungen und Normen aufgegeben hatte. Andererseits kann das geschichtliche Interesse auch – und gerade – an der neuen Wohnumwelt bei den Zugezogenen zur schnelleren, umfassenderen Gewinnung des neuen Lebensraums als Satifikationsraum führen. Aktiv ermittelte Raumorientierung erscheint zufriedenstellender als die eher passiv gewonnene, als vermittelte.

Der Mitspielzirkus für Kinder

Vor allem der mehrtägige Mitspielzirkus für Kinder erwies sich unter dem Aspekt der „Wiedergewinnung von Spielfähigkeit" als außerordentlich bedeutungsvoll, weshalb hier denn auch noch einmal am Beispiel der Langenselbolder Erfahrungen von 1980 näher auf dieses Angebot eingegangen werden soll.

Der Langenselbolder Zirkus konnte unter der Voraussetzung einer ausreichenden Betreuergruppe, genügender Räumlichkeiten für bessere und schlechtere Wetterverhältnisse sowie insbesondere eines bereits kontinuierlichen Kinderspielangebots in Form von jährlichen Ferienspielen, Kinder-Kultur-Wochen und wöchentlichen Kinderspielnachmittagen durchgeführt werden. Von daher paßte sich die Veranstaltung sehr gut in die langfristige Gesamtkonzeption ein und wirkte befruchtend auf die weitere gemeinsame Arbeit mit den Kindern.
Von der Grundvorstellung her sollte am Eröffnungstag mit der Festlegung der verschiedenen Gruppen bzw. Programmnummern begonnen werden, um dann durch eine gemeinsame Erarbeitung mit den ca. 50 Kindern sowohl die Vorarbeiten (wie Kulissenbau, Kostümeschneidern etc.) als auch das Einüben der Programmteile vornehmen zu können. So wurde eine regelrechte „Zirkus-

werkstatt“ eingerichtet, in der zunächst eine Manege aus Obstkisten, des weiteren aber auch die vielfältigen Kulissen angefertigt und bemalt wurden. Außerdem konnten Köpfe und Masken aus Kartons bzw. Zeitungen und Kleister, Hüte und Kleidungsstücke aus alten Stoffballen für alle Beteiligten, Fahnen und Vorhänge sowie die verschiedensten anderen Hilfsmittel und Requisiten gefertigt werden. Insgesamt erwiesen sich folgende Materialien als unentbehrlich:

Latten, Preßplatten, Bretter, runde Stangen, hohe Obstkisten, Holzreifen und Holzkeulen, Nägel, Hammer, Zangen und Sägen, Kleister, Farben, Pinsel und Papierrollen, Stoffe, Wolle, festes Nähgarn, Nähnadeln, Stecknadeln, Sicherheitsnadeln, Heftmaschinen und Scheren, Wäscheklammern, Seile und Krepppapier, Theaterschminke, Vaseline, Nivea, Augenbrauenstifte und Erdfarben, Kazoos, ein Clownsakkordeon, Maultrommeln und Flöten, Schreibblätter und Programmzettel, Gummimesser, Bälle und Luftballons und vieles andere mehr.

Aufgrund der recht weit gediehenen Arbeiten am Eröffnungstag konnte nun beim nächsten Treffen insbesondere das Einüben der Programmteile im Zentrum stehen. Nach langen Diskussionen erfolgte schließlich eine Einigung

auf folgende „Attraktionen“:
- Clownsorchester;
- Seiltanz;
- Bärennummer;
- Wilde-Western-Show;
- Gewichtheben mit dem stärksten Kind der Kinder-Kultur-Woche;
- Löwendressur;
- Elefantenballett;
- Clownsparade.

Und wir brauchten natürlich einen Zirkusdirektor.
Eine kleine Gruppe von Kindern fertigte Handzettel mit Programm und Aufführungsdatum des „Cirkus Schloßio“ an, die dann bei einem Umzug durch den Ort in voller Kostümierung als Einladung an die Bevölkerung ausgegeben wurden.
Am dritten und letzten Nachmittag begann dann vor einer beträchtlichen Zuschauerkulisse von Kindern und Erwachsenen eine Zirkusaufführung, die von allen Beteiligten nicht so schnell vergessen wurde. Denn obwohl sich angesichts einer nicht zu überbietenden Nervosität der Kinder eine Panne nach der anderen ereignete, tat dies dem Spaß an der Sache bei Schauspielern und Publikum keinerlei Abbruch. Die – zu einem großen Teil ungeplanten – Zwischenfälle wurden als geplante „Gags“ verstanden und entsprechend immer wieder mit großem Beifall aufgenommen. Darüber hinaus lag es auch gar nicht in der Absicht der Veranstaltung, die Kinder perfektionistisch zu „dressieren“ und sie zu Höchstleistungen zu stimulieren. Vielmehr sollten neue Spielsituationen nicht alltägliche Erfolgs- und Gruppenerlebnisse vermitteln und damit die konsumorientierten Kommunikationsformen zugunsten des aktiven Engagements, der individuellen Kreativität, Geschicklichkeit, Phantasie, Spontaneität und Ausdrucksfähigkeit der Kinder verdrängen. Dazu bot und bietet gerade der Kinder-Mitspielzirkus besonders gute Möglichkeiten.

Schlußfolgerungen und Perspektiven

Will man Kinder-Kultur-Wochen nicht als einmalige Aktionen ohne Folge-Charakter (miß-)verstehen, so stellt sich abschließend die Frage nach den Schlußfolgerungen bzw. Perspektiven dieser Veranstaltungen in bezug auf eine „Verstetigung“ von Kulturarbeit mit Kindern. Kinder-Kultur-Wochen dienen diesem Ziel nun in zweifacher Hinsicht, und zwar einerseits als Anregungspotential und andererseits als Verstärkung schon vorhandener Ansätze im örtlichen Bereich.
Schwerpunktaktionen wie beispielsweise Kinder-Kultur-Wochen geben hier Anstöße, fassen bisherige Erfahrungen und Aktivitäten zusammen, kombinieren alte Erfahrungen mit neuen Erlebnissen, verbinden den Impuls von außen (aus der anderen Region) mit der sozialen und historischen Dynamik

der eigenen Provinz-Region. In der Zusammenarbeit der verschiedenen Träger – der traditionellen Vereine, der freien Initiativen und der unterschiedlichen Formen kommunaler Einrichtungen der Kultur- und Sozialarbeit – kann sich so ein vielseitiges Angebot durch die Einrichtung und den Betrieb kultureller Kleinzentren und durch die Schaffung mobiler Angebote entwickeln.

Kulturelle Kleinzentren

Entgegen einer von Regionalplanern zentral „von oben“ festgesetzten Hierarchie von sogenannten infrastrukturellen Notwendigkeiten (Sporthallen, Bürgerhäuser, Museen, Oper, Theater), zeigen sich kulturelle Kleinzentren als provinzielle Initiative unter Einbeziehung von Tradition, Lebensmilieu und Tagesproblemen. Bereits zerstreute und unsystematische Angebote werden hier „lokal“ zusammengefaßt, gewinnen eine Treff-Funktion und sind „Kontakt-Hof“ für Erziehungsberatungs- und Mütterberatungsstellen, für Fahr-Büchereien usw.

- Jugendkunstwerkstätten gewinnen als örtliche Zentren Integrationsfunktion für Alteingesessene und Zugezogene;
- Gemeindebüchereien öffnen sich der Zielgruppe „Kinder und Jugendliche“ durch den Ankauf eines entsprechenden Bücherbestandes, durch kindgerechte Öffnungszeiten, durch kommunikative Lese- und Aufenthaltsmöglichkeiten, durch Informationen zu Themenschwerpunkten, durch Dichterlesungen und Spielaktionen in der Bücherei (Bücher-Bingo);
- Kommunale Jugendförderung bzw. Volkshochschule bieten Spiel- und Lernangebote in leerstehenden alten Werkstätten und ehemaligen Dorfschulen an;
- Jugendverbände und Jugendclubs werden Träger von Jugendzentren und organisieren sowohl für sich wie auch „generationenübergreifend“ Angebote;
- Schwimmbäder öffnen sich der Austragung von Konzerten und Kleinkunstangeboten;
- Traditionelle Kulturpflege-Einrichtungen (Heimatmuseen) bilden sich auch als neue „Spielorte“ aus und schaffen durch entsprechende Angebote und interessante Vermittlungsformen die Voraussetzung zur Bildung „lokaler Identität“.

Mobile Angebote

Auch mobile Angebote vermitteln Neues auf der Grundlage von örtlichen Erfahrungen. Sie konstitutieren den notwendigen Zusammenhang mit gleichen oder ähnlichen Situationen in der Region, verwerten fachliche Erfahrungen oder geben Impulse weiter, so daß auf diese Weise Innovationen aus

anderen Regionen oder sogar „nationale Kulturprodukte“ mit provinziellen Erfahrungen und Eigenproduktionen dialogisieren können. Gerade auch unter dem Gesichtspunkt der Suche nach neuen Wegen in der Erziehungsberatungstätigkeit können mobile Einrichtungen einen bedenkenswerten Ansatz bieten: Als Maßnahme im präventiven Bereich, im Vorfeld von Erziehungsberatung, wäre etwa das skizzierte „Ki-Ku-Mobil“ besonders dazu angetan, die Kommunikation der Kinder untereinander sowie zwischen den Kindern und den Eltern und unter den Erwachsenen zu fördern, wodurch es unter Umständen dann eine Initialzündungsfunktion für weitere Selbsthilfe- und Initiativgruppen gewinnen könnte.
Auch ein „Spielcontainer“, also ein alter Bauwagen oder ein Container mit Spielmaterial für Großgruppen, könnte auf Landkreisebene ein mobiles Angebot darstellen. Örtliche Gruppen und Initiativen würden dabei in vorausgehenden und begleitenden Kursen auf das „große Spielen“ vorbereitet, wobei sich sowohl die bewußte Einbeziehung der Landschaft in die Spielgestaltung als auch die Nachahmbarkeit der Spiele ohne die Animateure als besonders relevant erweist.

Dieter Egner, Lothar Heusohn
Jugendpflege des Main-Kinzig-Kreis

Die Jugendkunstschule Bleiwäsche

Im Märzen der Bauer . . .

Die Jugendkunstschule Bleiwäsche wurde am 4.2.1979 als ein aus acht Personen bestehender eingetragener Verein gegründet. Im August 1979 wurde die Jugendkunstschule Bleiwäsche anerkannter Träger der freien Jugendhilfe nach § 9 des Jugendwohlfahrtgesetzes.
Bleiwäsche ist – seit der kommunalen Neuordnung 1975 – ein Teil der Stadt Wünnenberg, Kreis Paderborn. Der Name Bleiwäsche weist auf einen mittelalterlichen Abbau von Bleierzen in dieser Gegend hin. In Bleiwäsche leben heute ca. 870 Menschen in einer dreigeteilten Siedlungsstruktur; neben dem Dorfkern sind eine „alte" und eine „neue" Siedlung entstanden. In Bleiwäsche selbst gibt es nur zwei mittelständische Unternehmen, ein Sägewerk mit holzverarbeitendem Betrieb (18 Beschäftigte) und ein Tiefbauunternehmen (ca. 80 Beschäftigte).
Durch die Wandlung innerhalb der Erwerbstätigkeitsstruktur – noch vor 30 Jahren gab es in Wünnenberg 63,2% Beschäftigte in landwirtschaftlichen Vollerwerbsbetrieben, heute sind es 26,1% – sind die meisten erwerbstätigen Bleiwäscher zu Pendlern geworden.
Auch die Kinder und Jugendlichen des Dorfes müssen fahren: zum Kindergarten nach Madfeld (6 km), zur Haupt- und Realschule ins Schulzentrum Fürstenberg (7 km), zum Gymnasium nach Büren (16 km) oder Brilon (18 km). Die 2-klassige Grundschule des Dorfes besteht noch, jedoch soll sie nach Ansicht der Gemeindepolitiker in absehbarer Zeit geschlossen werden.
Vor der Gründung der Jugendkunstschule gab es in Bleiwäsche vor allem traditionelle kulturelle Aktivitäten: Schützenverein, Karnevalsverein, Sportverein, Laienspielgruppe. Ein spezielles Freizeitangebot für Kinder und Jugendliche gab es nicht, weder als kirchliche Jugendarbeit, noch als Jugendarbeit der politischen Parteien usw. Finanziert wird die Arbeit der Jugendkunstschule aus Mitteln des Landesjugendplanes Nordrhein-Westfalen, des Kreises Paderborn und aus Eigenmitteln, die sich aus Teilnehmerbeiträgen und Spenden zusammensetzen.
Die Arbeit der Jugendkunstschule begann zunächst in zwei angemieteten Räumen in der leerstehenden alten Schützenhalle des Dorfes. Im Frühjahr

1980 stellte die Stadt Wünnenberg drei ehemalige Lehrerwohnungen in der Grundschule für die Arbeit der Jugendkunstschule zur Verfügung. Insgesamt verfügt die Jugendkunstschule heute über ein Raumangebot von ca. 250 qm.

Die Jugendkunstschule Bleiwäsche leistete 1980 bei 870 Einwohnern, davon ca. 200 Kindern und Jugendlichen mit 15 nebenamtlichen Mitarbeitern ca. 6000 pädagogische Arbeitsstunden. Jedes Bleiwäscher-Kind verbringt also durchschnittlich 6 Stunden pro Woche in der Jugendkunstschule.

. . . die Rösslein anspannt . . .

Voraussetzungen, Ziele und Erfahrungen sozial-kultureller Gemeinwesenarbeit im ländlichen Raum

Das Leben in Bleiwäsche hat sich in den letzten 15 Jahren entscheidend verändert. Das Bild von der wirtschaftlich gesicherten Zukunft, des hoferbenden Bauernsohnes, der von Kindheit an seine Freizeit in Stall und Feld zubringt, der volkstänzelnd um den Maibaum springt und mit den Hühnern zu Bett geht, gib es schon lange nicht mehr. Die Wirklichkeit sieht anders aus.
Die Stadt hat das Land eingeholt! Die Situation und Probleme von Stadt- und Landjugendlichen unterscheiden sich in politischer, wirtschaftlicher und kultureller Hinsicht kaum noch. Was sie unterscheidet, ist bestenfalls der Grad des Bewußtseins bei den verantwortlichen Politikern und Bildungsplanern und die daraus resultierende Bereitschaft, Maßnahmen zur Lösung der Probleme im ländlichen Raum anzubieten oder zu unterstützen.
„Der Fortschritt läßt sich nicht aufhalten" sagt der Volksmund.
Und genau hier setzt das oberste Ziel der Jugendkunstschule Bleiwäsche an: Nicht als ein Versuch, den Fortschritt aufzuhalten, sondern als ein Versuch, Menschen dabei zu unterstützen, Fortschritt als einen Prozeß zu erleben, den man aktiv mitbestimmen – und beeinflussen kann, dem man sich nicht unabänderlich überlassen muß, dem man nicht ohnmächtig ausgeliefert ist.
Die Arbeit der Jugendkunstschule Bleiwäsche versteht sich somit als eine Form sozial-kultureller Gemeinwesenarbeit, ihre Angebote dienen der Anregung und Förderung der

Kommunikationsfähigkeit	= Lernen, einander zu verstehen
Kreativität	= Lernen, sich auszudrücken
Integration	= Lernen, sich für gemeinsame Ziele einzusetzen
Partizipation	= Lernen, mit anderen initiativ aktiv zu werden.

Die Arbeit der Jugendkunstschule gliedert sich methodisch in 3 Bereiche: Kurse, Projekte und offene Veranstaltungen.
Es gibt Kurse für Musik, bildnerisches Gestalten, Tanz, Foto und Theater; Projekte wie Zirkus, Feste, Ausstellungen, einen Bauspielplatz. An offenen Veranstaltungen werden Teestube, Filmclub, Disco und Ferienmaßnahmen angeboten.

Kurse dienen hierbei vorwiegend dem Erwerb technischer Fertigkeiten in einem bestimmten Medium, z.B. Instrumentalkurse, Bewegungsübungen, Anfängerkurse für Foto etc. Darüber hinaus bemüht sich die Jugendkunstschule durch eine Vielzahl von Projekten verschiedenste Kurse in Kontakt zu bringen, um so Kindern und Jugendlichen sehr früh deutlich zu machen, daß der Erwerb technischer Qualifikationen kein Selbstzweck ist, sondern ein Mittel, um sich auszudrücken, um Probleme zu verdeutlichen und zu artikulieren.

Offene Veranstaltungen haben in der Arbeit der Jugendkunstschule eine doppelte Funktion: Einerseits dienen sie als Möglichkeit eines unverbindlichen Kennenlernens der Arbeit der Jugendkunstschule (Erwachsene, Eltern usw.), andererseits bieten sie eine Auftritts- und Darstellungsebene für Ergebnisse der Kurs- und Projektarbeit.

Programmangebot
Konkret gibt es an der Jugendkunstschule Angebote in folgenden Bereichen:

Musik
Musik ist der größte Bereich innerhalb der Jugendkunstschule. Fast alle Kinder und Jugendlichen nehmen in irgendeiner Form am musikalischen Angebot teil. Dieses Angebot umfaßt Instrumentalunterricht für Orgel, Schlagzeug, Trompete, Flöte, Gitarre. Die Mehrzahl der Instrumentalschüler spielt darüber hinaus in verschiedenen Gruppen und Ensembles mit (Big-Band, Musiktheater usw.). Ein Kinder- und ein Jugendchor runden das Angebot ab.

Bildnerisches Gestalten
Die Kurse im Bereich bildnerisches Gestalten umfassen Malen, Töpfern, Batik, Gestalten mit Stein, Pappe, Papier, Drucktechniken. Außerdem gibt es eine Werkstatt, in der verschiedenste Techniken probiert werden können.

Spiel und Theater
Der Bereich Spiel und Theater reicht von Spielgruppen für Kinder und Jugendliche über Kabarett bis hin zum Musiktheater.

Foto
Im Bereich Foto gibt es neben Grundkursen auch Gruppen, die sich mit Labortechniken, Fotogrammen usw. beschäftigen. Die Videogruppe arbeitet bei verschiedenen Anlässen als Dokumentationsgruppe.

Tanz
Tanz als pädagogisches Medium ist in der Jugendkunstschule Bleiwäsche noch neu, neben Tanzspielen werden Bewegungsübungen und Improvisationen ausprobiert.
Neben einer Vielzahl von Projekten (Kinderzirkus, Jugendkunstschul-Fest, Videoanimation zur Situation Jugendlicher in Bleiwäsche usw.) verstärkte die Jugendkunstschule im letzten Jahr das offene Angebot. Schon länger bestehende Veranstaltungen wie Filmclub und Disco wurden vor drei Monaten durch eine Teestube ergänzt. Gemeinsam mit einem Mitarbeiter renovierten Jugendliche die Räume, die Wände wurden von einer Gruppe aus dem Bereich bildnerisches Gestalten bemalt, die Einrichtung aus alten Möbeln wurde durch Mitarbeit von Eltern hergerichtet. Die Teestube ist dreimal pro Woche geöffnet. Hier haben Jugendliche die Möglichkeit, in Eigenregie ihre Abende zu gestalten. Neben verschiedenen Spielen (Schach, Malefiz, Superhirn, Skat, Knobeln) wird häufig die Musik selber gemacht, finden „Kreative Essen“ statt usw. Außerdem ist in der Teestube einfach Raum fürs Reden, sie ist Treffpunkt für alle Jugendlichen, hin und wieder auch für Erwachsene.
Durch die Vielzahl der Angebote, die regelmäßig auch Veranstaltungen für Erwachsene umfaßt (Info-Abende, Stammtisch, Frauengruppe), ist die

Jugendkunstschule mittlerweile im Bewußtsein der Bleiwäscher Bürger fest verankert. Der Identifikationsprozeß wurde auch dadurch unterstützt, daß viele Mitarbeiter der Jugendkunstschule aus Bleiwäsche kommen, daß die Jugendkunstschule bei fast allen Festen des Dorfes mitwirkt, z.B. Mitgestaltung des Gottesdienstes durch den Kinderchor, Auftritte der Big-Band und der Tanzgruppen beim Schützenfest und beim Karnevalsfest.

. . . und freut sich von Herzen, wenn alles schön blüht.

Fazit

Die Jugendkunstschule Bleiwäsche arbeitet nun bereits seit zwei Jahren. Die nach wie vor hohe Nachfrage und große Beteiligung an den Angeboten und Veranstaltungen macht die Notwendigkeit einer solchen Institution in einem Dorf sichtbar. Sie verdeutlicht darüber hinaus, wie notwendig und wichtig es ist, sozial-kulturelle Angebote in einem Gemeinwesen zu verankern. Bildungs- und Kulturzentralismus mag wirtschaftlich sinnvoll erscheinen, er ist bildungspolitisch und pädagogisch fatal.

Flächendeckende Kreismusikschulen nach dem Gießkannenprinzip eines Flötenkurses hier und zweier Klavierschüler dort, Spielmobile der Kreisjugendämter, die als Wanderzirkus zweimal jährlich im Dorf eine Gastvorstellung geben, können den Freizeitbedürfnissen, Wünschen und Erwartungen nur schwer gerecht werden. Kulturelle Kleinzentren wie die Jugendkunstschule Bleiwäsche bieten hier für die Zukunft mehr Aussicht auf Erfolg. Wie erfolgreich sie zukünftig arbeiten können, wird nicht zuletzt entscheidend davon abhängen, wie stark das Bewußtsein bei Politikern und Bildungsplanern für sozial-kulturelle Bildung und Aktivitäten im ländlichen Raum umschlägt in nicht primär verbale und ideelle Unterstützung, sondern in materielle und finanzielle Förderung.

Idealismus ist sicher ein sehr wesentliches Element engagierter Kulturarbeit.

Idealismus plus Ehrenamtlichkeit ist ein Privileg, das sich nur wenige leisten können, eine „Sonntagskultur“.

Idealismus plus Professionalität ist eine Chance zur Verwirklichung einer demokratischen Kultur als einer Kultur, die Menschen ermutigt, ihre Wirklichkeit authentisch wahrzunehmen, ihre schöpferischen Kräfte zu entwikkeln und ein kritisches Bewußtsein ihrer Tätigkeit zu haben.

Eva-Maria Brock
Jugendkunstschule Bleiwächse
4761 Bleiwäsche, Bruchstr. 5

Mehr Chancen in unserem Dorf

Entstehungsgeschichte, Aktivitäten und Perspektiven einer Initiative der Katholischen Jungen Gemeinde Hopsten

Hopsten hat ca. 4000 Einwohner und liegt im nördlichen Teil des Kreises Steinfurt in Westfalen. Zu ihrem 4. Jugendtag hatte sich die Katholische Junge Gemeinde (KJG) vorgenommen, über die gegenwärtige Lebenssituation und Perspektiven der Hopstener Jugendlichen zu diskutieren. Wie es dazu kam und was sich daraus entwickelte, berichten Beteiligte.
In den letzten Jahren hat sich die Katholische Junge Gemeinde Hopsten bewußt und vermehrt für die Belange von Kindern und Jugendlichen aus unserer Gemeinde stark gemacht. Neben der Demokratisierung des Verbandes, die darauf abzielte, Kinder und Jugendliche an allen Entscheidungen und Vorgängen zu beteiligen, lag ein weiterer großer Schwerpunkt darin, Probleme öffentlich zu machen und Aufmerksamkeit zu wecken. Die daraus folgenden Handlungen haben etliche und wesentliche Veränderungen im Freizeitbereich bewirkt (z.B. Renovierung des Jugendheimes).
Die KJG hat jedoch auch oft erfahren müssen, daß sie mit ihren Anfragen nicht ernstgenommen wurde oder mit ihren Anliegen auf massiven Widerstand von Seiten der Kirchenleitung stieß. Von hier aus wurde die Arbeit immer wieder als antikirchlich, nichtkatholisch bezeichnet. Dies angebliche „Nicht-Kirchlich-Sein" und die innere Demokratisierung des Verbandes führten 1978 sogar zur Gründung der Kolpingjugend durch einige „abtrünnige" KJG-Gruppenleiter.
Nichtsdestotrotz, *die Kinder- und Jugendarbeit der KJG ging weiter!*
Seit einigen Monaten spüren wir jedoch deutlich, wie erreichte Verbesserungen wieder abgebaut werden und die bekannte „Freizeitlangeweile" und „Passivität" um sich greift. Während die Diskothek am Ort überfüllt ist, finden wir im Jugendheim gähnende Leere. Oft ist es nicht einmal geöffnet. Fazit: *Außer Schwoof nichts los!*
Selbst betroffen von dieser Lage, haben wir uns in etlichen Stunden über unsere Situation unterhalten und nach Ursachen und Bedingungen dafür gesucht, denn wir wollten aktiv werden, um der zunehmenden Verschlechterung im Freizeitbereich entgegenzuwirken. Es lag uns sehr am Herzen, die Merkmale „herauszufischen", die unsere Situation auf dem Dorf prägen, und die wir nun kurz beschreiben wollen:

Mangelndes Freizeitangebot

Wie schon beschrieben, ist das Jugendheim/Kettelerhaus unregelmäßig geöffnet und an Wochenenden häufig geschlossen. Dieser Mangel und das begrenzte Raumangebot (3 Räume) lassen vermuten, warum das Kettelerhaus nicht der Treffpunkt der Jugend geworden ist. Es ist einfach unmöglich, daß hier die verschiedenen und vielfältigen Interessen von Kindern und Jugendlichen verwirklicht werden können. Oft erfahrenes „Nicht-Verständnis“ der Kirchengremien behindern zudem die Entwicklung. Gerade dieses Freizeitdefizit treibt uns und andere Jugendliche in die nahegelegene Diskothek, und es ist daher dringend zu fragen, ob damit die Kirche ihrem sozialen Anspruch und Auftrag gerecht wird.

Schlechte Verkehrsverbindungen

Die öffentlichen Verkehrsverbindungen sind so schlecht, daß besonders am Wochenende nur diejenigen aus Hopsten rauskommen, die einen fahrbaren Untersatz haben oder irgendwo mitfahren können. Unsere These beweist sich, wenn wir uns z.B. am Samstagabend den Mofa-, Moped-, Autofuhrpark am „Forum“ ansehen.

Bedingt durch die miserablen Verkehrsverbindungen haben Kinder und Jugendliche in Hopsten weniger „freie Zeit“ zur Verfügung als Gleichaltrige in der Stadt, denn sie sind alltags bis zu 2 Stunden länger unterwegs vom Elternhaus zur Schule oder zur Ausbildungsstelle. Geschafft vom anstrengenden Arbeits- oder Schulalltag ist man froh, sich abends ausruhen zu können.

Die vielen Cliquen

In Hopsten ist die Aufspaltung Jugendlicher in viele kleine Cliquen zu beobachten, die sich nach außen hin stark abkapseln. Kleine Freundeskreise (oft nur Pärchen) verbringen ihre Freizeit zusammen, und es ist sehr schwer, beinahe unmöglich, Beziehungen und Kontakte zwischen den verschiedenen Cliquen herzustellen. Wir glauben, daß hierdurch Veränderungen der Lage Jugendlicher erheblich behindert werden.

Abhängigkcit von Elternhaus, Schule und Betrieb

Hopsten ist eine kleine überschaubare Gemeinde, die zugleich Sicherheit und Geborgenheit vermittelt. Dies bedeutet jedoch auch starke Kontrolle der Jugendlichen und ihrer Aktionen durch die Erwachsenenwelt. „Gerede“ und „Getratsche“ haben oft Tatsachen verfälscht und einige von uns ganz schön mitgenommen. Die Angst um die Lehrstelle, Befürchtungen um die schulische Zukunft und die Gefahr, durch die „Gerüchteküche“ gezogen zu werden, haben manch Engagement und Wunsch gebremst. Wir meinen, daß diese Abhängigkeiten ein konsequentes Einsetzen für unsere Interessen blockieren.

Aus all diesen Überlegungen, unseren Defiziterfahrungen im Freizeitbereich und unserer Unzufriedenheit mit politischen Entscheidungen der Kirchen-

und Bürgergemeinde am Ort entwickelte sich die ernste Fragestellung, ob es für uns eine Zukunftsperspektive in Hopsten gibt, die ein Leben dort interessant macht. Ein Leben, welches nicht von Resignation, Apathie, Ohnmacht und Schweigen gekennzeichnet ist.
Wir wollten mit unseren Diskussionen, Ideen und Wünschen nicht allein bleiben und planten daher eine Veranstaltung, die dann nach Rücksprache mit dem Leitungsteam der KJG am Buß- und Bettag (1979) stattfand.
Unter dem für so manche provozierenden Titel „Keine Chancen für unser Dorf?" diskutierten 45 Jugendliche im Alter von 16–24 Jahren einen Tag lang in verschiedenen Arbeitskreisen.
Im folgenden geben wir gekürzt die wichtigsten Ergebnisse wieder, die sehr oft nach kontroversen Debatten zustande gekommen sind:

Ein Jugendzentrum muß her!
Nachdem überlegt worden war, wie das Raumangebot verbessert werden könnte (Umbau leerstehender Häuser zu einem Jugendzentrum, Ausbau des bestehenden katholischen Jugendheimes), wurden diese Erwartungen der Kirchen- und Bürgergemeinde vorgetragen, deren Antworten jedoch die Verwirklichung eines Jugendzentrums in Hopsten in weite Ferne rücken ließ. (Mangelnde finanzielle Möglichkeiten!!!, bessere Ausnutzung des jetzigen Angebotes.) Da die Forderung nach einem Jugendzentrum bzw. die Verbesserung des Raumangebotes auch unter den Jugendlichen strittig war, wurde folgende Einigung getroffen, die jedoch letztendlich als nicht zufriedenstellend angesehen werden kann.

1. Die Organisation des Jugendheimes ist vorrangige Aufgabe (Öffnungszeiten, Thekendienst, usw.).
2. Der Bürgermeister setzt sich dafür ein, daß die Gemeindebücherei aus dem Jugendheim entfernt wird.
3. Es wird der Bedarf nach einem Jugendzentrum „erforscht".

Zivildienstleistende
Dieser Arbeitskreis besprach die Möglichkeiten eines Einsatzes von ZDL'lern im Jugendheim, deren Anstellung von allen Jugendlichen bejaht wurde.

Wer hat das Sagen in unserer Gemeinde?
In diesem Arbeitskreis wurde festgestellt, daß die grundlegenden Entscheidungen im Gemeindebereich vom Gemeinderat getroffen werden. Zusätzlich kann gesagt werden:

– Daß es bestimmte Verbände in Hopsten gibt, deren Stimme mehr gilt, als die der Jugendlichen;
– Daß in wichtigen Mitbestimmungs- und Entscheidungsgremien der Pfarr- und Bürgergemeinde dieselben Leute sitzen, was die Gefahr in sich birgt, daß Entscheidungen von nur wenigen getroffen werden.

Folgende Verbesserungsvorschläge legte dann dieser AK vor, um Defizite und Mängel im Entscheidungs- und Informationssystem auszugleichen:

– Mehr öffentliche Diskussionen (politischer Frühschoppen, Bürgerversamm-

lungen, Meckerabende);
- Forderung nach einfacher Sprache und Schrift der Verwaltung;
- Jugendliche und Erwachsene müssen sich stärker für politische Dinge, die ihre direkte Umwelt betreffen, interessieren;
- Druck einer Ortstzeitung, die aktuell und ausführlich über Ereignisse und Vorgänge in Hopsten berichtet und zudem Sprachrohr aller Einwohner ist.

Was machen wir mit unserer Freizeit?
In diesem Arbeitskreis haben wir uns mit dem jetzigen Freizeitangebot für organisiserte und nicht organisierte Jugendliche in Hopsten auseinandergesetzt.
Daß das Angebot momentan den Interessen und Bedürfnissen der Jugendlichen nicht entspricht, haben wir zum einen an einer Umfrage, die wir vor dem Jugendtag starteten, zum anderen an dem gezeigten Interesse an unserem Arbeitskreis gesehen. Besonders die Situation im Jugendheim läßt zur Zeit den Satz „Hier ist nichts los" ertönen.
Um eben aus dieser besagten Situation herauszukommen, haben wir unsere Erfahrungen mit den anderen Jugendlichen ausgetauscht.
Zunächst sprachen wir über die Frage: Was ist eigentlich Freizeit? Hier läßt sich keine genaue Definition festlegen, doch wir einigten uns folgendermaßen: Freizeit ist die Zeit, die ich außerhalb meiner Pflichten zur Verfügung habe. Erwartungen, die ich an meine Freitzeit stelle, sind zunächst einmal aus dem alltäglichen Trott, Streß, aus der Hektik und Angst für ein paar Stunden herauszukommen. Außerdem möchte ich abschalten, entsprannen, abreagieren, „ausflippen" . . . Um aber darüber hinaus noch eine sinnvolle Freizeit zu verbringen oder zu gestalten, muß ich mich aktivieren, um nicht dem Konsummarkt (z.B. Diskotheken, Kneipen) zu verfallen.
Am Nachmittag des Jugendtages haben wir uns mit den Fragen „Welche Gründe hindern mich daran, meine Freizeit sinnvoll zu gestalten?" und „Gibt es noch Alternativen zur Freizeit?" auseinandergesetzt. Dazu haben wir uns in vier Gruppen aufgeteilt, wobei sich jeweils zwei mit einer Frage beschäftigten, damit wir ein breites Feld von Ergebnissen bekämen.
Welche Gründe hindern uns daran, unsere Freizeit sinnvoll zu gestalten?
Diese Ergebnisse wurden dann zusammengetragen:

- Fehlende Zeit;
- Bequemlichkeit, Faulheit;
- Konsumgesellschaft (im „Forum" kann man sich alles vorsetzen lassen);
- Mangelnde Informationen (Aktionen, die vorbereitet werden, sollen früher bekanntgegeben werden);
- Bei Vorbereitungen von Veranstaltungen muß man ein Risiko eingehen (Mut);
- Angst vor Enttäuschungen (Reinfall von Veranstaltungen);
- Ich sehe meine Interessen in Hopsten nicht verwirklicht (z.B. mein Interesse schwimmen zu gehen, kann ich nicht in Hopsten verwirklichen, da kein Schwimmbad vorhanden ist);

- Eltern (z.B. man möchte über ein Wochenende irgendwohin fahren, aber man ist ja immer zu jung dazu!);
- Festgewachsen in seiner Rolle (man akzeptiert alles, was einem gesagt wird);
- Schule, Beruf, Gesetze, Verbote, Normen, Kirche, ...

„Gibt es noch Alternativen bei unserer Freizeitgestaltung?“
Hier wurde ein Alternativkatalog zur Freizeit ausgearbeitet. Folgende Anregungen zur Freizeitgestaltung kamen dabei heraus:

Wir wissen, daß man ein besseres Freizeitangebot nicht durch Aneinanderreihen von Möglichkeiten erreichen kann. Um aber diese Verbesserung zu realisieren, bedarf es der Mitarbeit und dem wirklichen Interesse der Jugendlichen. Ob aber dieses vorhanden ist, bzw. sich in nächster Zeit entwickeln wird, kann man jetzt noch nicht sagen.

Einsichten, Erfahrungen, Kritik, weitere Schritte ...
Die vielfältigen Ergebnisse und künftige Perspektiven zeigen auf, wie lebhaft und engagiert am Jugendtag diskutiert wurde und wo die Ansatzpunkte für die weitere Arbeit liegen, denn mit dem Jugendtag hat erst der Start unserer Initiative begonnen:
Was hat der Tag an Einsichten gebracht?
Neben Übereinstimmungen zur Lage Jugendlicher in Hopsten gab es auch kontroverse Meinungen, jedoch dürfen und können wir grundsätzlich feststellen, daß wir mit unserer Einschätzung nicht alleine stehen. Mißstände werden sehr wohl erkannt, doch tut man sich schwer mit Aktionen und

Handlungen.
Diese Umsetzung ist ein künftiger zentraler Schwerpunkt unserer Arbeit. Bestätigt worden ist, daß ein solcher Tag nur ein Anriß der Gesamtproblematik (Jugend auf dem Land) sein kann und daher eine stetige Weiterarbeit unbedingt notwendig ist, wenn wir über den Rahmen der Erkenntnis hinauskommen wollen.
Besonders vorteilhaft für den Ablauf des Jugendtages war die frühzeitige Mitbeteiligung einer Gruppe von Jugendlichen schon in der Planungszeit. Somit konnten die anfallenden Aufgaben arbeitsteilig wahrgenommen werden, was sich positiv auswirkte. Gezeigt hat sich weiterhin, daß die Jugendtage der KJG wichtige Impulse für das Gemeindeleben sind, für neue Denkanstöße sorgen.

Kritik

Nach Ablauf des Tages haben wir allen Teilnehmern einen Fragebogen zugeschickt, mit der Bitte, positive sowie negative Erfahrungen mit dem diesjährigen Jugendtag zu benennen. Diese Kritikpunkte sollten in die Planung kommender Jugendtage einbezogen werden. Ein wenig enttäuscht waren wir von der Rückantwort. Denn nur sechs Bogen kamen zurück. Dort hieß es:
- Zu viel Themen, Thema zu umfassend;
- Arbeitskreis-Themen waren zu hart formuliert (z.B. JZ muß her!);
- Weniger Diskussionen, dafür mehr Handlung;
- Jugendliche werden manipuliert (????)

Wir können uns die mangelnde Bereitschaft nur mit dem „Ärger, schon wieder einen Fragebogen ausfüllen zu müssen“, erklären. So wird in Zukunft ein weiterer Schwerpunkt das direkte Gespräch sein.

Was ist in Planung? Was muß geschehen?

Außer in den Aufgaben, die schon dargelegt worden sind, liegt ein sehr wichtiger Schwerpunkt darin, die Diskussion über die Lage der Jugendlichen auf dem Lande in Gang zu setzen, und zwar auf allen Ebenen, die daran beteiligt bzw. davon betroffen sind. Wir werden den Kontakt zu Jugendverbänden, Schülermitverwaltungen, Pfarrgemeinden, Politikern, Verwaltungen, Initiativen, Schuldirektoren . . . aufrechterhalten und suchen, denn die Bereitschaft zum Dialog ist eine Grundvoraussetzung für Veränderung.
Dabei geht es uns besonders darum, Leute zu finden, die mitmachen und die die Initiative stärken.
Wir können uns auch gut vorstellen, daß das Thema „Unser Dorf . . .“ in den Gruppenstunden der KJG untersucht und die Gruppenleiter in der methodischen Vorbereitung von einer Fachkraft (z.B. Mitarbeiter der katholischen Regionalstelle für Jugendarbeit) begleitet werden. Wir wollen diesen Vorschlag in den KJG-Gremien „durchboxen“.

Fazit

Es gibt eine Zukunft in Hopsten. Das heißt aber, daß sich Jugendliche und Erwachsene frühzeitig mit ihrer Umwelt auseinandersetzen müssen und nicht erst wach werden, wenn das „Kind in den Brunnen gefallen“ ist (z.B. Krankenhausumwandlung, ärztliche Versorgung, Bauplätze).
Von unseren Vertretern im Rat fordern und erwarten wir mehr Bürgernähe. Dazu gehört, daß die Bürger vor wichtigen Entscheidungen detailliert informiert werden. Dies könnte durch Familienbesuche, Informationsveranstaltungen und Diskussionen mit der Jugend geschehen. Weiterhin empfehlen wir allen Ratsmitgliedern, sich nicht auf ihren Sesseln auszuruhen, denn dafür ist die Lage zu ernst. Allen Jugendlichen möchten wir raten, sich für ihre Interessen einzusetzen und ihre Rechte wahrzunehmen. Allen jugendlichen „Forumsitzern“ wünschen wir die Einsicht, daß Alkohol und Flucht in Musik und Anonymität nicht die Lösung der Probleme ist.

Aus: Guckloch
Zeitschrift der KJG, Münster
Nr. 1/1980

Dorfgeschichte – ungeschrieben, dafür selbst gemacht

Der Jugendclub Eichenberg (Hessen) erkundet sein Dorf

Seit einigen Monaten gibt es in Eichenberg eine Arbeitsgruppe, die sich den Namen „Die gute alte Zeit“ gegeben hat. Der Kern der Gruppe besteht aus acht Jugendlichen im Alter von 14–18 Jahren. Aufgrund ihres inzwischen entwickelten Informationsstandes hat die Gruppe wenig Offenheit für neue Mitglieder.

Vorlauf

Die Idee entstand während eines Gespräches mit zwei Mädchen. Wir unterhielten uns darüber, was uns an „Geschichte“ interessiert. Sie zeigten großes Interesse daran, wie die Leute in Eichenberg einst gelebt hatten; sie erzählten spontan Begebenheiten und Geschichten, wie sie noch von ihren Eltern und Großeltern berichtet werden. So habe es z.B. für den Baron, der bis 1938 Schloßherr von Arnstein oberhalb von Eichenberg war, einen eigenen Eingang in der Dorfkirche gegeben. Kurz: Wir beschlossen, auch andere interessierte Jugendliche anzusprechen und eine Arbeitsgruppe zur Geschichte des Dorfes zu bilden.
Die ersten Treffen begannen mit dem Sammeln von Fragen. Energie und Engagement waren in dieser Phase groß. Ohne jede Absicht der Verwendung stand im Vordergrund: Wir wollen alles wissen über „Früher“. Entsprechend bunt war der Fragenkatalog: Wie sah der Alltag aus in Freizeit, Schule, Handwerk und Landwirtschaft, in den Familien? Was war mit Religion? Was geschah in den Kriegen? Wie verlief die Entwicklung des Dorfes? Um an Material heranzukommen, sollten ältere Leute befragt, die Chronik beschafft werden, und außerdem wollten alle nach alten Fotos, Zeitungen und Tagebüchern suchen.

In der nächsten Phase, beim Recherchieren, wurden Interviews gemacht. Dies geschah mit ziemlichem Elan. Es stellte sich dabei heraus, daß mit bloßem Reproduzieren des Zusammengetragenen keine Aneignung des Materials gelingen wollte. Zwei aus der Gruppe versuchten, die Dorf-Chronik aufzutreiben, die in den fünfziger Jahren von einer Lehrerin notiert wurde. Da diese Arbeit nie veröffentlicht wurde, war sie im Archiv der örtlichen Schule abgelegt worden und konnte erst mit Hilfe eines Lehrers wieder ausgegraben werden. In dem Augenblick, in dem der „Schatz" gefunden war, zeigte plötzlich auch die Gemeinde ihr Interesse. Seltsame Konsequenz: Den Jugendlichen sollte die Chronik nur zur Einsicht, nicht aber als Arbeitsmaterial zur Verfügung gestellt werden. Schließlich gab man nach: Kopien durften angefertigt werden.
Dann trafen wir uns einen ganzen Tag: Teile aus der Chronik wurden gelesen und diskutiert; dabei kamen Fragen auf, welche Erfahrungen die einzelnen im Geschichtsunterricht gemacht hatten, was eigentlich an Geschichte interessant sei und was sich mit „der guten alten Zeit" für Vorstellungen verbinden. Aus relativ diffusen Beschreibungen tauchte der Begriff Heimat auf, über das, was Heimat ausmache und heute sei. Das Gespräch führte fast zwangsläufig zur Gegenwart und zu dem, was heute dem einzelnen das Dorf bedeutet, wo er „Heimat" findet bzw. diese bedroht

sieht. Schließlich überlegten wir, ob wir das, was in „traumhaften“ Assoziationen (schöne Kleider, Märchen, alte Filme, Idylle usw.) als „gute alte Zeit“ immer wieder vorkommt, einmal in einer Dia-Serie darstellten könnten. Andere Vorschläge wurden diskutiert, z.B. einen Altennachmittag zu gestalten, damit die Leute sehen könnten, was mit ihren Erzählungen angefangen wurde; vielleicht eine kleine Ausstellung zu machen und . . .
Von den vielen Plänen, die wir schmiedeten, nahmen wir zunächst jenen der Dia-Serie in Angriff. Beim Herumstöbern in Fotoalben, alten Postkartensammlungen und Kleidern wurden Ideen entwickelt und zu einem Drehbuch zusammengetragen. Da wir laut Drehbuch auch einen alten Mann brauchten, bat ein Mädchen ihren Großvater, diese Rolle zu übernehmen. Die Geschichte handelt von einigen Mädchen, die sich aufmachen, um nach „jener Zeit zu suchen, von der man sagt, sie wäre gut und schön gewesen“. Die Dreharbeiten erregten einiges Aufsehen im Dorf.
In einer vorläufig letzten Phase bereiten wir zur Zeit einen Dorfabend vor. Die Dia-Serie soll gezeigt werden, begleitet durch eine Moritat, die von den Jugendlichen selbst gedichtet und gesungen wird. Aus der Geschichte Eichenbergs werden verschiedene Begebenheiten in Form eines theatralischen Bilderbogens gespielt. Teile des von der Gruppe Erarbeiteten werden wir auch zu einem Altennachmittag der Kirchengemeinde beitragen.

Didaktische Überlegungen

Im Prozeß dieser gemeinsamen Produktion waren zwei Ebenen von besonderer Bedeutung: Zum einen die Entdeckung und Entfaltung der Inhalte, wie diese im unmittelbaren Zusammenhang mit den Vorstellungen, Meinungen und Einschätzungen der Jugendlichen durch Nachfragen und Differenzierungen zusammengetragen wurden; zum anderen, welche Arbeitsformen sich herausbildeten. Dazu einige Überlegungen.
Die Erwartungen der Jugendlichen für ihre Freizeit sind, ihre Bedürfnisse nach sozialer Anerkennung, Kommunikation und Aktivität befriedigen zu können. Da sie in ihrem Alltag dazu wenig Möglichkeit haben, nicht gefordert werden, solche Bedürfnisse zu äußern, ist es ihnen kaum möglich, genauer zu bestimmen, was sie machen wollen. Das bedeutet natürlich nicht, daß sie nicht Vorstellungen von dem haben, was normalerweise abzulaufen hätte. Normal: Das ist ihrer Meinung nach Mofa- und Autofahren, Klönen, was hiermit nicht abgewertet sein soll. Nur ist das eben nicht alles. Es bleibt ein zumeist vages Bedürfnis, „mal was anderes“ zu machen. Die zentrale Aufgabe eines solchen Angebotes besteht darin, Jugendlichen Anregungen zu geben und Erfahrungsmöglichkeiten zu eröffnen, die über dies „Normale“ hinausgehen.
Was heißt „neue Erfahrungsmöglichkeiten“ schaffen? Einerseits kann es bedeuten, daß es keinen direkten Bezug zu den alltäglichen Erfahrungen der Jugendlichen gibt – so z.B. bei einem Mysterium-Spiel und dem Herstellen

eines Spielfilms. Hierbei erleben sich die Jugendlichen in einer Rolle, die sie bisher nicht kannten. Andererseits – was beim Rollenspiel besonders deutlich wird – können gerade die alltäglichen Erfahrungen thematisiert werden. Neu ist dabei allerdings die Art und Weise des Umgangs mit erfahrenen Rollen.
Der Anspruch an ein solches „Angebot“ scheint vielleicht übermäßig hoch. Er beinhaltet: Auf interessante, anregende und möglichst spannende Art und Weise sollen in einer Gruppe von Jugendlichen gemeinsame und neue Erfahrungsmöglichkeiten entstehen. Alle können sich über einen gewissen Zeitraum mit Spaß beteiligen, u.a. auch weil absehbar ist, daß etwas Befriedigendes dabei herauskommt.
Interessant ist nun die Frage, wie man ausgerechnet auf ein Thema wie „Geschichte des Dorfes“ kommen kann. Was hat das mit den alltäglichen oder auch neuen Erfahrungen der Jugendlichen zu tun, wird doch die Jugend immer wieder als „Generation ohne Vergangenheit“ bezeichnet (siehe dazu den gleichnamigen Artikel in der Hessischen Jugend 3/1976).
So etwas wie Geschichtsbewußtsein scheint als Motiv für die Teilnahme an einer solchen Arbeitsgruppe ausgeschlossen zu sein. Problematisch bei den Diskussionen über Jugend und Geschichte ist, daß zumeist von abstrakten Notwendigkeiten ausgegangen wird („Verlust des historischen Bewußtseins ist immer ein Realitätsverlust, ein Schwund an Orientierungsmöglichkeiten“, Hessische Jugend 3/76, Seite 10). Über das real vorhandene Interesse, die tatsächliche Neugier und die damit gegebenen Zugangsmöglichkeiten wird jedoch nicht in diesem Zusammenhang nachgedacht; sie fallen heraus.
Bei der Eichenberger Arbeitsgruppe ist zuerst einmal festzuhalten, daß das Thema die Geschichte des eigenen Dorfes ist. In der Sozialisation bzw. individuellen „Geschichte“ der Jugendlichen spielt das Dorf als soziale Umwelt eine wichtige Rolle. Es ist zum einen eine Kontrollinstanz und zum anderen ein sicherer Orientierungsrahmen, innerhalb dessen man sich bewegen lernt. Geschichte taucht in dieser Umwelt immer wieder auf, sei es das Haus, in dem schon die Großeltern aufgewachsen sind, oder alte Möbel und Gegenstände oder – wie in Eichenberg – Schloß Arnstein, das ja erst im Verlaufe dieses Jahrhunderts seine Bedeutung verloren hat. Außerdem sind da die alten Leute, die gerne ihre Geschichten von früher, von „der guten alten Zeit“ erzählen.

Die Berührungspunkte mit der Geschichte des Dorfes sind sehr vielfältig und liegen auf verschiedenen Ebenen. Bei den Jugendlichen ruft dies Neugier wach, die Fragen nach dem „Wie war es wirklich?“ Dadurch ist es leicht, sehr viel mehr Material gemeinsam zusammenzutragen und aufzuhäufen. Als Problem bleibt die Frage, wie dieses Material anzueignen ist. Nach unseren Erfahrungen heißt Aneignung Produktion und nicht Reproduzieren von vorhandenem Material. Interesse und Energie nehmen immer dann ab, wenn konkrete Arbeitsschritte von der Reflexion über das Geschichtliche getrennt werden. Für die Vorbereitung solcher Arbeit bedeutet dies, Herstellung und Reflexion möglichst in einem gemeinsamen Zusammenhang zu versuchen.

Exemplarisch ist hier die Herstellung der Dia-Serie. Es ging nicht darum, den Traum „gute alte Zeit" zu spielen, um ihn anschließend als falschen oder schlechten Traum abzuwerten. Vielmehr wurde der „Traum" oder die schöne Phantasie akzeptiert und neben den anderen Aspekten von Geschichte, mit denen wir uns beschäftigten, gestellt.
Die geplante Veranstaltung ist eine Art Zusammenfassung der verschiedenen Ergebnisse, die die Gruppe gewonnen hat. Informationen, die wir in Form einzelner Szenen aufbereiten, sind eben dann Gegenstand, wenn es um das Einüben und Planen eines Theaterstücks geht. Das Interesse an Informationen und auch an eine über den direkten Rahmen der Arbeitsgruppe hinausgehende Beschäftigung mit dem Thema ist bei den Jugendlichen deutlich vorhanden. So besuchten wir vor kurzem als Arbeitsgruppe die Bauernoper von Y. Karsunke.
Abschließend sei noch auf einen Aspekt eingegangen, der innerhalb des Projektes sehr oft diskutiert worden ist, der Aspekt der Gemeinwesenorientierung der Arbeit. Es wurde bereits darauf hingewiesen, daß das Dorf als Sozialisationsinstanz für die Jugendlichen eine wichtige Rolle spielt. Diesen Zusammenhang ernst zu nehmen, darf jedoch nicht heißen, lediglich darüber zu sprechen. Der Kontakt zum Dorf muß in die Arbeit direkt mit einbezogen werden. In der Arbeitsgruppe war das an vielen Stellen der Fall; waren es nun die Interviews, das Beschaffen der Chronik und das Mitspielen eines Großvaters bei der Dia-Serie. Wichtig ist, daß die Jugendlichen dadurch die Möglichkeit erhalten, sich offensiv mit ihrer Umgebung auseinanderzusetzen, was ihnen offensichtlich sehr viel Spaß gemacht hat. Zum anderen kann durch solche Aktivitäten vielleicht etwas an der anscheinend selbstverständlichen Forderung gerüttelt werden, die Jugendlichen hätten sich gefälligst „gemeinnützig" zu verhalten, ohne daß in diese „Gemeinnützigkeit" die Interessen der Jugendlichen miteinfließen können, d.h. ohne daß sie ernst genommen werden.

Anne Platzbecker
Aus: Hessische Jugend
Jahrgang 30, Heft 6
Dezember 1978

3

Die Kultur im Dorf lassen — aber wie?

Erfahrungen mit der Kulturarbeit in der Provinz

In der seit einigen Jahren geführten Diskussion um eine Neubestimmung der kommunalen Kulturarbeit standen bislang vor allem die Großstädte mit ihren Kultureinrichtungen im Mittelpunkt des Interesses. Eine alternative Kulturpolitik für die kulturellen Notstandsgebiete war so gut wie unbekannt und fiel meistens unter den Tisch.

Erst seit kurzem macht man sich Gedanken darüber, wie auf dem flachen Land, in den Klein- und Mittelstädten der Provinz und auch in den Vororten der Großstädte ein Programm kultureller Animation entwickelt werden kann, das an den Lebensverhältnissen der dort wohnenden Menschen anknüpft und die vorhandenen regionalen Defizite in der kulturellen Versorgung abbaut.

Entsprechend stellt der Deutsche Gewerkschaftsbund im Entwurf seiner Kulturpolitischen Forderungen (1978) fest: „Die kulturellen Angebote müssen allen Bürgern zugänglich sein. Sie sind daher in den bisher vernachlässigten Gebieten, vor allem im ländlichen Raum, zu erweitern. Die ländliche Bevölkerung muß in gleicher Weise wie die städtische am kulturellen Leben teilhaben; dafür sind verstärkt Voraussetzungen zu schaffen."

Demgegenüber hat die anhaltende Regionalismus-Diskussion einen anderen Aspekt der Provinz betont: Den der „heilen Welt". Als Antwort auf die Zentralisierung und Zerstörung der natürlichen und gesellschaftlichen Lebensbedingungen in den großen Städten wird die Ganzheitlichkeit des Dorfes bzw. der ländlichen Region mit ihren klaren historischen und sozialen Bezugspunkten hervorgehoben und als Antithese zur herrschenden stadtorientierten Gesellschaftsordnung formuliert. Dem Rückzug aus den Großstädten, den Zentren der politischen und wirtschaftlichen Auseinandersetzungen, und der Entdeckung der Provinz liegen einerseits offensichtliche Fluchttendenzen zugrunde; andererseits haben aber auch zugespitzte Bedingungen der Umweltzerstörung (Smogalarm, Atomkraftwerke usw.) neue Momente der politischen Sensibilisierung geschaffen, die ihren Ausdruck in ökologischen und alternativen Gegenbewegungen finden.

Gleichzeitig werden aber auch Illusionen über die Provinz geschürt, wenn Perspektiven für die politische und kulturelle Arbeit formuliert werden, die von den realen Lebensverhältnissen in idealistisch überhöhter Weise absehen. Das ist beispielsweise dann der Fall, wenn der Regionalismus für bestimmte Landschaften autonome, eigengesetzliche Entwicklungen konstruiert, die die politischen, wirtschaftlichen und kulturellen Beziehungen zur Stadt weitgehend negieren. Angesichts einer staatlich geplanten Zentralitätsstruktur der Städte und Regionen ist zu fragen, wo es in der Bundesrepublik überhaupt noch die typische, nicht von städtischen Funktionen überlagerte „autonome Provinz" gibt.

Die folgenden Ausführungen verstehen sich als Beitrag zur aktuellen Diskussion um eine alternative Kulturarbeit in der Provinz und in den Sadttteilen. Die angeführten empirischen Befunde und Erfahrungen gehen zurück auf eine exemplarische Untersuchung der kulturellen Situation in einem ländlichen Ortsteil der Stadt Unna, die – verbunden mit entsprechenden praktischen Kulturaktivitäten vor Ort – 1978 beim dortigen Kulturamt durchgeführt wurde.

Unna ist eine Mittelstadt mit 55.000 Einwohnern in der Ballungsrandzone des Ruhrgebietes, östlich vom Oberzentrum Dortmund. Gegenstand der Analyse war der Unnaer Stadtteil Lünern, ein Dorf in ländlicher Umgebung an der alten westfälischen Heer- und Handelsstraße Hellweg gelegen. Lünern ist über tausend Jahre alt und war ursprünglich rein landwirtschaftlich geprägt. Um die Jahrhundertwende zogen Bergleute zu, die in den weiter nördlich gelegenen Zechen zur Arbeit gingen. Merklich änderte sich jedoch die dörfliche Struktur erst in den fünfziger Jahren, als sich im Zuge der Landflucht aus den benachbarten Industriestädten die Einwohnerzahl bis 1977 (auf 2.400 Einwohner) verdoppelte. Das ehemalige Bauerndorf ist heute eine ländliche Wohngemeinde mit einem alten Dorfkern und sich anschließenden Ein- und Zweifamilienhäusern, was die widersprüchliche Einheit von landwirtschaftlichem Lebensraum und städtischer Siedlung besonders hervorhebt. Seine politische Selbständigkeit verlor der Ort 1968, als er im Zuge der kommunalen Neuordnung in Nordrhein-Westfalen nach Unna eingemeindet wurde.

Lünern: Ein Stadt-Teil in der Provinz und damit in zweifacher Hinsicht eine Herausforderung für die Kulturarbeit „vor Ort". Gefragt war, was sich innerhalb dieses Wohnbereichs an kulturellem Potential aus eigenen Kraften entwickeln läßt und welche Voraussetzungen und welche Unterstützungen von den zentralen Kulturinstitutionen der Stadt notwendig sind, um die kulturelle Infrastruktur zu verbessern.

Eine repräsentative Umfrage in Lünern hat gezeigt, daß die Bürger durchaus die verschiedenen öffentlichen Kultur- und Freizeitangebote nutzen. An erster Stelle stehen Sportveranstaltungen, es folgen Kino, Theater, Musik- und Konzertveranstaltungen, Büchereien, Weiterbildung, Museen und Ausstellungen. Dieses Ergebnis stimmt in der Prioritätensetzung mit anderen Untersuchungen aus städtischen Regionen überein und läßt auf durchschnittliche kulturelle Präferenzen der Lünerner Bevölkerung schließen. Allerdings

ist sie, gemessen an ihrem Anteil an der Gesamteinwohnerschaft Unnas, am Kulturleben dieser Stadt unterrepräsentiert. Denn die kommunalen Kulturveranstaltungen finden außerhalb des eigenen Ortsteils statt, in der Unnaer Innenstadt.
Die isolierte räumliche Lage, verbunden mit schlechten öffentlichen Verkehrsverbindungen, wirken als Haupthindernis und machen den privaten PKW für 60 % der Befragten zum vorherrschenden Verkehrsmittel vom Wohnort zur Veranstaltung. Für die Hälfte der Befragten sind Wegezeiten von einer halben Stunde und mehr die Regel. Sitzt man dann schon einmal im Auto, um eine repräsentative Kulturveranstaltung zu besuchen, fährt man lieber gleich in die Großstadt Dortmund mit dem größeren Angebot als ins nähere Unna.
Damit folgt die kulturelle Mobilität den Auspendlerströmen der Berufstätigen. Außer der relativ eindeutigen Arbeitsplatzorientierung auf Dortmund zeichnet sich in noch stärkerem Maße eine kulturelle Orientierung ab, zumindest für größere Veranstaltungen. Andererseits werden jedoch Kultur- und Freizeitangebot außerhalb des eigenen Ortsteils von den meisten Befragten (75 %) nicht gleich mitbesucht, wenn man sich wegen Arbeitsstelle, Einkauf oder Schule sowieso schon in der Großstadt aufhalten muß. Arbeitszeit und freie Zeit, Arbeit und Freizeitbeschäftigung, so kann man folgern, werden getrennt organisiert und selbst unter der Voraussetzung kaum miteinander verbunden, daß sie in ein- und demselben auswertigen Ort stattfinden.
Gerade im Kultur- und Freizeitbereich ist aber der Zusammenhang von kultureller Partizipation und Verkehrs-/Zeitaufwand von erheblicher Bedeutung. Ein erhöhter Zeitaufwand für den Weg zwischen Wohnort und Veranstaltung oder Einrichtung, die besucht werden, reduziert die zur Verfügung stehende freie Zeit, erhöht die persönlichen Kosten, vermindert das spezielle kulturelle Interesse bzw. leitet es auf ein anderes Kultur- und Freizeitangebot um und führt schließlich zum Verzicht auf die eigentlich gewünschte kulturelle Aktivität.

Aus realistischer Einsicht dieses Problems und um gegenüber den zentralen großstädtischen Konkurrenzangeboten ein eigenes kulturelles Gesicht zu entwickeln, haben einige Gemeinden an der Peripherie des Ruhrgebietes – und Unna gehört dazu – neue Wege in der kommunalen Kulturpolitik eingeschlagen. Begriffe wie Sozio-Kultur und Dezentralisierung der Kulturarbeit in die bisher vernachlässigten Randgebiete und Vororte verdeutlichen diese Absicht. In der Tat besteht diesbezüglich ein erheblicher Nachholbedarf.
So beurteilten bei der Umfrage in Lünern zwei Drittel der Befragten die kulturelle Situation in ihrem Wohnbereich als „unzureichend" und vergaben damit die niedrigstmögliche Bewertung. Genauso groß war auch der Anteil derjenigen, die mindestens ein bestimmtes Kultur- und Freizeitangebot vermissen und dieses auch benannten. Gegenüber diesem Fehlbedarf haben die Betroffenen jedoch durchaus konkrete Vorstellungen über ihre kulturellen Interessen. Sie wünschten sich ein Kultur- und Freizeitangebot, das bedeutend umfangreicher und differenzierter ist, als das, was bisher von städtischer Seite angeboten wird. Gefordert wurden beispielsweise Film-, Musik- und Theater-

veranstaltungen sowie Weiterbildungsangebote aller Art und ein Treffpunkt (Freizeithaus) für Jung und Alt.
Auf jeden Fall will man sich nicht weiterhin nur mit dem Büchereibus und dem obligatorischen Nähkurs der Volkshochschule begnügen, die – wenn überhaupt – auch in Orten ähnlicher Größenordnung gewöhnlich die einzigen öffentlichen Kulturangebote darstellen. Zusätzlich gewünscht werden Vorträge und Diskussionsveranstaltungen, Sprachkurse, Werk- und Spielgruppen für Erwachsene und Kinder, Volkstheater, Musikveranstaltungen und Straßenfeste, um nur die häufigsten Vorschläge zu nennen. Die Erfahrungen haben gezeigt, daß die Einwohner in Lünern auch gegenüber einem Kulturprogramm mit alternativem Charakter durchaus aufgeschlossen sind.

Soweit einige Ergebnisse aus Unna-Lünern. Sie belegen, daß die Bewohner dieses dörflichen Ortsteils nicht weniger oder qualitativ andere kulturelle Neigungen haben als die Menschen in einer Großstadt und diesen soweit möglich auch nachgehen. Sie widerlegen mithin die Vorstellung vom notwendigerweise „provinziellen Charakter" der kulturellen Bedürfnisse in der Provinz. Die Ergebnisse belegen vielmehr, daß in den Wohnbereichen abseits der großstädtischen Zentren – sowohl auf dem Land als auch in vielen Stadtteilen – die kulturellen Ansprüche der Bevölkerung in der Regel auf eine ungenügend ausgebaute Kulturinfrastruktur treffen.
In dieser Hinsicht ist das skizzierte Bild exemplarisch für die Situation des öffentlichen Kulturlebens abseits der großstädtischen City und betrifft in erster Linie die Außenbezirke, gilt aber unter bestimmten Voraussetzungen auch für selbständige kleinere und mittlere Gemeinden auf dem Land. Im Zuge der kommunalen Neuordnung sind zusätzliche Problemzonen kultureller Verödung sichtbar geworden, wobei es sich zum Beispiel um heutige Stadtteile am Rande von Ballungsräumen oder in ländlichen Gebieten handelt, die früher selbständige Gemeinden mit einem eigenen sozio-kulturellen Profil waren.
Zahlreiche kleinere Ortsteile konnten zumindest ihre kulturelle Identität erhalten. In dieser Hinsicht haben sie sogar vielen Großstadtvororten etwas voraus, deren kulturelle Infrastruktur im übrigen genauso schlecht ausgebildet ist. So betrachtet liegt die „Provinz" nicht selten direkt neben dem großstädtischen Zentrum: Als rückständiges Viertel, als Sanierungsgebiet oder als Schlafstadt.
Zweifellos ist die kulturelle Identität des Ortes im Bewußtsein der Bewohner verankert; sie spüren aber auch deutlich die gegenüber dem städtischen Zentrum unterprivilegierte kulturelle Situation.
Gerade die dörflich strukturierten Ortsteile sind nicht kulturelle Wüsten. Ganz im Gegenteil: Wenn man davon ausgeht, daß Kultur ist, wie der Mensch lebt, dann findet man dort meistens eine gute gesellschaftliche Kommunikation der Bürger untereinander, und das Problem der Isolierung, das in den neuen Trabantensiedlungen der Großstädte so oft beklagt wird, tritt kaum in Erscheinung. Vor allem die ortsansässigen Vereine zeigen vorbildliche Selbsthilfe und freiwilligen Einsatz bei der Entwicklung des gesellschaftlichen

und kulturellen Lebens – bei zahlreichen Dorffesten, Traditionsveranstaltungen, Musikabenden, in der Gruppen-, Sport- und Jugendarbeit und anderem mehr. Mancher Großstädter könnte neidisch sein auf das, was man nicht ohne Stolz „dörfliche Gemeinschaft“ oder „Nachbarschaftshilfe“ nennt.

Bei der erwähnten Umfrage in Lünern gaben zwei Drittel der Befragten an, in einem Verein zu sein, ein Viertel gehörte sogar mehreren Vereinen an. Die für das Dorfleben wichtigsten und größten Gruppierungen sind der Turn- und Sportverein, der Schützenverein, die Freiwillige Feuerwehr und der Gesangverein. Insgesamt gibt es in Lünern über 15 Vereine, die sich in einer Interessengemeinschaft organisiert haben und gemeinsame Planungen und Veranstaltungen durchführen.

Für das soziale Zusammenleben im Ort sind die Vereine eine nicht zu unterschätzende Instanz – im positiven wie negativen Sinn. Sie vermitteln praktische Solidarität und gegenseitige Hilfe, sie üben aber auch Kontrollfunktionen gegenüber all denen aus, die sich abweichend von den allgemein anerkannten Normen verhalten. Jugendliche, die beispielsweise mit ihren Mofas die Nachtruhe stören, werden vom Vorsitzenden ihres Vereins zur Raison gerufen, und in dem Maße, wie das dörfliche Leben durch die Vereine geprägt wird, fallen alle diejenigen durch das Netz der Verbindungen und Beziehungen, die mit dem vermeintlichen „Vereinsklüngel“ oder mit der „Vereinsmeierei“ nichts zu tun haben oder nicht zu tun haben wollen.

Die Tatsache, daß heute von den Vereinen in den kleineren Orten und in vielen Stadtteilen wichtige kulturelle Impulse ausgehen, muß sich in einer entsprechenden Verantwortung der Gemeinden gegenüber den freien Kulturträgern ausdrücken.

1977 forderte der Kulturausschuß des deutschen Städtetages, „die Vielzahl und Vielfalt dieser Vereine und Gruppierungen zu erhalten. Er sieht in ihrer Förderung, in der Unterstützung einer freien Betätigung im kulturellen Bereich, über die institutionalisierte Kulturpflege hinaus eine wichtige kommunale Aufgabe. – In der Regel sind vor allem die kleineren und mittleren Städte auf ein vielfältiges Vereinsleben und die daraus erwachsenen Initiativen angewiesen. Aber auch die Großstädte mit ihren zentralen kulturellen Einrichtungen sind an kulturellen Initiativen der Vereine interessiert. Dieses Interesse wächst im Zuge der Eingemeindung kleinerer Gemeinden. In den aufgrund der Gebietsreform entstehenden Außenbezirken der Großstädte sind

vor allem die Vereine die Träger einer dezentralisierten Kulturarbeit."
Eine Reihe von Gemeinden hat bereits damit begonnen, die kulturellen Vereinigungen systematisch und kontinuierlich zu unterstützen. Dabei wird die finanzielle Förderung ergänzt durch praktische Hilfestellungen mit vorhandenen organisatorischen und personellen Ressourcen, insbesondere aus den kulturellen Einrichtungen. Seit zwei Jahren gibt es beispielsweise in der Stadt Unna „Richtlinien zur Förderung kultureller Vereine und Initiativen", nach denen die kulturtragenden Vereine finanziell bezuschußt werden, und die eine wichtige Grundlage für die Weiterentwicklung der kulturellen Versorgung in den Ortsteilen darstellen.
Obwohl es heute in Mode gekommen ist, die lokale Kultur und die sich in den Vereinen zeigenden Bürgerselbsthilfe idyllisch zu verklären, darf das nicht darüber hinwegtäuschen, daß die dort lebenden Menschen weitergehende kulturelle Interessen haben, aber oft durch äußere Umstände daran gehindert werden, die Veranstaltungen und Einrichtungen in der City der Großstadt zu besuchen. Die Umfrage in Lünern kommt weiterhin zu dem Ergebnis, daß Vereinsmitglieder und Nichtmitglieder in Bezug auf ihre sonstigen kulturellen Neigungen keine bemerkenswerten Abweichungen zeigen. Das kulturelle Engagement der örtlichen Vereinigungen scheint das Interesse an den Kultur- und Freizeitangeboten nicht nur nicht einzuschränken, sondern im Gegenteil weitergehende kulturelle Ansprüche erst auszulösen.
Obwohl die bürgerschaftlichen Vereine und Initiativen eine große Rolle im sozialen und kulturellen Leben am Ort spielen und von Seiten der Städte aus wirksam unterstützt werden müssen, können sie ein weitergehendes kulturelles Angebot nicht ersetzen. Ihre Arbeit darf kein Freibrief für fehlendes kommunales Engagement in den kulturell unterversorgten Gebieten sein, sondern fordert dieses Engagement geradezu heraus.
Die dezentrale Kulturarbeit hat zum Ziel, Kultur- und Freizeitangebote der Kommunen nicht nur an den repräsentativen Schauplätzen in den Citys vorzustellen, sondern auch verstärkt in den einzelnen Ortsteilen und auf dem Land zu fördern. Vor zwei Jahren formulierte dazu der Städtetag Nordrhein-Westfalen in einer Entschließung zum Verhältnis von „Kulturellen Angeboten in der City und in den Stadtteilen": „Kulturelle Angebote dürfen sich nicht auf die Innenstädte beschränken. Auch Bezirke und Stadtviertel müssen kulturell sinnvoll versorgt werden. Vorhandene kulturelle Schwerpunkte sind zu

berücksichtigen. Die Entwicklung von Stadtteilprogrammen ist eine Aufgabe kommunaler Daseinsvorsorge, die sowohl vom Zentrum her als auch von den Stadtteilen anzugehen ist. Die zentral geplanten Angebote für die Stadtteile müssen auch von kulturellen Einrichtungen der Stadt getragen werden. Zahlreiche kulturelle Vereine und Vereinigungen schaffen die Grundlage für dezentrale Angebote."

Neben der erwähnten besseren Förderung der örtlichen Vereine spielen also auch die zentralen innerstädtischen Kulturinstitutionen eine wichtige Rolle für die Verbesserung der Situation in den Randgebieten. Die dezentrale Kulturarbeit kann also sinnvollerweise nicht – wie einige Kulturpolitiker meinen – alternativ, quasi auf Kosten dieser Einrichtungen durchgesetzt werden, sondern es müssen zu den bestehenden Prioritäten zusätzliche Schwerpunkte in der kommunalen Kulturpolitik geschaffen werden. Man kann davon ausgehen, daß durch die Aufgabenerweiterung der Kulturinstitute in Richtung Stadtteilarbeit ihre materiellen und personellen Kapazitäten sogar ausgeweitet werden müssen.

Vorrangig für die Kulturarbeit vor Ort wäre der Ausbau bestimmter kultureller Kernbereiche, die für die kulturelle Teilnahme großer Bevölkerungskreise von Bedeutung sind: Kulturarbeit für Kinder, Jugendkultur, kulturelle Angebote für Lohnabhängige, Kulturarbeit für Ausländer ebenso wie Film, Musik, Theater und Weiterbildung.

In diesem Zusammenhang kommt den sogenannten „Kulturpädagogischen Diensten" ein erheblicher Stellenwert zu, die im „Ergänzungsplan musisch-kulturelle Bildung zum Bildungsgesamtplan" näher beschrieben werden. Die „Kulturpädagogischen Dienste" sollen – vereinfacht gesagt und bezugnehmend auf die Erfahrungen der Kunst- und Museumspädagogik – als Vermittler zwischen bestehenden und neuen Kulturangeboten und den Bürgern dienen und die kulturelle Transparenz und den Zugang zu Kulturangeboten vereinfachen helfen. Sie sollen mit dazu beitragen, breite Bevölkerungsgruppen am kulturellen Leben zu beteiligen und die aktive künstlerisch-kulturelle Selbsttätigkeit zu fördern. Die „Kulturpädagogischen Dienste" sind an die zentralen Kultureinrichtungen – z.B. an das Kulturamt – angegliedert und sollen u.a. die dezentrale und zielgruppenbezogene Kulturarbeit in den Wohnbereichen begleiten, unterstützen und anregen. Ihre Hauptaufgaben liegen dabei in der kulturellen Informations- und Öffentlichkeitsarbeit, der

Hilfe und Beratung von Vereinen und Initiativen, der Erarbeitung von beispielhaften Kulturangeboten und der kulturellen Arbeit im Wohngebiet, – alles das also, was man heute mit dem Begriff „sozio-kulturelle Animation und Innovation" beschreibt.
Die Kulturentwicklungsplanung sollte die dezentrale Kulturarbeit durch entsprechende stadtteilorientierte Konzeptionen vorbereiten und ergänzen, obwohl auch sie erst in Ansätzen existiert. In kleineren und mittleren Gemeinden braucht sie sich nicht, wie in den Großstädten in der Regel üblich, auf die großen Kulturapparate zu konzentrieren, was in der Praxis meist darauf hinausläuft, sich auf sie zu beschränken. Vielmehr ist ihre Funktion in Bezug auf die Versorgung der Wohnviertel bzw. der ländlichen Gemeinden neu zu bestimmen. Bereits im Planungsprozeß muß sie die kulturellen Interessen der betroffenen Einwohner einbeziehen und ihre Beteiligung an der Planung gewährleisten. Sie hat darüber hinaus die Möglichkeit einer inhaltlichen Programmplanung und Zielgruppendefinition in Hinblick auf die Angebote sozio-kultureller Arbeit, damit von gutgemeinten Ansprüchen nicht doch nur eine mehr oder weniger gute Tournee- oder Agenturkultur übrigbleibt, die heute in den meisten kleineren Kommunen vorherrscht.
Anläßlich einer Konferenz in Oslo im Juli 1976 verabschiedeten die Kultusminister der Länder des Europarates eine Resolution, in der für die kommunale Kulturarbeit u.a. als Ziel genannt wird, besonders die kulturellen Aktivitäten zu fördern, „die sich aus den lokalen und regionalen Erfordernissen und Traditionen ergeben und so zu einer Identifizierung mit dem Wohnort beitragen."
Der unmittelbare Lebensraum als prägender Sozial- und Kulturfaktor mit seinen gesellschaftlichen Beziehungen und historischen Bezügen steht im Mittelpunkt der örtlichen Kulturarbeit. Aus dem sozialen und traditionellen Hintergrund, der in einer Gemeinde oder in einem Stadtteil besteht, lassen sich vielerlei Ansatzpunkte für die kulturelle Verarbeitung und Umsetzung kollektiver Erfahrungen ableiten. Nicht zuletzt deshalb spielen die dezentralen Kulturangebote vor allem für alte, gewachsene dörfliche Ortsteile wie Lünern eine so große Rolle. Die Kulturpolitik der Kommune sollte die vorhandenen örtlichen Aktivitäten unterstützen, aber auch durch eigene Angebote das vorhandene formale und inhaltliche Spektrum erweitern. Ziel ist eine kulturelle Infrastruktur, bei der das Kulturangebot nicht mehr aus der Summe

zufällig zustande kommender Veranstaltungen und Aktionen besteht, die kaum aufeinander bezogen sind, sondern bei der eine integrierende Konzeption – ohne Dirigismus und überflüssige Bürokratie – die öffentliche und freie Kulturarbeit miteinander verbindet.

Beispielhaft ist das in Lünern bei zwei Veranstaltungen gelungen, die das Kulturamt initiiert hatte und mit denen das bestehende Kulturleben (besser: die bestehende Lebenskultur) im Ortsteil durch neue Akzente und Anregungen ergänzt werden sollte. Bei den Veranstaltungen stand der lokale Bezug im Vordergrund, was sich auch darin ausdrückte, daß sie gemeinsam mit den Einwohnern und bestimmten Gruppen, z.B. den Jugendlichen, vorbereitet wurden, und selbstverständlich waren auch die Vereine an der Planung, der Werbung und der Durchführung aktiv beteiligt.

An einem Samstagnachmittag im Sommer fand am ehemaligen Lehrerhaus in Lünern unter dem Motto „Eine Linde wird gepflanzt“ ein Stadtteilfest statt. Der symbolische Akt der Lindenpflanzung, an dem sich die Besucher mit Eifer beteiligten, sollte auf einen alten Brauch hinweisen: Die Linde – und nicht die „deutsche Eiche“! – war früher im Dorf der Ort, an dem man sich traf, miteinander redete, ja sogar Gericht abhielt, aber auch Hochzeiten feierte, gemeinsam sang und tanzte. Mit der Veranstaltung sollte die Idee eines dörflichen Treffpunkts wieder aufgegriffen werden, der heute – allerdings in der Gestalt eines Freizeithauses für Jung und Alt – an dieser zentralen Stelle neu entstehen soll.

Vom Kulturarmt war ein Gesangduo engagiert worden und brachte alte und neue Lieder; ein Münsterländer Volkssänger erzählte und sang Geschichten über die Linde; eine Musik- und Tanzgruppe veranstaltete eine Volkstanzwerkstatt, bei der alle Besucher aufgefordert waren mitzusingen, mitzutanzen und mitzuspielen, um selbst einmal die überlieferten Volkstänze kennenzulernen. Am Ort des Ereignisses waren Bühne, Tische und Stühle aufgebaut worden, die Freiwillige Feuerwehr Lünern hatte ihr großes Zelt aufgestellt, und auch der Lünerner Turnverein hatte sich beteiligt: Er organisierte mit Hilfe eines „Thekenwagens“ den Getränkeausschank und verkaufte Bratwürstchen.

Eine weitere Veranstaltung unter dem Titel „Volksmusik in der Kneipe“ wurde gemeinsam gestaltet von einer auswärtigen Folkgruppe und dem Lünerner Gesangverein. Das Programm war vorher zwischen den beiden Trägern teilweise abgestimmt worden, bot aber noch genügend Raum für Improvisationen, wovon auch reger Gebrauch gemacht wurde. Die Resonanz auf diese Veranstaltung war außerordentlich groß: Der Saal der Gaststätte war überfüllt, die Stimmung schlug bei den Besuchern und bei den Akteuren hohe Wogen, vor allem, weil jeder mitmachen konnte. Dieser Liederabend war ein interessanter und gelungener Versuch, die traditionelle Volkschormusik mit der neuentdeckten Volksmusik und ihren alten und neuen Texten zu verbinden, wobei natürlich teilweise die inhaltlichen Aussagen der Folkgruppe nicht von allen Anwesenden geteilt wurden, z.B. zum Problem der Kernkraftwerke, von denen übrigens eines nicht unweit von Lünern gebaut werden soll. In dieser Hinsicht war die Veranstaltung auch ein Beweis dafür, daß in der dörflichen Kulturarbeit politische Zusammenhänge und Diskussionen keineswegs außen vor bleiben müssen, sondern sich aus der Veränderung der ländlichen Lebensbedingungen und der Umwelteinflüsse von selbst einstellen, wenn gewisse Anstöße gegeben werden.

Kurt Eichler
In: „Kürbisstern" 3/1979

Literaturhinweise:

Empfehlungen des Städtetages Nordrhein-Westfalen „Kulturelle Angebote in der City und in den Stadtteilen", Köln 28.11.1977

Hinweise des Kulturausschusses des Deutschen Städtetages zur „Förderung kultureller Vereine in den Städten", Köln 5.12.1977

Dieter Treek, Anmerkungen zu einer Kulturentwicklungsplanung in Klein- und Mittelstädten; in : Kulturentwicklungsplanung, Hrsg. Kulturpolitische Gesellschaft e.V., Bonn 1978 (Reihe „Dokumentationen", Heft 1)

Stadtteilbezogene Kulturentwicklungsplanung Unna-Lünern, Hrsg. Stadt Unna 1978 (Beiträge zur Stadtentwicklung, Band 4)

Kulturlandschaft Stadt: Beispiel Klein- und Mittelstädte, Hrsg. Kulturpolitische Gesellschaft e.V., Bonn 1979, 2. Aufl. (Reihe „Dokumentationen", Heft 4)

Musisch-kulturelle Bildung – Ergänzungsplan zum Bildungsgesamtplan, Hrsg. Bund-Länder Kommission für Bildungsplanung und Forschungsförderung, Stuttgart 1977.

Regionalplanung und Kultur

Warum wird raumorientierte (regionale) und ländliche Kulturarbeit heute diskutiert?

Es ist seit langem bekannt, daß Großstädte bedeutend kulturfreudiger als Klein- und Mittelstädte sind und das flache Land schon von der Statistik her absolut benachteiligt ist[2]. Dennoch wird in jüngerer Zeit wesentlich intensiver als vorher über die besondere kulturelle Situation des Landes, der Provinz diskutiert[3]. Fragen wir nach den Gründen, so stößt man auf eine Anzahl von möglicherweise dafür relevanten Faktoren (und ihre Aufzählung erhebt nicht den Anspruch einer Erklärung des Phänomens, sondern sammelt nur einige Gedanken):

1. Man könnte meinen, es sei jetzt endlich der echte Nachholbedarf des platten Landes erkannt worden. Aber die Raumordnung stellt, ausgehend von den bekannten Unterschieden, schon seit Jahren die Trias der wirtschaftlichen, sozialen und kulturellen Verhältnisse[4] ins Zentrum ihrer Zielsysteme. Wieso soll ausgerechnet jetzt, wo die übrigen Planungen schon lange nicht mehr richtig greifen und die verschiedensten Planungsansätze in Phasen krisenhafter Entwicklung revidiert oder beiseite geschoben werden, auf dem Kultursektor der Nachholbedarf gedeckt werden können? Dies muß vor allem auch deswegen gefragt werden, weil ja z.B. beim Sport mit dem „Goldenen Plan“ und seinen Spezifizierungen schon seit vielen Jahren ein systematisches, flächendeckendes Programm realisiert wird, das in viel höherem Maße regionale Mindestausstattungen garantiert.[5] So kann es nicht nur Nachholbedarf oder ein „natürliches“ Nachhinken der „Provinz“ sein, wenn schon seit Jahren in den Städten praktizierte Aktivitäten jetzt Parallelen auf dem Lande finden. Dies gilt auch für sozialhygienisch motivierte Programmatiken zur „Unterstützung breitgestreuter kultureller Initiativen ‚bis hin zur alternativen Kultur‘ “, die kürzlich Manfred Rommel (Stuttgart) ins Gedächtnis rief: „Im Zusammenhang mit den jüngsten Häuserbesetzungen meint der Städtetagspräsident, mindestens die Jugendlichen die ‚unruhig sind‘ in der Gesellschaft, werde man nicht allein durch Sportangebote und ähnliches beruhigen können“[6].

Auch hier kann man nicht sagen, daß in jüngerer Zeit eine besonders deutliche Notwendigkeit sozialer Prophylaxe gerade auf dem Land erkennbar gewesen wäre (denn das zweifellos vorhandene Konfliktpotential ist schon älter).

2. Zahlreiche Interpretationen versuchen nachzuweisen, daß eine bestimmte Infrastrukturausstattung auch auf dem Kultur- und Freizeitsektor zur notwendigen Pflichtausstattung von Regionen gehört[7]. Kulturpolitik auf dem Lande entspräche somit einer objektiven Notwendigkeit und wäre Bestandteil der Herstellung der „allgemeinen Produktionsbedingungen" (auch bezogen auf die notwendigen Reproduktions- und Regenerationseinrichtungen). Aber auf diese Weise bleibt z.B. die große Unterschiedlichkeit zwischen der favorisierten Realisierung von flächendeckenden Sportprogrammen einerseits und Kultur/Freizeit andererseits (für die in den Planungen nur höchst vage Richtwerte vorgesehen sind), nicht erklärt. Außerdem ist dieser objektivierende Erklärungsansatz brüchig geworden angesichts der Drohung einer neomarktwirtschaftlichen Sparpolitik, die es sich auch leistet, ganze Regionen verrotten zu lassen und Generationen von Jugendlichen nicht die notwendigen Reproduktionsvoraussetzungen zu sichern, weil sie gewiß zu sein glaubt, bei schrumpfendem Arbeitsplatzangebot immer ein ausreichendes Reserve-Potential von Arbeitskräften im In- oder Ausland zur Verfügung zu haben.

3. Mindestens für einen bedeutenden Teil der Diskussionen und Aktivitäten um Kulturpolitik in der Region dürften die Wanderungsbewegungen der jüngeren Zeit verantwortlich sein, bei denen unter dem Stichwort „Stadtflucht" eine große Zahl von Bürgern, meist aus der Facharbeiter-, Angestellten- und Beamtenschicht (also auch zahlreiche Intelligenzler), sich in die stadtnahen Umlandgebiete angesiedelt hat.[8] Diese neuen Bewohner (die auch das Baugesicht der Dörfer bestimmend verändert haben)[9] artikulieren zunehmend ihre kulturellen Bedürfnisse im neuen Wohnbereich. Bei einem Teil altersübergreifender ländlicher Kulturinitiativen läßt sich dies direkt nachweisen; es scheint jedoch auch in ländlichen Gebieten, die nicht von solchen Wanderungsbewegungen getroffen sind (und auch nicht Zielort des wochenendlichen Kurz- oder Zweithaus-Tourismus sind), neue kulturelle Initiativen zu geben.
Ein Sonderfall solcher Wanderungsbewegungen sind die Studenten und Vertreter der Alternativ-Szene, die auf's Land ziehen und dort z.B. mit „Provinzblättern" und ähnlichem die kulturelle Szene bereichern.[10] Von Ausnahmen abgesehen, scheinen sie jedoch wenig Kontakt zur vorher schon ansässigen Bevölkerung herzustellen.

4. „Es ist wichtig, auf dem Land zu bleiben, für dort eine Perspektive zu entwickeln, politisch auch dort präsent zu sein und kleine Alternativen aufzubauen." Das schreibt Albert Herrenknecht, der in Wertheim am Main ausgehend von der Jugendzentrumsbewegung eine politische Arbeit aufgebaut hat[11]. Man könnte wünschen, daß dieses Motiv eine größere Rolle spielt. Es ist allerdings zu fürchten, daß die alternative Szene nur in rela-

tiv wenigen Fällen auch echte Impulse für das kulturelle Leben auf dem Lande entwickelt. Nur gelegentlich werden Repräsentanten der alternativen, der sozialen und demokratischen sowie der gewerkschaftlich orientierten Bewegung dort kulturpolitisch relevant und greifen in die entsprechenden Willensbildungsprozesse ein. In diesen Fällen sind es meist Angehörige der Intelligenz, die des schöneren Lebens wegen auf's Land gezogen sind.

Dieser ergänzungsfähige Katalog von Faktoren vermag die eingangs aufgeworfene Frage nach den Gründen für das Interesse an der Kultur der „Provinz" nicht erschöpfend zu beantworten. Um genauer analysieren zu können, müßte man indes auch die Frage präziser stellen. Notwendig wäre ein deutlicher Begriff von den in Frage kommenden (möglicherweise unterschiedlichen) Strängen der aktuellen Prozesse ländlicher Kulturarbeit. Angesichts der bis jetzt noch fehlenden entsprechenden Vorarbeiten soll im folgenden auf einige weitere Aspekte hingewiesen werden, in deren Kontext kulturelle Fragen auf dem Land auch aktuell wurden.

Kulturplanung als Nebenprodukt: Das platte Land im Zugriff der Planung

Die Raumplanung[12], in den Jahren der Reformphase Ende der 60er, Anfang der 70er Jahre zum bundesweit durchgesetzten Prinzip geworden, hat trotz ihrer Versuche, Disparitäten auszugleichen, zu einer Festschreibung der funktionalen Differenzierung der Regionen geführt[13]: Den reichen produktiven Zonen stehen die armen Regionen gegenüber, die Planungsressource, Rohstofflieferant, Müllplatz und – möglichst schöner und billiger – Regenerationsraum sein sollen[14]. Die ländlichen Regionen werden dabei auf eine doppelte Weise dem kapitalistischen Prozeß subsumiert: Ökonomisch werden sie (in ihren menschlichen, natürlichen und räumlichen Ressourcen) der ökonomisch-profitorientierten Ausbeutung zugänglich gemacht und „erschlossen". Parallel dazu sorgen auf die Zentren bzw. Metropolen hin orientierte Strukturen der Kommunikation in Verwaltung, Medien und Verkehr gleichwie der Markt und die Produktion von Gütern des massenhaften alltäglichen Bedarfs für die Zerstörung regionaler Besonderheiten und autochthoner Kultur (Pier Paolo Pasolini spricht in diesem Zusammenhang sogar von „Ethnozid").[15] Durch breite Kräfte werden die Strukturen der Region „marktschlüpfig" gemacht, wie man eine die Außenhaut eines Fahr- oder Flugzeuges windschlüpfig macht: Nur noch die Marktdynamik interessiert, nichts sonst.

Jochen von Uslar, lange Zeit für Kulturpolitik zuständiger Mitarbeiter beim Deutschen Städtetag, beschreibt den daraus resultierenden Zustand: Es „besitzt das Land, das Dorf, der Bauernhof kein kulturelles Eigenleben. Es ist verbannt und katalogisiert in Museumsdörfern. Jedem Land ein ‚Cloppenburg' oder ‚Kommern' mit einem Ensemble von Tenne, Stall, Fachwerkgiebeln und Ziehbrunnen, schön gerechtfertigt, aber museal. Jenseits des Museums sieht es anders aus. Resopal hat die Bauernküchen und Gasthöfe erobert. Bauernschränke schmücken Hotelfoyers, Etagenwohnungen, Antiquitäten-Schaufenster, nicht die bäuerliche Wohnstube. Unter dem Motto ‚Unser Dorf soll schöner werden' wird begradigt, asphaltiert, verglast, kanalisiert, wird Renommee für den Fremdenverkehr gesammelt. Äußerlich bäuerlich restaurierte Anwesen sind Wochenendrefugien von Städtern. Trachtengruppen, Chöre und Singkreise sind auf die Städte konzentriert; im Dorf leben sie allenfalls für den Tourismus. Bliebe das Fernsehen als kulturelles Medium, und dieses vermittelt städtische Lebensweise. Das alternative Leben auf dem Lande – eine friedfertige Variante von Blut und Boden – hat keine Zukunft, allenfalls den Geruch von Sektierertum."[16]

Jochen von Uslar beschreibt dies nur als Hintergrund für das Lob der Stadtkultur; für die ländliche Kultur gibt es bei ihm keine Hoffnung. Henri Mendras vom Nationalen Forschungszentrum in Frankreich wies schon 1977 in Paris darauf hin, daß Landstädte und ländliche Welt unabhängig von dem intensiven Rückgang der Bauern eine neue große Attraktivität entwickeln. Er meinte, man könne aus dieser seit 10 Jahren beobachtbaren „Renaissance des ländlichen Raumes" schließen, daß das heutige Modell des Lebens auf dem Lande morgen dasjenige für das Leben in der Stadt sei; der ideologische Umschwung von der Wachstumsideologie zu einer des Gleichgewichtes habe schon stattgefunden.[17] Mit mehr Berechtigung aber könnte man nach den Erfahrungen der letzten Jahre heute auch darauf hinweisen, daß das Land im Zusammenhang mit Regional- und Strukturplanung, aber auch mit dem Wohn- und Urlaubsverhalten der Städter dem würgenden Zugriff der Metropolen ausgesetzt sei.

Schwerpunkte der Regionalplanung beziehen sich auf die langfristige Planung der Flächennutzung, die Arbeitsstättenentwicklung und die Verteilung öffentlicher Struktur-Förderungsmittel. Die Notwendikgeit dazu ergab sich weitgehend parallel aus den sozialen Erosionserscheinungen in den benachteiligten Gebieten und den zunehmend schwieriger werdenden Lebens- und Verkehrsbedingungen in den Ballungszentren („Verdichtungsgebieten"), und genau diese beiden Raum-Kategorien waren es auch, deren Grenzen in frühen Stadien der Planung bereits offiziell festgelegt wurden[18]. Vor allem in den Verdichtungsgebieten ergeben sich Planungsnotwendigkeiten sehr deutlich bereits aus der Fortschreibung der Status-quo-Bedingungen. In diesem Bereich tritt Planung auch am deutlichsten als Vorbeugungsmittel gegen soziale Spannungen auf.[19] Gekoppelt mit dieser Orientierung auf Problemgebiete ist die systematische Entwicklung der „zentralen Orte". Innerhalb von ca. 10 Jahren ist in der Stadt- und Regionalplanung die früher herrschende „Entballungstheorie" vollständig abgelöst worden von der Theorie der „zentralen Orte".[20] Angesichts dieses raschen Paradigmenwechsels ist der Mut zu bewundern, mit dem in der Raum- und Regionalplanung wichtige langwirkende Entscheidungen zugunsten des Konzepts der zentralen Orte gefällt sind. Inzwischen deutet sich freilich auch schon wieder ein erneuter Paradigmenwechsel an.[21]

Für die Kultur- und Freizeitinfrastruktur (und damit die kulturelle Entwicklung) sind „Entwicklungszentren und Achsen“[22] von ganz besonderer Bedeutung. „Möglichst viele Bewohner sollen in der Nähe von Infrastruktureinrichtungen wohnen, und diese Einrichtungen sollen umgekehrt viele Bewohner erreichen und damit gut ausgelastet sein“[23]. Für zentrale Orte und Achsen gibt es eine ausgeprägte Hierarchie. Sie gliedern sich in Klein-, Unter-, Mittel- und Oberzentren,[24] sowie in Entwicklungsbänder 3., 2. und 1. Ordnung.[25] Die zentralen Orte verschiedener Zentralitätsstufen unterscheiden sich durch die Einwohnerzahl sowie die Ausstattung, die auch kulturelle Institutionen in die Pflichtausstattung einbezieht.

Die Ministerkonferenz für Raumordnung (MKRO) hat am 15. Juni 1972 einen „Katalog für die anzustrebende Ausstattung von zentralen Orten mittlerer Stufe“ (Mittelzentren) beschlossen, der unter Bildungseinrichtungen u.a. aufführt: „d) Einrichtungen der differenzierten Erwachsenenbildung/Volkshochschule; e) Öffentliche Bücherei mit Leseraum (je Einwohner etwa 1 Band)“[26]. Das ist in diesem Bereich zunächst auch alles. Beim Sport wird dagegen wesentlich differenzierter mit (am Leistungssport orientierten) Größenvorstellungen operiert. Die „Diskussionsgrundlage“ über die „Mindestausstattung von Verdichtungsschwerpunkten“ des „Zielsystems“ von 1971 zählte bei den Bildungseinrichtungen noch mehr und präziser auf: „1.5 Volkshochschule mit mindestens einem hauptberuflich tätigen Geschäftsführer und einer gut ausgebauten Fachbibliothek, in eigenem Gebäude (größerem Gebäudeteil); 1.6 Öffentliche Bücherei mit mindestens . . . Bänden und einer voll ausgebildeten Bibliothekarin; 1.7 Mehrzweckbau für größere Veranstaltungen (Konzerte, Theater, große Bälle).“[27] Beim Sport dagegen sind die Aufzählungen dort noch weniger präzis.
In Hessen sind (nach der Verwaltungsreform) „Unterzentren“ mit 10–20.000 Einwohnern die Mittelpunkte der auf die Fläche bezogenen „Grundversorgungsbereiche“ (mit 20–25.000 Einwohnern)[28] und enthalten deren „Versorgungskern“: „Der Zentrale Ort (Versorgungskern) ist eine Gemeinde oder der Teil einer Gemeinde (Ortsteil) als zentraler Standort für soziale, kulturelle und wirtschaftliche Einrichtungen und Leistungen zur Versorgung der Bevölkerung im Verflechtungsbereich“[29]. In dem Maße, in dem die Zielsysteme und die Planungen Gesetzescharakter erhalten, wird so auch die kulturelle Pflichtausstattung der Gemeinden festgeschrieben.
Das kann z.B. zur Konsequenz haben, daß ein neues Museum nur noch in einem Zentrum eingerichtet wird (wenn überhaupt, denn nach den Planungsvorstellungen des hessischen Museumsverbandes gibt es ohnehin schon zuviel Museen in Hessen). Eine nicht zur Hierarchie der zentralen Orte gehörende Gemeinde oder Teilgemeinde mag also eine noch so gut funktionierende Museumsinitiative besitzen (und das kulturpolitische Kapital einer solchen Initiative kann, wie Beispiele aus Frankfurt und seiner Umgebung zeigen, sehr befruchtend wirken)[30], sie bekommt keines, während ein Mittelzentrum, bei dem die potentiell als Träger in Frage kommenden Personenkreise absolut kein Interesse an einem Museum haben (sondern vielleicht an

anderen, genau so wichtigen Dingen) eines bekommt.
Probleme entstehen aber auch deswegen, weil niemand voraussagen kann, wann dieses Paradigma sich wieder ändert, weil plötzlich die Nachteile dieser Art von Planung überwiegen, und dann sind alle Strukturen zum Nachteil der Bewohner der Fläche schon festgeschrieben. Planung dieser Art bringt ferner Probleme mit sich, weil die Fläche und die aus ihrer räumlichen Ausdehnung resultierenden besonderen Probleme etwa des Verkehrswesens oder der Beweglichkeit ohnehin schon benachteiligter Teile der Bevölkerung nicht berücksichtigt werden (weil z.B. der Zuschnitt der Fläche, für die ein Zentrum zuständig ist, in erster Linie nur an der Bevölkerungszahl, nicht an der Entfernung gemessen wird).
Das entscheidende kulturelle Problem besteht darin, daß der Region keine eigene Identität und Legitimation zugebilligt wird, sondern sie nur eine von den der Zuordnung auf die Zentren abgeleitete, von diesen gleichsam geliehene (oder verliehene) Identität besitzt. So wird die Lebensform auf dem Land nur an ihren Defiziten gegenüber derjenigen der Stadt gemessen, nicht an ihren eigenen spezifischen Problemen. Die Orientierung an der „punktaxialen" Raumstruktur mit Zentren und Entwicklungsländern bedeutet, daß mit einer überraschenden Radikalität der Topos von der sozialen und kulturellen Höherwertigkeit des Landlebens, wie er – mindestens als konkurrierender Wert – noch vor 15 Jahren auch in den Sonntagsreden repräsentativer Politiker der BRD auftauchen konnte, durch den absoluten Vorrang der urbanen Lebensformen ersetzt wird[31]. „Einer der beiden Hauptgründe für die zu fördernde Verdichtungstendenz ist in den (in) städtischen Zentren in aller Regel am besten befriedigten und grundsätzlich – unter den gegebenen Ressourcen-Restriktionen – am besten zu befriedigenden Versorgungsbedürfnissen der Bevölkerung zu sehen. Dies gilt sowohl für die meisten der öffentlicherseits zur Verfügung zu stellenden Einrichtungen der sogenannten Punkt-Infrastruktur (Verwaltungen, Gerichte, Schulen, kulturelle Einrichtungen) als auch für den überwiegenden Teil der nur im privaten Bereich zu befriedigenden Dienstleistungswünsche der Bevölkerung."[32]
Als Mittel zur Verminderung des Unterschiedes zwischen den verschiedenen Regionen der BRD wird im Bundesraumordnungsprogramm die Verdichtung im ländlichen Raum zwecks Ausgleich der „Mängel der Raum- und Siedlungsstruktur"[33] genannt. Solche Verdichtung versucht „auch im ländlichen Raum ‚städtische Lebensformen' an bestimmten Standorten zu erreichen. Dadurch sollen, um eine großräumige Abwanderung aus schwach strukturierten Räumen zu verhindern, auch hier in erreichbarer Nähe Voraussetzungen für städtische Lebensformen gewährleistet werden, die den in diesen Gebieten lebenden Menschen ein Verbleiben in der Heimat ermöglichen."[34] Großräumige Wanderungsbewegungen sollen so in kleinräumige verwandelt werden – eines der zentralen Ziele der gegenwärtigen Regionalplanung.

Kulturelle Impulse aus der Gegenwehr gegen die Unterwerfung unter fremde Interessen

Dieser Prozeß der Strukturierung der Fläche läuft nicht ohne Widersprüche ab. Auch dies ist nicht ohne kulturelle Folgen. Tiefgreifende innovative kulturelle Entwicklungen in ländlichen Regionen sind ohne Planung bzw. gegen die Planung entstanden. Regionale und lokale Protestbewegungen, gerichtet gegen die Unterwerfung unter die Planungsinteressen von Industrie, Verkehr und Metropolen, erwiesen sich in vielen Fällen als wertvolles Ferment der kulturellen Entwicklung.[35] Beispiele dafür sind die Volkshochschule im Whyler Wald und die Wiederbelebung der badischen und elsässischen Mundartdichtung im Zusammenhang mit Protesten gegen Kernkraftwerke und Industrieansiedlung[36], ferner die „Bundschuh"-Initiative, die sich gegen die Zerstörung fruchtbaren Ackerlandes durch die Teststrecke eines Automobilunternehmens auch mit kulturellen Ausdrucksformen zur Wehr setzt.[37] Ein weiteres Beispiel ist die „Dreihäuser Dorfzeitung", die in der (letztlich erfolgreichen) Gegenwehr gegen eine von der Landesplanung vorgesehene Großmülldeponie entstanden ist und kulturelle Impulse für das ganze Dorf zur Folge hatte.[38] Zahlreiche andere Protestbewegungen wie diejenigen in Gorleben oder die gegen die Startbahn West des Rhein-Main-Flughafens bedeuten ebenfalls auch kulturelle Impulse für die Bevölkerung der jeweiligen Region. Aus kulturpolitischer Perspektive gesehen müssen solche Initiativen ungemein wertvoll erscheinen – es sei nur an die Wiederbelebung der Mundart und der Mundartdichtung in diesem Zusammenhang erinnert. Sie sind indes nicht planbar, sie können nicht (oder nur begrenzt) Gegenstand kulturpolitischen Handelns sein – nicht nur aus politischen Gründen. Auch für die Regionen, in denen keine solchen akuten Probleme anstehen, muß es möglich sein, kulturelle Initiativen zu entwickeln.

Exkurs: Die gesellschaftliche Dimension. Beispiele unterschiedlicher sozialer Inhalte von kulturellem Leben in der Provinz.

1. Die aristokratische Kontaktkultur und die kulturelle Kontaktmetamorphose

Es gibt deutlich unterschiedene soziale (herrschaftsbezogene) Dimensionen kulturellen Lebens in der Region. Das erste Beispiel steht für jene Formen, die sich in der bürgerlichen Gesellschaft aus dem Kontakt mit der spezifischen aristokratischen Restkultur im 19. Jahrhundert herausbildeten. In dieser Zeit existierte ein bereits politisch selbständiges Bürgertum, das aber nicht mehr kämpferisch-selbstbewußt war und sich deshalb – etwa im deutschen Kaiserreich – kulturell stark an der Aristokratie zu orientieren bereit war. Ein preußischer Diplomat, meist außerhalb Europas tätig, erinnert sich in seiner Biographie (gestützt auf Tagebucheintragungen) 1922 an die Zeit von 1899: „Das damalige Ballenstedt (in Thüringen, d. Vf.) war noch Residenz der Herzoginwitwe von Anhalt, geb. Prinzessin von Holstein-Glücksburg, nahe verwandt dem dänischen Königshause. Die bejahrte, geistig bedeutende Fürstin versammelte im schönen und hochgelegenen Schlosse einen Kreis von angesehenen, gebildeten, ihr ergebenen Bekannten und Nachbarn um sich. Graf Asseburg-Meisdorf war ein naher Nachbar und häufiger Besucher von Schloß Ballenstedt, ebenso meine Geschwister. Solange die Herzogin lebte, war die kleine, von Rotdorn- und Kastanienalleen durchzogene, im Frühjahr entzükkende Residenzstadt ein sehr angenehmer Aufenthalt, um nach Aufhören des Hofes in die trostlose Öde der kleinen Provinzialstadt zu versinken, ein Schicksal, das seit der Staatsumwälzung auch allen Thüringer Residenzen mehr oder minder bevorsteht. Man unterschätzt in diesen Staaten vielfach den kulturellen Einfluß der Höfe, die, wenn auch vielleicht nicht aus bedeutenden Persönlichkeiten zusammengesetzt, doch durch die Pflege von Theatern, Kunst und Wissenschaft, Gründung von Museen und Ausgabe ihrer Zivilisten im Landesinteresse das Staatsleben gefördert haben. Es wird sicher die Langeweile der französischen Provinzialstädte oder die mancher verlassenen bischöflichen Residenzen, wie Bruchsal, Eichstedt, Aschaffenburg, Speyer, Worms und Bamberg sich ausbreiten. Fabriken, Gewerbe sind gewiß sehr wünschenswert, können aber unmöglich die geistigen Einwirkungen der früheren Höfe ersetzen, die ohnedies stets bemüht waren, die lokalen Industrien zu heben. Es ist mit Sicherheit zu erwarten, daß ein Katzenjammer in allen diesen Residenzen Deutschlands eintreten wird. Langer Aufenthalt in amerikanischen Mittelstädten mit ausschließlich industrieller Entwicklung hat mich hiervon völlig überzeugt."[39]

Zahlreiche kleinere Städte und ländliche Gemeinden beziehen in Deutschland bis weit ins 20. Jahrhundert hinein ihre kulturellen Impulse aus dem Kontakt mit aristokratischen Familien, ja, im Milieu von Schulmeistern und Pfarrern als Kulturträgern werden diese Kontakte zur lokalen Rest-Aristokratie gern zur lokalen Identität hochstilisiert.[40] In einigen Fällen gehen von den aristokratischen Wohnplätzen, gestützt auf Auftragsvergabe und Eröffnung von Marktchancen, auch Impulse für bodenständiges Kunsthandwerk aus (das damit zum kulturellen Aushängeschild der Region wird, wie z.B. beim späten Nachleben der Schwälmer Stickerei unter dem Einfluß einer Stick-Schule im Hause der Witwe eines Malers der Willingshausener Malerkolonie.[41] In ihrer sozialen Dimension muß solche Kultur unselbständig bleiben und sich an den Zentren (von denen auch die Aristokratie ihre Vorbilder bezieht) orientieren. Sie kann nicht Bezug nehmen auf die Lebensinteressen der ländlichen Bevölkerung, sie kann kein integrierter Teil von deren Lebenspraxis sein und auch nicht die Widersprüche dieser Existenz artikulieren.
In ihrer sozialen Wertigkeit nicht viel besser einzuschätzen ist die „Domestikationskultur" der Schullehrer und Pfarrer: Wer sie als kulturelle Akteure romantisiert (wie es angesichts ihres heutigen Fehlens im Dorfe gern geschieht), vergißt allzu leicht, daß sie ja schließlich auch „Agenten der Herrschaft" waren und in ihren kulturellen Ausdrucksmöglichkeiten und Bedürfnissen

notwendig anders orientiert waren als die Mehrzahl der Bewohner.
Anders, aber dennoch verwandt liegt der Fall bei Künstlerkolonien u.ä. (sofern sie, was durchaus nicht immer der Fall ist, auch das Ziel haben, Wirkungen in ihrer jeweiligen Umgebung zu erzielen): Auch sie tendieren bewußt oder unbewußt dazu, ihre (ästhetischen bzw. ästhetisch-gesellschaftspolitischen) Normen zu übertragen, statt die Entwicklung eigener Ausdrucksformen der jeweiligen Bevölkerung zu fördern (oder auch, wenn sie dies tun). Sie verstehen sich vielfach als kleine missionarische Inseln. In all diesen Fällen kommt es nicht zur Entwicklung kultureller Lebensformen, in denen sich die Mehrheit der Bevölkerung nicht nur partiell, sondern mit den dominierenden (wesentlichen) Aspekten ihrer Existenz wiedererkennen kann.

2. Das landrätliche Kulturkränzchen

Andere kulturelle Aktivitäten auf dem Lande sind darauf aus, ein Minimum an allgemeiner, spezifisch ausgewählter Kultur für einen begrenzten, wenn auch zu erweiternden (bildungsbürgerlich orientierten) Besucherkreis auf's Land zu holen. Auch sie gehören eher einer vergangenen Zeit an. Sie waren keineswegs allgemein verbreitet und stellten für ihre Region sicherlich einen Gewinn dar (ähnliche Funktionen nahmen in nicht institutionalisierter Form Lehrer und Kirchen wahr). Als Beispiel sei der „Kulturkreis um die Wasserscheide" (aus dem Lahn-Sieg-Quellgebiet bei Dillenburg) genannt. Er wurde 1951 gegründet und war in erster Linie Veranstaltungs-Gestalter, von dessen herausragenden Veranstaltungen nach 10 Jahren (also 1961) als Beispiele genannt werden der „Claudius-Abend, an dem Günter Lüders einer ergriffen lauschenden Zuhörerschaft die unvergänglichen Schönheiten im Werk des ‚Wandsbeker Boten' offenbarte; das ‚Offene Singen' in der Hickengrundhalle, das aus bloßen Konzertbesuchern eine singende Gemeinschaft schuf; ‚Die zwölf Geschworenen', die jedem von uns die Rolle des mitverantwortlichen Richters und damit die Not des Handelns aus gebundenem Gewissen zuschoben . . ."
Nach 25 Jahren (1976) wird über die Arbeit berichtet:
„Es ist schon fast nicht mehr zu zählen, wieviele Gaben klassischer Musik solistischer, kammermusikalischer oder orchestraler Art uns in diesen 25 Jahren dargereicht wurden. Eine einzelne davon zu erwähnen, hieße, die anderen herabsetzen. Nicht anders steht es mit gesanglichen Darbietungen vom Einzelgesang über das Chorlied bis zum großen, erhebenden Kirchenkonzert. Das hat nicht nur Ohrenschmaus und innere Erbauung bewirkt, sondern auch – und das erscheint besonders wichtig – ein frohes häusliches und gemeinschaftliches Musizieren geweckt und gestärkt. Es musiziert bei uns in viel mehr Ecken und Winkeln als früher."[42]
Auch hier bleibt die Wirkung begrenzt, auch hier werden kulturelle Lebensformen übertragen auf Bereiche, in denen sie nicht verwurzelt sind. Die eigene kulturelle Identität der Region wird nicht entwickelt – Impulse dafür zu geben, wäre aber die anstehende Aufgabe.

Betrachtet man eine ähnliche Veranstaltung in einem ländlichen Vorort von Unna, über die Kurt Eichler in diesem Buch berichtet, so entdeckt man zunächst Parallelen, dann aber auch Unterschiede. Dadurch, daß bei der beschriebenen Veranstaltung „Volksmusik in der Kneipe" bewußt traditionelle und neue Formen künstlerischer Aktivität miteinander in Kontakt gebracht werden, besteht die Chance der Entwicklung von Neuem.
Neuem.

3. Das Heimat-Gemeinschafts-Traditions-Syndrom

Am Beispiel des Kinderfestes hat Roland Narr 1974 darauf hingewiesen, daß Feste (als Teil des Kulturangebotes) im sozialen Kontext der Gemeinde einen fixierbaren Stellenwert haben (der natürlich wechseln kann). Das zumindest in Süddeutschland häufige dörfliche oder kleinstädtische Kinderfest ist für die Hauptbetroffenen, Kinder und Lehrer, weder freiwillig noch ohne Nebenabsichten noch immer ausgesprochen lustbetont: Es ist „eine Veranstaltung, die im Auftrag der Gemeindeverwaltung mit und durch die Schule ausgeführt wird, und an der verschiedene andere Institutionen beteiligt sind"[43]. Und es ist „kein Fest für Kinder, sondern verschiedene Gruppen verfolgen mit dem Fest verschiedene Interessen"[44].
Charakteristisch für alle Typen des Kinderfestes ist das „Heimat-Gemeinschafts-Traditions-Syndrom (H-G-T-Syndrom)"[45], dem es seine Wertorientierung, seine Versatzstücke und seine Ideologie verdankt. Als Gründe für das Weiterleben eines anscheinend so anachronistischen Ideologienkonglomerats kann man den Versuch annehmen, „objektive Konflikte via Gemeinschaftsgefühl" zu minimalisieren.[46]
Seine Verwendung resultiert (heute) aus dem Ziel, „eine zweckrationalen Gesichtspunkten entsprechende Verwaltungsreform durchzusetzen, aber gleichzeitig auf kulturellem Gebiet den Konservativismus zu erhalten".[47]
Träger des Festes sind dementsprechend nicht einfach „alle", sondern die ökonomisch potentesten und politisch einflußreichsten Teile der Gemeinde, die mit dem Fest ihre jeweiligen Interessen verfolgen. Narr stellt fest, daß „relativ hoher Sozialstatus am ehesten zu gemeindebezogener Aktivität führt".[48] Die Repräsentanten der „Heimat" sind im Grunde „überlokal orientierte" Individuen. „Die von der Gemeinschaft und Heimat reden, haben meistens die Mittel, sich diese zu bewahren".[49]
Auch hier sind kulturelle Formen wie das Fest somit alles andere als sozialpolitisch neutral oder unterschiedslos für alle da. Sie unterliegen vielmehr deutlich lokalen Machtstrukturen. Ähnliches wurde für die „Hessentage" oder die Heimattage Baden-Württemberg oder ähnliche Veranstaltungen in Schleswig-Holstein nachgewiesen:[50] Sie lassen jeweils den Versuch beobachten, das Syndrom Heimat-Gemeinschafts-Tradition für die Verankerung von Interessen zu verwenden, die nicht diejenigen der jeweiligen regionalen Untereinheiten sind. Vielmehr sollen gravierende regionale Interessengegensätze durch die übergeordneten Einheiten im Sinne der Zentren gelöst werden. Der hessische Ministerpräsident Holger Börner formulierte dementsprechend, als die Vogels-

berger sich dagegen wehrten, den Grundwasserspiegel ihrer Region durch die Wasserentnahme für das Rhein-Main-Gebiet absenken zu lassen:
„Die Vogelsberger Bauern müssen endlich begreifen, daß sie den Frankfurtern nicht nur Kartoffeln verkaufen können, sondern auch das Wasser, mit dem man sie kocht, liefern müssen."[51] In solchen Situationen wird auf die übergeordnete Heimat bezogene Heimat-Ideologie zum Mittel der Unterwerfung. Mit Hilfe der Orientierung an Heimat, Gemeinschaft und Tradition wird eine kritiklose Identifikation mit der Region und ihren Strukturen angestrebt (wie auch schon bei der traditionellen Heimatbewegung)[52], die nicht fragt, womit man sich aus welchen Gründen identifiziert.
Inzwischen gibt es andere Konzepte, bei denen es nicht mehr um solche kritiklose Identifikationen geht, sondern um die Herstellung einer Identität, die zu der Realität des jeweiligen Lebenszusammenhanges in Beziehung steht. Als Beispiel dafür sei ein Projekt der soziokulturellen Animation aus Lothringen genannt (das für viele Projekte der „Spurensicherung" in der BRD vorbildlich gewirkt hat):[53] In der „Action Culturelle du Bassin Huillet Lorrain" des lothringischen Kohlenbergbau-Gebietes arbeitet seit 1977 eine Gruppe von vier Animateuren an einem soziokulturellen Projekt „Le memoire collectif de la Mine" (etwa „Das kollektive Gedächtnis des Bergbaus"). Dieses Projekt ist zentraler Teil der Kulturarbeit in den 25 Gemeinden des Gebietes. Die Animateure versuchen in einer ungemein intensiven Vor-Ort-Arbeit von Haus zu Haus gehend, die soziokulturellen Wünsche, Interessen und Aktivierungsmöglichkeiten der Bevölkerung herauszufinden und die für Geschichte und Identität einzelner Ortsteile zentralen Aspekte gemeinsam mit den Bewohnern herauszuarbeiten: Für Puttelange z.B. ist dies die Geschichte einer Plüsch-Weberei, einer Kleineisenbahn, die nach dem Ende dieser Weberei den Arbeitern den Zugang zu den Kohlengruben erschloß, und schließlich die Maginot-Linie, die mit Krieg, Umsiedlung und Zerstörung einen entscheidenden Einschnitt in die Lebensgeschichte aller Einwohner darstellte. Herausragendes Ergebnis war hier ein Video-Film, in anderen Fällen waren es Dia-Serien oder kleine Schauspiele. Die Ziele dieser ungewöhnlichen Kulturarbeit formuliert der ehrenamtliche Bürgermeister: „Damit die Bevölkerung zu sich findet, damit sie spürt und entdeckt, wer sie eigentlich ist und daß sie ihre eigene Kultur hat."

Die kulturell Sprachlosen akzeptieren ihre eigene Kultur und Geschichte nicht ohne Hilfe. Dort setzt die Animation an. Ihre Prinzipien faßt Jean Hurstel, der Leiter des Projekts, folgendermaßen zusammen:
„Wir sprechen mit den Menschen über das, was für sie wichtig ist. Es ist Angelegenheit der Menschen selbst, Konsequenzen daraus zu ziehen (und etwa politische Forderungen zu stellen). Wenn Fragen und Probleme nicht von den Leuten selbst kommen, dann hat die Arbeit keinen Zweck. Animation wendet sich strikt gegen jede von außen an die Zielgruppen herangetragene Politisierung oder Pädagogisierung. Erst wenn die Menschen ihre Zeit und ihren Raum ‚beherrschen', wenn sie ihre soziale, regionale und historische Identität gefunden haben, dann können sie auch sozial handeln."

Dieses zurückhaltende Engagement (das eine politische Dynamik eigentlich nur durch die Auswahl der Zielgruppe erhält) führt gelegentlich dazu, daß die inhaltlichen Ziele sich von der sozialen Zielsetzung der Animation lösen und zum Selbstzweck werden. Gewonnen aber wird dadurch eine äußerst intensive Verbindung mit breiten Teilen der Bevölkerung. In die Identität, die auf diese Weise gewonnen wird, ist die soziale Wirklichkeit des Lebens der Menschen in dem Gebiet voll einbezogen.

4. Die Casino-Vereine der Gegenwart

Im Umfeld größerer Städte entwickeln sich andere Formen neuer kleinstädtischer und dörflicher Kulturarbeit.
In der Umgebung von Frankfurt am Main z.B. gibt es eine Reihe von in den letzten Jahren gegründeten lokalen Kulturvereinen, die in Altersstruktur und sozialer Zusammensetzung deutlich den Prozeß der Wanderbewegung aus der Großstadt in die großstädtische Provinz, wie er vor allem in der jüngeren Angestellten- und Beamtenschicht stattfindet, wiederspiegeln: Die Initiative „Taunussteiner Machart" z.B. (gegründet 1977) gibt als „Ansprech- und Mitgliedergruppe", die „mittlere Schicht mit Arbeitsplatz Wiesbaden-Frankfurt/Main (Ministerien, Lufthansa, Kalle, ZDF)" an.[54]
Diese Vereine sind z.T. Katalysator für die Entwicklung von eigener Kulturarbeit in den (durch die Gebietsreform erst entstandenen oder grundlegend veränderten) Gemeinden. „Taunussteiner Machart" und „Kulturinitiative Nidderau" (gegründet 1978) verwalten städtische Gelder (letztere in dem Programm „Nidderau kulturell", erstere ist dafür verantwortlich, daß der Kulturetat innerhalb von 3 Jahren von 1.500,-- DM auf 40.000,-- DM aufgestockt wurde).
Der Kulturkreis Büdingen (gegründet 1979) realisiert für die Stadt die Veranstaltungsreihe „Büdinger Sommer". Die Veranstaltungen sind:

- Sozialkontaktorientiert: „gemeinsames Essen der Mitglieder und Kinder" (Nidderau), Altstadtfest (Groß-Auheimer Kulturverein), Trommelkonzert mit Terry Keegan unter Einschluß des Publikums (Hanauer Kulturverein), Heringsessen und Kinderstraßenfest (Kulturinitiative Schöneck).
- Präsentieren neue bzw. alternative Kultur: Folk-Musik, Besuch der Frankfurter „Schmiere" (Nidderau), Rock-Musical (Kulturkreis Büdingen).
- Präsentieren traditionelles und klassisches Angebot einem neuen Publikum: Gitarrenabend, Archäologieabend (Nidderau), Madrigal-Abend (Büdingen), Antiquitäten (Schöneck), „Ronneburg kulturell".
- Geben Gelegenheit für Eigenaktivitäten: Foto-AG (Nidderau u.a.), Liederhaufen (Hanau).

Der Anschluß an die traditionellen Vereine wurde meist nicht gefunden (KIN Nidderau „will keine Konkurrenz für die 93 Vereine sein"; der Versuch der Taunussteiner, zu den Musikvereinen in Kontakt zu kommen, scheiterte). Versucht wird dagegen die überörtliche Zusammenarbeit: Mehrere solcher Kulturinitiativen trafen sich 1980/81 in der „Bildungs- und Familienerholungsstätte Oberreifenberg e.V." mehrmals zum „Oberreifenberger Wochenendgespräch".

Angesichts der sozialen Zusammensetzung dieser Kulturinitiativen könnte man sie polemisch mit den bürgerlichen „Casino-Vereinen" des 19. Jahrhunderts vergleichen, die für die besitzenden Teile der kleinstädtischen Bevölkerung clubähnliche Geselligkeit mit akademischen Formen „unter sich" realisierten (oft in eigenen Häusern). Die Ziele dieser Kulturinitiativen reichen jedoch auf jeden Fall weiter, und in vielen Fällen ist es ihnen durchaus möglich, ein weiteres Publikum zu erreichen (zumal durch die starken Bevölkerungsverschiebungen und die berufliche Mobilität bei gleichzeitigem starken Rückgang traditioneller ländlicher Berufs- und Erwerbsstrukturen der Unterschied zwischen Alt- und Neusiedlern sich verwischt).

Kulturplanung als Hauptzweck: Die räumliche Komponente der Kulturpolitik

1. Das Versorgungs- bzw. Mitversorgungs-Konzept

Die allmählich wieder ins Bewußtsein gelangende räumliche Komponente der Kulturarbeit wird zwischen den Polen der Mystifikation des „Kulturraumes" und der Technokratie der Raumplanung behandelt. Zu letzterer dürfte das Konzept der „kulturellen Mitversorgung" gehören, das mit dem erläuterten System der punktaxialen Raumordnung zusammenhängt, hier jedoch Kulturplanung nicht als Nebeneffekt produziert, sondern als Hauptzweck intendiert: „Gemäß dem der Landesplanung zugrunde liegenden zentralörtlichen Gliederungsprinzip ist es ja gerade Aufgabe der Mittel- und Oberzentren, ihr jeweiliges Einzugsgebiet mit Angeboten der höherstufigen Daseinsvorsorge (Theater, Oper, Orchester, bestimmte Fachmuseen und Ausstellungen) zu versorgen."[55] Dieter Treeck kritisiert dieses Versorgungskonzept und meint, es sei passé, weil „kulureller Ehrgeiz in Klein- und Mittelstädten" ein reichhaltigeres kulturelles Leben dort freigesetzt habe.[56]
Die Kritik besteht mit Recht, könnte jedoch noch vertieft werden. Zunächst bestätigt das „Mitversorgungskonzept" doch nur die in der Raumplanung festgeschriebene Geringerwertigkeit der Region gegenüber dem Zentrum, indem es der Region kein eigenständiges kulturelles Profil und keine spezifische Lebensform zubilligen will. Ihre Identität soll nur eine abgeleitete sein.

2. Kulturarbeit in den Landkreisen

Inzwischen gibt es eigene Kulturentwicklungspläne auf Kreisebene (die allerdings in der Tendenz nur eine additive Fortschreibung bestehender oder zu enwickelnder Institutionen sind und keine Weckung soziokultureller Initiativen einbeziehen).[57] Sie gehen über das Mitversorgungskonzept hinaus, wenn (und indem) sie eigene flächenspezifische Kulturinstitutionen fordern. Dennoch bestätigen sie mit der Rolle der Kreisstadt die innerhalb des Kreises zentralistische Struktur. Wir greifen als einflußreiches programmatisches Dokument das Papier des Deutschen Landkreistages von 1979 heraus.[58]

Seine Verabschiedung ist sicherlich als Fortschritt zu werten, genau wie die Forderung nach einer entsprechenden personellen und materiellen Verankerung der Kulturarbeit im Haushalt und in der Kreisverwaltung (Empfehlungen Ziff. 5). Ähnlich positiv zu werten ist die Feststellung: „Kultur im ländlichen Bereich wird von jeher von den Bürgern aktiv mitgestaltet" (wenn man daraus Einsichten für die Zukunft ableitet).
Insgesamt aber bleibt das Papier weitgehend der Vorstellung einer angebotsorientierten repräsentativen Kultur verhaftet und fällt in seinen programmatischen Grundlagen weit hinter die Positionen des Deutschen Städtetages, des Europarates und der UNESCO[59] zurück: So werden als „Schwerpunkte" lediglich traditionelle Bereiche genannt, „wie z.B. die Bewahrung des kulturellen Erbes, die Pflege des Volks- und Brauchtums und die Erhaltung historischer Bausubstanz", ferner die Standardpalette anbietender kultureller Institutionen. Diese sind sicherlich notwendig, aber in ihnen erschöpft sich heutige Kulturarbeit nicht, weil sie, wie z.B. das Papier „Bildung und Kultur als Element der Stadtentwicklung" des Deutschen Städtetages von 1973, „Kommunikation", „Kreativität", „Reflexion" zu zentralen Kategorien erhebt[60] und damit auf längerfristige Prozesse (z.B. mit Gruppen) und nicht nur auf einmalige Veranstaltungen zielt. Ausdrücklich ist an anderer Stelle vom nötigen „größeren Kulturangebot" die Rede; aber kommunikative und kreative Prozesse fehlen auch bei der Aufzählung der von den Kreisen wahrzunehmenden „Aufgaben überörtlicher Bedeutung". Andere Formulierungen verraten eine Orientierung an überholten Leitbildern, so der Hinweis auf die „Freizeitgesellschaft" (wenn auch mit Gänsefüßchen). Die Forderung nach Pflege der „heimatgebundenen Kultur" bleibt ambivalent. Sie kann sich durchaus auf deren traditionell-konservatives Verständnis beziehen, ist doch an anderer Stelle davon die Rede, daß die Kulturarbeit „die Bemühungen um die Verbundenheit des Bürgers mit seinem Kreis" unterstützen soll. Damit aber ist genau jene Vorstellung der unkritischen Identifikation anstelle der Bildung einer bewußten, realitätsgerechten Identität angesprochen, die wir an anderer Stelle kritisierten.
Auch wenn man mit Recht eine schematische Übertragung der Prinzipien moderner städtischer Kulturarbeit auf die Region ablehnen muß, bleibt die vorliegende Programmatik der Kulturpolitik in der Region doch hinter den aktuellen Bedürfnissen und Aufgaben zurück. Dies zeigt sich auch im internationalen Vergleich.

Kulturarbeit als Entwicklung des Lebensmilieus

1. Kulturpolitik als Gesellschaftspolitik in Österreich

In einigen Staaten wird Kulturpolitik in Programmatik und in Praxis als Teil nicht nur der Sozial-, sondern auch der Gesellschaftspolitik betrachtet. Dies gilt z.B. für Österreich, wo Bildungsminister Fred Sinowatz 1978 schreibt: „Kulturpolitik ist nun eigentlich ein Oberbegriff – ich sage das wohlwissend, daß es in der Realität nicht so ist – über die Gesamtheit des politischen Wirkens und nicht nur die Umschreibung für Kunstförderung und Subventionspolitik, ist nicht Entscheidung zwischen Karajan oder Arena, Kulturpolitik ist die Gesamtheit der Lebensbezüge, Ideen und Fakten in diesem Leben, der Vorstellungen und Tatbestände, ist Lebensstandard und Lebensqualität, Wohlfahrt und Wohlbefinden. Zu dieser Umfassenheit von Kultur und Gesellschaft zählen nicht nur Einrichtungen, Vorstellungen, Phänomene der Kunst, sondern die Gesellschaftsformation an sich, die alle ökonomischen, sozialhistorischen und kulturellen Bezüge in einer Weise mit einbezieht, in der sie miteinander tatsächlich korrelieren. Daher ist der eigentliche Aufgabenbereich der Kulturpolitik die Gesellschaft, und nur so bekommen alle Definitionsversuche für den Kulturbegriff überhaupt erst einen Sinn."[61]

Ein solches Verständnis von Kulturpolitik macht eine bewußte und integrierte Entwicklung des gesamten Lebensmilieus zur Aufgabe. Kultur- und Sozialarbeit werden dabei so miteinander verbunden, daß ein Milieu entsteht, das dem Einzelnen Entfaltungs- und Glücksmöglichkeiten individueller und kollektiver Art gibt.

Die „Burgenländische Kulturoffensive" versucht dieses Programm umzusetzen. Sie hängt zusammen mit der besonderen Situation des Burgenlandes, das bei seinem Anschluß an Österreich 1918/19 „Kulturlandschaft ohne städtische Zentren"[62] war. Inzwischen hat es sich „zu einer vollentwickelten Kulturregion mit einem eigenen Profil und einer spezifischen Ausstrahlungskraft . . . entwickelt".[63]

Im Schwerpunkt des ersten Jahres der Kulturoffensive (1978/79) stand „Kultur und Schule". Dabei ging es um „Modelle der kulturellen Öffnung der Schule" mit Projekten wie Schülerwettbewerben, Schülergalerie, Schülertheater, dem Modell Mitverantwortung und Mitgestaltung des eigenen Lebensraumes (wo es um die Wechselbeziehungen zwischen Schulort und Umwelt geht), mit Projekten wie Schülertreff (als Kulturveranstaltung für Schüler), soziokulturellen Begegnungsstätten für Schüler usw.[64] Der Schwerpunkt des zweiten Jahres heißt „Gemeinde und Kultur", darauf soll „Kultur und Betrieb" folgen[65]; man denkt an neue Formen kultureller Arbeit, neue Museumspolitik, kulturelle Gruppenaktivitäten, Künstler-Publikum-Kontakte, Zielgruppenarbeit und Gemeinwesenarbeit. Prinzip ist eine für die ganze Region und nicht nur ihr Zentrum wirksam werdende und seine Spezifik bestätigende Kulturarbeit.

2. Schwedische dezentrale Kulturpolitik

Die in der sozialdemokratischen Ära Schwedens (vor allem seit den frühen 70er Jahren) entwickelte neue schwedische Kulturpolitik ist zwar nicht durch die politische Ablösung der Sozialdemokratie, wohl aber durch die darauffolgende Krise des Sommers 1980 bedeutenden Veränderungen unterworfen. Dennoch lohnt ein Blick auf die für uns interessanten Aspekte, ist doch etwa das Instrumentarium der dezentralen Kulturpolitik und der Ausgangspunkt „Lebensmilieu" nach wie vor wichtig und nicht konjunkturabhängig.

Ein gutes Kulturmilieu wird in Schweden als selbstverständlicher Teil des Lebensstandards betrachtet. Kulturpolitik ist Bestandteil der Gesellschaftsplanung[66]. Eines der wesentlichen, aus der Forderung nach Chancengleichheit resultierenden Prinzipien der schwedischen Kulturpolitik ist das der Dezentralisierung. In einem Staat mit extrem ungleicher Bevölkerungsverteilung, der zudem noch historisch und staatsrechtlich zentralistisch organisiert ist und mit Stockholm eine dominierende Hauptstadt besitzt, bedeutet dies einen deutlich neuen Akzent.

Am Beispiel der Musikpolitik läßt sich die Praxis der Dezentralisierung erläutern: Ziel dieser Musikpolitik ist es, Musik als „natürliches, allen zugängliches und für jederman verwendbares Kommunikationsmittel“[67] präsent zu machen. Seit 1968 gibt es neben kommunalen Musikschulen in allen 277 Großgemeinden die ständige Einrichtung „Reichskonzerte“ („Rikskonserter“), die, von traditionellen Konzerten ausgehend, zu einer intensiven zielgruppenspezifischen und komplexen musikpflegerischen Arbeit gelangt ist. Sie durchbricht damit die bloße Orientierung auf ein von außen kommendes Angebot und setzt im sozialen Umfeld verankerte Prozesse der Weiterentwicklung der musikalischen (künstlerischen) Ausdrucksmittel in Gang. Die „Musikanimation“ von Rikskonserter bezieht sich heute auf Musik aller Sparten, von der Volksmusik über Pop und Jazz bis zu experimenteller Musik (für die auch Kompositionsaufträge vergeben werden). Gleichzeitig wird auch die musikalische Laienarbeit qualitativ beeinflußt, indem die Zusammenarbeit von Musikprofessionalisten und Gesangs- und Musikvereinen gefördert wird.[68]

Dezentrale Arbeit dieser Art betreiben auch die Einrichtungen „Riksutställninger“ für das Museums- und Ausstellungswesen und „Riksteatern“ für das Theater. „Aufsuchende“ Arbeit im Sinne des Herangehens an ein Publikum mit der Anregung, Angebote wahrzunehmen oder selbst aktiv zu werden, ist die notwendige Konkretisierung der sozialpolitischen Aufgaben der Kulturpolitik, speziell der Sicherung der Chancengleichheit auch für die ländlichen Gebiete. Sie ist mit der soziokulturellen Animation in Frankreich verwandt.

3. Kultur und Befreiung

Einiges von einem solchen umfassenden Ansatz ist auch in den an anderer Stelle zitierten regionalistischen Bewegungen enthalten, weil bei ihnen Kultur, Lebensformen und regionale Ökonomie eine untrennbare Einheit eingehen. Verwandt damit ist das Problem, das Leitsystem der Priorität ökonomischer Prozesse durch ein solches zu ersetzen, bei denen andere Werte (des Lebens, der Kultur) im Vordergrund stehen. Ein Beispiel aus einem ganz anderen historisch-gesellschaftlichen Zusammenhang möge das Problem verdeutlichen: Ich meine das neue Nicaragua und seine Alphabetisierungskampagne (und von diesem revolutionären Beispiel zu reden, ist heute leicht, nachdem Ernesto Cardenal den Friedenspreis des Deutschen Buchhandels erhalten hat).

Cardenal hat mit eindringlichen Worten den zweiten Krieg geschildert, der unmittelbar nach der Befreiung begann, denjenigen gegen den Analphabetismus, in dessen Verlauf die alphabetisierten Nicaraguaner den anderen, die mehr als die Hälfte der Bevölkerung umfaßten, innerhalb von fünf Monaten die Anfangsgründe von Lesen und Schreiben beibrachten: Die jugendlichen Alphabetisierer „lebten bei den Bauern, aßen wie sie, tranken wie sie und arbeiteten mit ihnen so lange, bis alle diese entlegenen Gebiete zu vom Analpabetismus befreiten Territorien erklärt werden konnten. Diese Jugendlichen, Jungen und Mädchen, lehrten nicht nur, sie lernten auch von den Bauern".[69]

Schon dieses gegenseitige voneinander Lernen ist für uns eine hoffnungsvolle Utopie. Aber die nicaraguanische Kulturrevolution umfaßt auch Wandmalerei und Dichterwerkstätten, „in denen Zimmerleute und Maurer die richtigen Techniken lernen, um gute moderne Poesie zu schreiben . . ."[70].

Und wir erkennen die wiedererwachten Utopien aus unserer eigenen Geschichte, wenn Cardenal sagt: „Es geht darum, daß unser Volk nicht nur die Kultur konsumiert, was schon sehr wichtig ist, sondern auch die Kultur hervorbringt. Das soll nicht heißen, daß wir die Kultur so herabsenken, daß sie für das Volk erreichbar ist, sondern wir werden das Volk heraufheben, bis zur besten Kultur".[71]

Auch bei diesem Prozeß geht es nicht um die Unterordnung der Region unter die Metropole, sondern um die Anerkennung der eigenen Lebensformen in der Provinz, verbunden mit dem wechselseitigen (und nicht in Form der Einbahnstraße verlaufenden) Lernen.

Schlußfolgerungen und Perspektiven

Kurt Eichler formuliert für die (stadtnahe) ländliche Kulturpolitik:

„Ziel ist eine kulturelle Infrastruktur, bei der das Kulturangebot nicht mehr aus der Summe zufällig zustande gekommener Veranstaltungen und Aktionen besteht, die kaum aufeinander bezogen sind, sondern bei der eine integrierende Konzeption – ohne Dirigismus und überflüssige Bürokratie – die öffentliche, freie Kulturarbeit miteinander verbindet."[72]

Wir sind sogar noch etwas weiter gegangen und haben die Herstellung eines kulturellen Lebensmilieus, das eine eigene Identität der ländlichen Region möglich macht (und diese nicht nur als abhängige Größe der Metropolen versteht) zum Ziel gesetzt.[73]

Damit ist eine Reihe von noch nicht gelösten theoretischen Problemen verbunden, die hier nur angedeutet werden können: In welchem Rahmen ist eine solche eigene Identität überhaupt möglich bei weiterbestehender ökonomischer Abhängigkeit von den Metropolen und Zentren (die ja auch für viele, die in der „Provinz" Leben, Arbeitsstätte, Einkaufsstätte und Verwaltungsort sind)? Bedeutet eine solche kulturelle Initiative, daß man auch einer Dezentralisierung der Arbeitsstätten (unter Inkaufnahme von Nachteilen, die durch Nichtanwendung der fortschrittlichsten, entwickelsten Produktionsmethoden auftreten) das Wort redet? Oder ist eine solche Politik deswegen leichter anwendbar, weil die Politik der Konzentration ohnehin an ihre eigenen, systembedingten Grenzen geraten ist (wie viele Kritiker der Großtechnologie unterstellen)? Oder realisiert sich in dem kulturellen Lebenswillen der „Provinz" nur eine trotz ökonomischer Abhängigkeit umsetzbare kulturelle Sonderentwicklung, eine Erscheinungsform des „subjektiven" Faktors, bezogen nur auf Teilbereiche des Lebens? Perspektivisch hängt dieses Problem auch mit dem Paradoxon der Wiederbelebung ethnischer Unterschiede bei gleichzeitiger Nivellierung in Bereichen vor allem der materiellen Produktion zusammen, auf die die Ethnologie aufmerksam gemacht hat.[74]

Trotz solcher ungelöster Probleme dürfte es zunächst keinem Zweifel unterliegen, daß die Gegenwehr gegen den „konsumistischen Zentralismus" (von dem Pasolini spricht) politisch legitim und unterstützenswert ist.[75]

Offen ist auch noch die Frage, welche kulturellen Formen sich denn bei dieser „Entprovinzialisierung der Provinz"[76] entwickeln: Sie ist notwendigerweise offen, könnte man sagen, weil die Ergebnisse nicht vorweggenommen werden dürfen.

Über die Mittel, die dabei anwendbar sind, läßt sich schon eher etwas sagen. Zu ihnen gehört die soziokulturelle Animation mit entsprechendem personellen Aufwand (bei der Künstler etwa nach den von Modellversuchen der Künstlerweiterbildung für Schauspieler und bildende Künstler entwickelten Methoden eine bedeutende Rolle spielen können). Solche Animation ist keine manipulative Aktivierung als Selbstzweck. Es geht bei ihr vielmehr darum, Menschen zu befähigen, ihre eigenen Interessen wahrzunehmen und sich der verschiedensten Medien (der Kunst, des Spiels, der gemeinschaftlichen Tätigkeit, der Politik) als integralen Bestandteil ihres kollektiven Lebes zur Verwirklichung ihrer Bedürfnisse und zur Durchsetzung ihrer Interessen zu bedienen. Soziokulturelle Animation bezieht sich auch nicht auf einen unverbindlichen, hedonistischen Freizeitbereich (wie etwa die Urlaubsanimation), sondern ist ganz zentral mit der Realität des alltäglichen Lebens und der aktiven Teilnahme an ihrer Gestaltung verbunden. Sie ist daher nicht einfach ein bequemes Integrationsinstrument. Weil die Zielgruppen Inhalte und Ziele der Arbeit selbst bestimmen, können ihre Aktivitäten und Forderungen durchaus unbequem z.B. für die Verwaltung werden. Sie bleibt aber wertvoll, weil gleichzeitig soziale Kräfte der Eigeninitiative geweckt werden.

Hüten muß man sich vor politischen und sozialen Fallgruben wie dem Heimat-Gemeinschafts-Traditions-Syndrom als konservativer, bestätigender Identifikation, aber auch vor dem kulturellen Oktroi durch Künstlerideologie oder Bevormundung. Die Frage „Kultur für wen und von wem?" ist auch bei der ländlichen Kulturarbeit zu berücksichtigen. Die bewußte, systematische Kulturarbeit auf dem Lande steht erst an ihrem Anfang. Es ist nötig, die bisher gemachten Erfahrungen auszutauschen, aber auch sie vor dem Hintergrund der Erfahrungen, Konzepte und theoretischen Erkenntnisse der übrigen Bereiche der Kulturarbeit zu reflektieren.

Dieter Kramer
Kulturdezernat
Frankfurt/Main

Anmerkungen

1 Ergänzte und überarbeitete Fassung eines Vortrages, gehalten bei der Tagung über „Kinder- und Jugendkulturarbeit auf dem Lande", veranstaltet von der Bundesvereinigung für kulturelle Jugendbildung (Remscheid), 21.–23.11.1980 auf der Ronneburg/Hessen. Der Vortrag versucht, das Thema in allgemeiner, nicht nur auf Kinder und Jugendliche bezogener Form zu behandeln. Die spezielle Benachteiligung dieser Gruppen auf dem Lande wird damit zum Sonderfall der allgemeinen Benachteiligung. Die möglicherweise auch vorhandenen positiven Aspekte, die bei dieser Gruppe noch deutlicher vorhanden sein mögen als bei anderen (z.B. Überschaubarkeit, Naturnähe, Bewegungsraum), kommen auf diese Weise nicht ins Blickfeld; dazu bedürfte es ohnehin einer genaueren Analyse der Lebensbedingungen von Kindern und Jugendlichen auf dem Lande.

2 Vgl. Alfons Spielhoff, Bilanz der Alternativ-Kultur. In: Ansichten über die Zukunft der Kulturpolitik, Kulturpolitische Mitteilungen, Beiheft 1/1980, S. 12; vgl. die Tabellen in: Kultur in den Städten. Eine Bestandsaufnahme. Köln 1979 (Neue Schriften des Deutschen Städtetages, H. 37), S. 28: Dort sind die Ausgaben für ausgewählte kulturelle Einrichtungen 1977 aufgeschlüsselt nach Gemeindegrößenklassen. Vgl. auch die Broschüre zum Stadt-Land-Gefälle, hrsg. vom Deutschen Städte- und Gemeindebund (s. drupa 1/1981, S. 2).
Vgl. auch: Freizeitmöglichkeiten der Bevölkerung im ländlichen Raum. Stuttgart 1978 (Bd. 113, Schriftenreihe des Bundesministers für Jugend, Familie und Gesundheit).

3 Indizien dafür sind diese Tagung, sind Kulturentwicklungspläne für Landkreise (s. Anm. 58) und sind viele der in diesem Aufsatz zitierten aktuellen Materialien. Vgl. ferner Aufsätze wie Lothar Prisor, Die Provinz nicht vergessen. Vorwärts 13 v. 30.3.78, S. 23; Manfred Bosch, Provinz im Erwachen, Vorwärts Nr. 21 v. 25. Mai 1978, S. 23, vgl. auch Nr. 16 v. 20. April 1978; ders. in: Kultur und Gesellschaft 10/1978, S. 14–16; Joachim Hossfeld, Probleme der Kulturvermittlung in der Provinz. In: Manfred Bosch (Hrsg.), Kulturarbeit. Versuche und Modelle demokratischer Kulturvermittlung. päd. extra Buchverlag, Frankfurt 1977, S. 271–284. Vgl. auch die Arbeitsgruppe „Im ländlichen Raum" des Kongresses Freizeit – Chance für Kultur und Bildung. In: Freizeit- und Kulturpolitik. Dokumentation (Deutsche Gesellschaft für Freizeit), S. 42, Düsseldorf 1980, S. 335–358, u.a. mit dem Papier des Landkreistages Nordrhein-Westfalen „Kulturelle Aufgaben im Kreisbereich" vom 21.6.1979. Ferner: Projektgruppe Ländliche Kulturarbeit (der Kulturpolitischen Gesellschaft). Kulturpolitische Mitteilungen 4/79, S. 11–12, sowie das von Manfred Hülsewedde bei der Jahrestagung der Kulturpolitischen Gesellschaft im November 1980 in der AG „Kultur auf dem Lande" vorgelegte Papier. Ein Niederschlag in der Jugendliteratur ist: Reinhold Kujawa, Was ist schon los bei euch! Dorfleben-Stadtleben. Reinbek 1981 (Rotfuchs 272). Wichtig ist ferner die Provinz-Diskussion in der „alternativen Szene", vgl. die Tageszeitung (TAZ) vom 29.6.79, S. 14 u.a. – In speziellen Sparten des Kulturbetriebes ist die Situation in den ländlichen Regionen differenzierter als man denkt, vgl. z.B. Gunar Hochheiden, Kleine Fluchten nach vorn. Zur Kinosituation in der hessischen Provinz. Frankfurter Rundschau v. 22.8.1980; Wilhelm Liefland, Jazz in Hessen, Frankfurter Rundschau v. 26.8.1980.

4 Die „Grundsätze der Raumordnung" z.B. formulieren: „Die räumliche Struktur der Gebiete mit gesunden Lebens- und Arbeitsbedingungen sowie ausgewogenen wirtschaftlichen, sozialen und kulturellen Verhältnissen soll gesichert und weiter entwickelt werden." Bundesraumordnungsgesetz vom 8.4.1965, § 2. (1). 1, zitiert nach Karl-Heinz Walper, Planen für die Zukunft, Raumordnung und Raumordnungspolitik, Wiesbaden 1972, S. 75, Hervorhebung v. Vf.

5 Vgl. z.B. die Richtlinien für die Schaffung von Erholungs-, Spiel- und Sportanlagen. III. Fassung 1976, hrsg. v. d. Deutschen Olympischen Gesellschaft, Frankfurt/M.

6 Frankfurter Rundschau v. 9.1.1981, Zur Person.

7 Vgl. Bernd Güther, Infrastruktur und Staat. Marburg 1977, und Hans-Friedrich Foltin, Dieter Kramer, Kultur- und Freizeitangebote in Mittelhessen. Ein kultursoziologisches Forschungsprojekt. Hessische Städte- und Gemeinde-Zeitung 1976 (H. 10), S. 341–343.

8 Vgl. Stadtflucht aus Frankfurt? Einige Zahlen zur Erläuterung des Einwohnerrückgangs in unserer Stadt. Frankfurt/M., Dezernat Planung, 1977. Vgl. auch die Diskussion: Kultur am Rande der City? Kürbiskern, 3/77, S. 158–166.

9 Vgl. Christine Recht, Wie ein Dorfkern neu entsteht. Wohnen auf dem Lande. In: Mosaik-Magazin der Bausparkasse Schwäbisch-Hall 4/1980, S. 6–11.

10 Vgl. z.B. hessische Blätter wie Querfeldein (Schröck, Oberhessen, Beginn Mai 1977), Dreihäuser Dorfzeitung (Dreihausen) (vgl. Anm. 37), Nordhessischer Umweltboote (Fritzlar), Basalt.Zeitung für den Vogelsberg (1979), Provinzblatt (Rauschenberg, 1977). Eine zufällige Auswahl.

11 Albert Herrenknecht, Provinzleben. Aufsätze über ein politisches Neuland. Frankfurt/M. 1977 (Verlag Jugend und Politik), S. 9.

12 Vgl. einführend: Peter Atteslander (Hrsg.), Soziologie und Raumplanung. Berlin, New York 1976 (Hg. Göschen).

13 Vgl. Gerda und Michael Krafft, Raumordnungskonflikte und Öffentlichkeit im ländlichen Raum am Beispiel Dreihausen. Hessische Blätter für Volks- und Kulturforschung NF. Bd. 5/1977 (Volkskultur und Regionalplanung), S. 26–35, S. 26/27.

14 Etwas von dieser Dominanz der Zentren – nämlich die Unterwerfung der Provinz unter die ästhetischen Bedürfnisse der Ablenkung suchenden Metropolenbewohner – scheint, unbeschadet aller richtigen Argumentationen, auch hinter der forcierten Sorge um die Denkmalpflege im ländlichen Raum zu stehen. Ist es doch oft nicht die ländliche Bevölkerung, die sich wie die Städter gegen die Zerstörung von Bauten durch Bauspekulation usf. wehrt, sondern aus den Zentren kommende Initiativen und Vorschriften greifen regulierend ein. Vgl. zu diesem wichtigen Problem: Europäische Kampagne für den ländlichen Raum 1985. Denkmalschutz-Informationen 5/1981, H. 1, S. 1, und Katharina Thiersch, Dörflicher Kultur- und Lebensraum und die Probleme seiner Erhaltung und Wiederbelebung. Erfahrungen aus der nordhessischen Denkmalpflege. Hessische Blätter für Volks- und Kulturforschung NF. Bd. 2–3/1976, S. 143–174, und: Thema Dorf. Die Zeit v. 14.9.79.

15 Pier Paolo Pasolini, Freibeuterschriften. Berlin (West) 1978, S. 39.

16 Jochen von Uslar, Kultur in den Städten. In: Rainer Silkenbeumer (Hrsg.), Kulturarbeit. Die Innenpolitik von morgen. Hannover 1980, S. 48–57, S. 48.

17 Henri Mendras, L'avenir des campagnes en Europe occidentale. In: Premieres Rencontres Européennes du Cadre de Vie., Dec. 1977, Paris, Protokollband S. 1/3–1/4. Vgl. auch die Ergebnisse der Arbeitsgruppe L'Animation en Milieu rural, a.a.O., S. 3/14–3/24.

18 Vgl. Raumordnungsbericht 1972 der Bundesregierung (ROB '72), Hrsg. v. Presse- und Informationsamt der Bundesregierung. Bonn 1973, S. 78 f.

19 Raumordnungsprogramm 1975 (ROP '75) für die großräumige Entwicklung des Bundesgebietes (Bundesraumordnungsprogramm. Bonn 1975 (Schriftenreihe des Bundesministers für Raumordnung, Bauwesen und Städtebau 06.002), nennt Gettobildung und großräumige Disparitäten als Motive, S. 41.

20 Vgl. Walper (s. Anm. 4), S. 8, S. 39, S. 41.

21 Johannes Rau z.B. sucht einen positiven Begriff regionaler Kulturpolitik, der die Region als „Alternative zur Provinz" stellt. Vgl. Johannes Rau, Politik für die Künstler und das Kulturleben in der Bundesrepublik Deutschland. Verwaltungsrundschau, 26. Jg. 1980, S. 77–80, S. 80.

22 Vgl. ROP '75 (s. Anm. 18), S. 4.

23 Entwurf eines Raumordnungsgutachtens für die Region Mittelhessen. Hrsg.: Regionale Planungsgemeinschaft Mittelhessen, Gießen 1974, S. 88.

24 Vgl. Großer Hessenplan, Landesentwicklungsplan (Hessen '80). Hrsg. v. Hessischen Ministerpräsidenten, Wiesbaden 1970, Neudruck 1973, S. 11.
25 A.a.O., S. 14/16, vgl. Walper (s. Anm. 4), S. 39 f.
26 Vgl. ROB '72 (s. Anm. 17), S. 147.
27 A.a.O., S. 160.
28 Vgl. Entwurf . . . (s. Anm. 22), S. 97.
29 Vgl. Landesentwicklungsplan, Durchführungsabschnitt für die Jahre 1975–1978. Hrsg. v. Hessischen Ministerpräsidenten, Wiesbaden 1974, S. 1.
30 Hildegard Feidel-Mertz, Wolf-Heinrich von Wolzogen, Das aktive Publikum. In: Hessische Blätter für Volks- und Kulturforschung NF. 10/1980, S. 38–61, sowie Dieter Kramer, Gedanken zur kulturpolitischen Bedeutung kleiner Museen. Vortrag zur Tagung des Arbeitskreises „Kulturgeschichtliche Museen" in der DGV in Biberach/Riß am 5.6.1980 (demnächst im Druck).
31 Lange Zeit mindestens als starke geistesgeschichtliche Nebenströmung seit Ende des 19. Jahrhunderts in Deutschland von großer politischer Bedeutung, vgl. Klaus Bergmann, Agrarromantik und Großstadtfeindschaft, Meisenheim am Glan 1970 (Marburger Abhandlungen zur Politischen Wissenschaft, Bd. 20).
32 ROB '72 (s. Anm. 17), S. 156.
33 ROP '75 (s. Anm. 18), S. 3.
34 A.a.O.
35 Vgl. den in Anm. 3 zitierten Band der Tagung der DGF, Bericht der AG 9, S. 374.
36 Vgl. z.B.: Was wir wollen. Besetzerzeitung Marckolsheim – Wyhl – Kaiseraugst, 1973 ff., oder: Radio Grünes Fessenheim. Network, Frankfurt/M. 1980.
37 Vgl. zum Bundschuh z.B. TAZ v. 6.5.80, S. 6 und TAZ v. 16.5.80, S. 16.
38 Vgl. dazu: Dreihäuser Dorfzeitung und den in Anm. 13 genannten Artikel.
39 Ottmar von Mohl, Ägypten, II. Teil des „Fünfzig Jahre Reichsdienst". Leipzig 1922, S. 54/55.
40 Vgl. z.B. die lokale Dorf-Festschriften-Literatur, in denen Dörfer oft nur als Anhängsel des entsprechenden Schlosses oder Herrensitzes erscheinen.
41 Vgl. Karl Rumpf, Alte bäuerliche Weißstickereien. Marburg o.J. (Beiträge zur hessischen Volks- und Landeskunde H. 1), S. 15.
42 Kulturkreis um die Wasserscheide. Festgabe für die Stadt Haiger. Haiger 1978, S. 10 und S. 17.
43 Roland Narr, Kinderfest. Eine pädagogische und gemeindesoziologische Studie. (Kritische Texte zur Sozialarbeit und Sozialpädagogik); Darmstadt 1974, S. 2.
44 A.a.O., S. 5.
45 A.a.O., S. 25.
46 A.a.O., S. 16.
47 A.a.O., S. 14.
48 A.a.O., S. 14, vgl. S. 46.
49 A.a.O., S. 110.

50 Vgl. z.B. A. Bimmer (Hrsg.), Hessentag: Ein Fest der Hessen? Marburger Studien zur vergleichenden Ethnosoziologie, Bd. 2, Marburg 1973, sowie den 22. Deutschen Volkskunde-Kongreß 1979 in Kiel, der unter dem Thema „Heimat und Identität" stand, s. dgv-informationen. Mitteilungen der Deutschen Gesellschaft für Volkskunde (Tübingen), 1979 Nr. 2.

51 Sinngemäßes Zitat nach einem Rundfunkinterview.

52 Vgl. Dieter Kramer, Nostalgie und Politik in der Geschichte von Geschichtsvereinen. Büdinger Geschichtsblätter Bd. VIII/1974–75, S. 49–65. Auch heute fehlen selbstverständlich konservative Tendenzen nicht, vgl. Identität von rechts. Die Neue vom 10.9.80, S. 3.

53 Vgl. Kulturelle Animation in Frankreich. In: Kulturarbeit und Sozialarbeit. Materialienband zur Arbeitstagung Kulturarbeit und Sozialarbeit. Berlin (West) 1980, und Dieter Kramer, „Spurensicherung" in Zierenberg und Gudensberg. Hessische Blätter für Volks- und Kulturforschung NF. Bd. 10/1980, S. 123–124. – Die folgenden Zitate nach Dieter Kramer, Spüren, wer man ist. Das kollektive Gedächtnis des Bergbaus – ein Animationsprojekt in Lothringen. Vorwärts v. 12.10.78, S. 28.

54 Diese und die folgenden Angaben aus den Papieren der „Oberreifenberger Wochenendgespräche". Zu Taunusstein vgl. Renate Stiller, Taunussteiner Machart. In: Das Rathaus 32 (1979) H. 10, S. 666–669; auch in: Luccumer Protokolle 6/1980: Kultur für alle – von allen? Zwischenbilanz der Alternativ-Kultur, S. 90–93.

55 Ernst Pappermann, Grundzüge eines kommunalen Kulturverfassungsrechts. Deutsches Verwaltungsblatt 1980, S. 701–711, S. 704. Vgl. zur räumlichen Komponente auch Peter Häberle, Kulturpolitik in der Stadt, ein Verfassungsauftrag. Karlsruhe, Heidelberg 1979 (Heidelberger Forum, Bd. 6), S. 38 f.

56 Dieter Treeck, Kulturpolitik vor Ort – Beispiel Bergkamen. In: Rainer Silkenbeumer, Kulturarbeit. Die Innenpolitik von morgen. Hannover 1980, S. 21–37, S. 21.

57 Kreisentwicklungsplan Kulturpflege Wetteraukreis, (Friedberg) 1978, und: Kulturelle Aufgaben im Kreisbereich. Eildienst Landkreistag Nordrhein-Westfalen (Nr. 16 v. 7..9.1979), S. 243–250, sowie a.a.O., Die Kulturarbeit des Kreises Unna, S. 250–252, und: Die Kulturarbeit des Kreises Viersen, S. 253–255.

58 Kulturarbeit in den Landkreisen ausbauen. Deutscher Landkreistag (1979).

59 Vgl. UNESCO-Empfehlung v. 26.11.1976, Bundesratsdrucksache 638/77, und Entschließungen Oslo 1976 der Konferenz der Kultusminister der Staaten des Europarates, in: Erziehung und Kultur. Zeitschrift des Rates für kulturelle Zusammenarbeit (CCC) Nr. 32 (1977), S. 39–45.

60 Vgl. Bildung und Kultur als Element der Stadtentwicklung. In: Wege zur menschlichen Stadt. Köln 1973 (Neue Schriften des Deutschen Städtetages 29), S. 97–113.

61 Fred Sinowatz, in: Firnberg/Sinowatz/Blecha: Kultur, die wir meinen. Wien 1978 (Zeitdokumente, Dr. Karl-Renner-Institut, 16), S. 18. Es heißt an anderer Stelle: „Politik ist in gewisser Hinsicht immer auch Kulturpolitik und ist das auch früher immer gewesen". Fred Sinowatz, Kulturpolitik für alle. Wien 1976. (Zeitdokumente, Dr. Karl-Renner-Institut, 3), S. 5.

62 21 Autoren nehmen Stellung. Ein Beitrag zur burgenländischen Kulturoffensive. Eisenstadt 1979, S. 9, vgl. Fred Sinowatz in: Kulturtagung Kulturzentrum Mattersburg 4.–6. Oktober 1979, Eisenstadt o.J., S. 75.

63 Kulturtagung Mattersburg (s. Anm. 63), S. 64.

64 Vgl. Diskussionspapier für Arbeitskreis „Gemeinde als Kultur- und Bildungszentrum". Masch. Ms. und: Kulturoffensive. Schülerwettbewerb 1979, Eisenstadt o.J.

65 Landesrat Mader in: Kulturtagung Mattersburg (s. Anm. 63), S. 76/68.

66 Vgl. Näheres in Dieter Kramer, Staatliche Kulturpolitik in Schweden. Das Argument 124/1980, S. 840–845.

67 Henrik Sjögren, Das Musikleben und die Musikpolitik in Schweden. Aktuelle Infor-

mationen aus Schweden Nr. 163 (1977), S. 1. Vgl. auch Fred K. Prieberg, Musik und Musikpolitik in Schweden, Herrenberg (BRD) 1976, Musikverlag G.F. Döring, und: Schwedische Musik einst und heute (deutschsprachige Sonderausgabe von Musikrevy, Stockholm 1970).

68 Interessant ist der Vergleich dieser zentral initiierten dezentralen Arbeit in Schweden mit den Elementen einer neuen Musikkultur in Italien, die – mit wesentlich stärkeren politischen Impulsen – von fortschrittlichen Komponisten und linken Stadtregierungen entwickelt wurden. Vgl. Luigi Pestalozza: Die Erfahrungen von musica realtà. In: Hans-Klaus Jungheinrich, Luca Lombardi (Hrsg.): Musik im Übergang . . . Von der bürgerlichen zur sozialistischen Musikkultur. München 1977, S. 109–134.

69 Ernesto Cardenal, Ansprachen anläßlich der Verleihung des Friedenspreises des deutschen Buchhandels. Frankfurt am Main, Börsenverein 1980, S. 56 (auch in FAZ v. 13.10.1980).

70 A.a.O., S. 60.

71 Ernesto Cardenal, Rede von Managua. Die Tat v. 10.10.1980.

72 Kurt Eichler: Die Kultur im Dorfe lassen aber wie? Kürbiskern 3/79, S. 102–108, und in diesem Buch S. 000ff.

73 Ich möchte nachdrücklich hinweisen auf den Zusammenhang dieser Probleme der kulturellen Entwicklung ländlicher Regionen mit ihren allgemeinen Perspektiven: Die Verbindung unserer Überlegungen mit den Überlegungen einer arbeitnehmerorientierten demokratischen Raumplanung, wie sie etwa in Kassel betrieben wird, ist ein dringendes Desiderat; leider fehlte mir die notwendige Zeit dazu. Vgl. z.B.: Forschungsgruppe Produktivkraftentwicklung Nordhessen. Gesamthochschule Kassel. Schwalm-Eder-Studie Bd. 11: Forderungen für den Schwalm-Eder-Kreis. Grundlinien und Ansätze einer arbeitsorientierten Strukturpolitik für ein agrarisch-industrielles Gebiet. Kassel 1980. Bd. 12: Arbeits- und Lebensbedingungen im Schwalm-Eder-Kreis, Kurzfassung, Kassel 1980. Vgl. auch Reinhard Aehnelt, Forscher erarbeiten mit DGB-Unterstützung Analysen für eine fortschrittliche Strukturpolitik. Die Neue v. 10.10.1980, S. 5, und K.H. Tjaden, Territorialstruktur und antikapitalistische Reformpolitik. Das Argument 107 (1978), S. 29–41.

74 Vgl. Julian Bromlej, Ethnos und Ethnographie. Berlin (DDR) 1977, S. 98.

75 Pier Paolo Pasolini (s. Anm. 14).

76 Gerd Würzberg, Hans-Dieter Kübler, Altes Dilemma – aktuelle Chancen. Überlegungen zum Verhältnis von Medienpädagogik, Alltagshandeln und Medienpolitik. Weiterbildung und Medien 4/80, Medienpraxis S. 1–6, S. 2.

Adressenverzeichnis

Mitgliedsorganisationen der Bundesvereinigung Kulturelle Jugendbildung
Küppelstein 34, 5630 Remscheid
(02191) 794-290

Arbeitsgemeinschaft Musikerziehung und Musikpflege des Deutschen Musikrats
Am Michaelshof 4a,
5300 Bonn-Bad Godesberg
Tel. (0228) 36 30 31

Arbeitsgemeinschaft der Volksmusikverbände e.V.
Neuer Marktplatz 6/III, Nr. 12
7218 Trossingen
Tel. (07425) 83 12 u. 85 93

Internationaler Arbeitskreis für Musik e.V.
Heinrich-Schütz-Allee 33
3500 Kassel-Wilhelmshöhe
Tel. (0561) 3 00 11

Arbeitskreis für Musik in der Jugend
Deutsche Föderation Junger Chöre und Instrumentalgruppen e.V.
Hoffmann-von-Fallersleben-Str. 8
Postfach 1460, 3340 Wolfenbüttel
Tel. (05331) 4 28 00

Arbeitsgemeinschaft Musik in der evangelischen Jugend e.V.
Hans-Lilje-Platz 4–5, 3000 Hannover
Tel. (0511) 1 94 13 77

Deutsche Jazz-Föderation e.V.
Kleine Bockenheimerstr. 12
6000 Frankfurt/Main
Tel. (0611) 62 15 42

Musikalische Jugend Deutschlands e.V.
Generalsekretariat
Markt 12, 6992 Weikersheim
Tel. (07934) 2 80

Verband deutscher Musikschulen e.V.
Villichgasse 17 (Michaelsplatz)
5300 Bonn-Bad Godesberg
Tel. (0228) 35 42 14

Werkgemeinschaft Lied und Musik e.V.
Carl-Mosterts-Platz 1 - Jugendhaus
4000 Düsseldorf
Tel. (0211) 48 50 91, App. 21

Bundesgemeinschaft Spiel und Theater
Bachstr. 31, 7500 Karlsruhe
Tel. (0721) 59 31 98

Bundesarbeitsgemeinschaft für das darstellende Spiel in der Schule
Gärtnergasse 35, 2400 Lübeck
Tel. (0451) 59 60 08

Arbeitsgemeinschaft Spiel in der evangelischen Jugend e.V.
Porschestr. 3, 3000 Hannover
Tel. (0511) 19 41-4 31

Arbeitskreis der Landesarbeitsgemeinschaften für darstellendes Spiel (ALS)
Klarastraße 9, 4350 Recklinghausen
Tel. (2361) 8 16 01 u. 2 47 01

Katholische Arbeitsgemeinschaft Spiel
Am Gräfenhof 18, 5000 Köln 91
Tel. (0221) 84 02 17

ASSITEJ e.V. Internationale Vereinigung der Theater für Kinder und Jugendliche
Sektion BRD
Bohnengasse 10, 4100 Duisburg 1
Tel. (0203) 28 13-25 44

Bundesarbeitsgemeinschaft Jugend fotografiert
Lehenweg 23, 8000 München 83
Tel. (089) 40 82 21

Fachstelle für Jugendfotografie e.V.
Karlsstraße 19–21, 6000 Frankfurt/M.
Tel. (0611) 25 56-4 59

Arbeitsgemeinschaft für Jugendfilmarbeit und Medienerziehung
Melatenerstraße 106, 5100 Aachen
Tel. (0241) 8 29 20

Neuwerkgemeinschaft e.V.
Lossenweg 29, 6100 Darmstadt
Tel. (0611) 65 41 29

Deutscher Bundesverband Tanz e.V.
Tempelhofer Damm 62, 1000 Berlin 42

Bundesverband Rhythmische Erziehung e.V.
Postfach 101003, 5630 Remscheid

Arbeitskreis für Jugendliteratur e.V.
Elisabethstraße 15, 8000 München 40
Tel. (089) 37 13 59

Akademie Remscheid für musische Bildung und Medienerziehung
Küppelstein 34, 5630 Remscheid 1
Tel. (02191) 794-1

Bundesakademie für musikalische Jugendbildung
Postfach 110, 7218 Trossingen
Tel. (07425) 94 86

Bund Deutscher Amateurtheater
Theaterhaus am Naturtheater
7920 Heidenheim
Tel. (07321) 4 29 90

Internationale Jugendbibliothek e.V.
Kaulbachstraße 11a, 8000 München 22
Tel. (089) 28 52 61

Allgemeine Adressen

Deutsche Lesegesellschaft e.V.
Simrockstraße 4–18, 5300 Bonn 1
Tel. (0228) 20 44 60-4

Deutsches Institut für Puppenspiel e.V.
Bergstraße 115, 4630 Bochum 1
Tel. (0234) 58 13 56

Filmothek der Jugend des Landes Nordrhein-Westfalen
Adlerstr. 46, 4050 Mönchengladbach 1
Tel. (01261) 66 22 20

Förderkreis Jugend im Museum e.V.
Rheinisches Landesmuseum
Colmannstr. 14–16, 5300 Bonn
Tel. (02221) 63 21 58, App. 49

Puppen und Masken
Eppsteinerstr. 22, 6000 Frankfurt 1
Tel. (0611) 72 20 83

Ruhrwerkstatt – Kulturarbeit im Revier
Waltraud Fauler
Langemarkstr. 16, 4200 Oberhausen 16
Tel. (0208) 2 66 79

Spielwerk – Aktionsgruppe Spielpädagogik und Kultur
Aschaffenburger Str. 62,
8750 Aschaffenburg
Tel. (06021) 6 96 67

Verein zur Förderung der kulturellen Bildung e.V.
Münchener Str. 24, 1000 Berlin 30
Tel. (030) 2 11 82 64

Die Werkstatt Düsseldorf, Werkstatt für Tanz, Musik, Theater, Malen und Werken
Grafenberger Allee 330, 4000 Düsseldorf
Tel. (0211) 68 58 07

Arbeitsausschuß Gutes Spielzeug
(Spielzeug Wanderausstellung)
Marktplatz 14, 7900 Ulm/Donau
Tel. (0731) 6 56 53

Arbeitsgemeinschaft Friedenspädagogik
Ismaninger Str. 61, 8000 München 80

Museumspädagogische Gesellschaft e.V.
Marspfortengasse 6, 5000 Köln 1
Tel. (0221) 41 75

Commitee for Education and Cultural Action – Deutsche Sektion
(Museumspädagogen)
c/o Kunstmuseum-Hannover
Kurt-Schwitter-Platz, 3000 Hannover 1

Beratungsstelle für Gestaltung von Gottesdiensten und anderen Gemeindeveranstaltungen
Eschersheimer Landstr. 565
6000 Frankfurt 1

Katholische Junge Gemeinde
Jugendhaus Carl-Mostertsplatz 1
4000 Düsseldorf
Tel. (0211) 48 00 09

Kultur-Kooperative Ruhr
Kurt Eichler
Stahlwerkstr. 51, 4600 Dortmund 1
Tel. (0231) 81 76 13

Kinder- und Jugendfilmzentrum der Bundesrepublik Deutschland
Küppelstein 34, 5630 Remscheid
Tel. (02191) 79 42 36

Kunstpädagogisches Zentrum
Germanisches Nationalmuseum
Kornmarkt 1, 8500 Nürnberg
Tel. (0911) 22 20 88

Landesarbeitsgemeinschaft
Jugendkunst- und Kreativitätsschulen NRW
Lückerather Weg 71 a
5070 Bergisch-Gladbach
Tel. (02202) 3 24 20

Landesarbeitsgemeinschaft
Kulturpädagogische Dienste NRW
Hauptstr. 257, 4690 Herne 2
Tel. (02325) 7 19 67

Landesvereinigung Kulturelle Jugendbildung Niedersachsen
c/o Medienzentrale
Archivstr. 3, 3000 Hannover
Tel. (0511) 1 94 14 31

Landesvereinigung Kulturelle Jugendbildung NRW
Küppelstein 34, 5630 Remscheid
Tel. (02191) 79 41

Pädagogische Aktion München
Werneckstr. 7, 8000 München 40
Tel. (089) 33 18 94

Naturfreunde-Jugend
Großglocknerstr. 28, 7000 Stuttgart

Deutscher Kinderschutzbund e.V.
Schiffgraben 40, 3000 Hannover 1
Tel. (0511) 81 81 54

Deutsches Jugendinstitut e.V.
Saarstr. 7, 8000 München 40
Tel. (089) 33 28 73

Deutsche Turnerjugend
(Musik und Bewegung)
Otto-Fleck-Schneise 8
6000 Frankfurt 71

Deutsche UNESCO-Kommission
Cäcilienstr. 42–44, 5000 Köln
Tel. (0221) 21 03 33

Kinderhilfswerk der Vereinten Nationen
Steinfeldergasse 9, 5000 Köln 1
Tel. (0221) 21 81 74 und 21 88 58

Planungsgruppe Kuh
Isartorplatz 3, 8000 München 2
Tel. (089) 29 95 75

Beratungsstelle für kulturelle Arbeit
Bahnhofstr. 15a, 2390 Flensburg
Tel. (0461) 1 78 23

Kölner Institut für Pädagogik und Spiel
Lütticher Str. 54, 5000 Köln 1
Tel. (0221) 52 84 54

„Roter Elefant e.V."
Arbeitskreis Kinder-Bücher-Medien
Wittspark 16, 2000 Hamburg 55
Tel. (040) 86 62 86

Kindermuseum Frankfurt
Historisches Museum
Saalgasse 19, 6000 Frankfurt/Main

Arbeitsgemeinschaft Abenteuer-, Bau- und Aktivspielplätze e.V. NRW
Odenkirchenerstr. 276
4050 Mönchengladbach 2
Tel. (02166) 4 89 89

Deutscher Volkshochschul-Verband e.V.
Pädagogische Arbeitsstelle
Holzhausenerstr. 21, 6000 Frankfurt 1
Tel. (0611) 59 09 88

Stiftung „Die Mitarbeit"
Wassergasse 16, 8521 Marloffstein

In den Landeskirchen und Landesjugendpfarreien gibt es in der Regel Medienzentralen, über die z.B. Filme erhältlich sind. Ebenso unterhalten beide Kirchen regionale und lokale Spielberatungsstellen, die nützliche Hinweise geben können.

Literaturverzeichnis

Allgemeine Literatur

Bauer, K./Hengst, H.: Kritische Stichwörter, Kinderkultur, München 1978

Bergmann: Umwelt unter der Lupe, Ravensburg 1977

Bosch, M. (Hrsg.): Kulturarbeit, Frankfurt 1977

Bundesministerium für Bildung und Wissenschaft, (Hrsg.), Reihe Werkstattberichte; Die Jugendkunstschule, Modell sozialer Kulturarbeit; Kunst für Kinder; Künstler und Schüler

Bundesministerium für Familie, Jugend und Gesundheit: Perspektiven zum Bundesjugendplan, Bonn 1978

Bund-Länder-Kommission für Bildungsplanung: Musisch-kulturelle Bildung, Ergänzungsplan, Bd. 1. + 2, Stuttgart 1977

Doormann, L. (Hrsg.): Kinder in der Bundesrepublik: Materialien, Initiativen, Alternativen, Köln 1979

Deutscher Städtetag (Hrsg.): Kultur in den Städten – eine Bestandsaufnahme, Köln 1979

Ehmer, H.K.: Ästhetische Erziehung und Alltag, Lahn/Gießen 1979

Erhard/Raske/Peise-Seithe: Die Jugendkunstschule – Kulturpädagogik zwischen Spiel und Kunst, Regensburg 1980

Evang. Akademie Loccum (Hrsg.): Kinderkultur – Probleme und Möglichkeiten einer Kulturpolitik für Kinder, Loccumer Protokolle 4/1979

Galinski/Lachauer (Hrsg.): Feierabend und Freizeit im Wandel, Schüler erforschen die Sozialgeschichte des Alltags, Braunschweig 1981

Hartwich, H.: Jugendkultur – ästhetische Praxis in der Pubertät, Reuber 1980

Hofmann, H. (Hrsg.): Perspektiven Kommunaler Kulturpolitik, Frankfurt 1974

Hofmann, H.: Kultur für alle, Frankfurt 1979

Hund/Kramer (Hrsg.): Beiträge zur materialistischen Kulturtheorie, Köln 1978

Kirchgäßner, H.: Freizeitpädagogik oder Die Ermutigung der Gemeinde, Gelnhausen 1980

Kolland, D. u.a.: Stadtentdeckungsreise und Musikbaumgerassel. Erfahrungen, Ergebnisse und Perspektiven der Kinderkulturarbeit, Regensburg 1981

Kramer, B.: Freizeit und Reproduktion der Arbeitskraft, Köln 1975

Kulturamt Unna, (Hrsg.): Stadtteilbezogene Kulturentwicklungsplanung

Mayrhofer/Zacharias: Ästhetische Erziehung, Reinbek bei Hamburg 1976

Mayrhofer/Zacharias: Projektbuch ästhetisches Lernen, Reinbek bei Hamburg 1977

Narr, R.: Kinderfest – Eine pädagogische und gemeindesoziologische Untersuchung, Darmstadt/Neuwied 1974

Spiekernagel/Walbe (Hrsg.): Das Museum – Lernort contra Musentempel, Gießen xxxx

Ulmann, G.: Kreativität, Weinheim 1968

Literatur zur Land-Spezifik

Baier, Lothar: Der Bauer stund auf im Kopfe . . . in: Freibeuter 6, (darin auch andere interessante Aufsätze zum Landleben)

Brockmann, Anna Dorothea: Landleben, ein Lesebuch von Land und Leuten, Argumente und Reportagen, Reinbek 1977 (rororo 7064)

Ehni, Jörg: Das Bild der Heimat im Schullesebuch, Tübingen

Heimat, Sehnsucht nach Identität, hrsg. von Elisabeth Moosmann, Berlin (Ästhetik und Kommunikation), 1980

Heimat heute, Textsammlung und Studienführer, Zeitungskolleg, hrsg. vom Deutschen Institut für Fernstudien an der Universität Tübingen (DIFF), Tübingen 1980

Herrenknecht, Albert: Provinzleben, Frankfurt 1977

Ilien, Albert / Jeggle, Utz: Leben auf dem Dorf, Zur Sozialgeschichte und Sozialpsychologie seiner Bewohner, Wiesbaden 1978

Jeggle, Utz: Kiebingen, eine Heimatgeschichte, Tübingen

Kindheit auf dem Lande, Elefantenbaby 12, 1981

Kursbuch 39 (Thema Provinz)

Sozialarbeit in der Provinz, in: päd.extra Sozialarbeit, Heft 9, Jahrg. I, 1977

Volkskultur und Regionalplanung, Hessische Blätter für Volks- und Kulturforschung, 5, 1977

Vollmar, Klaus-B.: Alternative Selbstorganisation auf dem Lande, Berlin 1976

Weber, Norbert: Privilegien durch Bildung. Über die Ungleichheit der Bildungschancen in der Bundesrepublik, Frankfurt/M. 1973

Wehling, Hans Georg: Dorfpolitik, Fachwiss. Analysen und didaktische Hilfen, Opladen 1978

Auswahl literarischer Darstellungen von Kindheit auf dem Lande

Wimmer, Maria: Die Kindheit auf dem Lande, Reinbek 1978 (rororo 4291)

Innerhofer, Franz: Schöne Tage, Frankfurt 1977 (=st 349)

Zwerenz, Gerhart: Das Großelternkind, Frankfurt 1980 (Fischer Tb 2215)2

Jelinek, Elfriede: Die Liebhaberinnen, Reinbek 1976 (rowohlt dnb 64)

Kofler, Werner: Guggile, Berlin (Wagenbach) 1975

Zillig, Jochen: Gelegenheit macht Liebe, Bauernroman, hrsg. vom Werkkreis Literatur der Arbeitswelt (Fischer-TB 2152)

Autorenverzeichnis

Die Autorinnen und Autoren:

Brock, Eva-Maria:	Sozialpädagogin, Mit-Leiterin der Jugendkunstschule Bleiwäsche
Dankert, Birgit:	Diplombibliothekarin, Professorin an der Fachhochschule für Sozialwesen, Hamburg
Egner, Dieter:	Sozialarbeiter, Kreisjugendpfleger des Main-Kinzig-Kreises
Eichler, Kurt:	Theaterwissenschaftler, Regionalplaner und Bibliothekar, Bildungsreferent bei der Landesvereinigung Kulturelle Jugendbildung Nordrhein-Westfalen
Ewert, Wolfgang:	Bibliothekar, Leiter der Bücherei in Tarp
Grießhammer, Birke:	Kunsthistorikerin, bislang Leiterin des Museumspädagogischen Modellversuchs Biberach, jetzt Städtisches Museum Erlangen
Heusohn, Lothar:	Soziologe, Mitarbeit in der Jugendpflege des Main-Kinzig-Kreises
Kluge, Paul:	Bis vor kurzem Pfarrer in Krummhörn, heute Erwachsenenbildung in der evangelischen Landeskirche Hannover
Kolland, Dorothea:	Musikwissenschaftlerin, Bildungsreferentin bei der Bundesvereinigung Kulturelle Jugendbildung, jetzt Leiterin des Kunstamts Berlin-Neukölln
Kramer, Dieter:	Volkskundler, Referent im Kulturdezernat der Stadt Frankfurt/Main.
Lefold, Peter:	Lehrer in Stotel, freier Mitarbeiter für Kindersendungen des Fernsehens und Hörfunks
Lenz, Hans:	Kreisbildstelle Lüneburg
Loechle, Reinhard:	Musiklehrer, Leiter der Kreismusikschule Erding
Mußmann, Beate:	Diplompädagogin, Mitarbeiterin der Erziehungsberatungsstelle des Landkreises Northeim
Platzbecker, Anne:	Mitarbeiterin im Projekt „Jugendclub Eichenberg“
Samendinger, Harald:	Landesjugendreferent der Evangelischen Landeskirche Kurhessen-Waldeck
Schlicht, Hans:	Sozialarbeiter, Leiter des Modellprojekts Treffmobil der Evangelischen Bildungsstätte Kastellaun
Weber, Manfred:	Dramaturg am Landestheater Würtemberg-Hohenzollern in Tübingen

Abbildungen:

Fotos von Peter Bauersachs (2), Ursula Dresing (6), Peter Neumann (1), Archiv (4), alle anderen Fotos privat.
Fotomontage von Jürgen Holtfreter (3)
Zeichnungen von Amelie Glienke (10)